자신있는

표현을 위한
영문법

자신있는
표현을 위한
영문법

ⓒ 이세연, 2020

초판 1쇄 발행 2020년 11월 17일

지은이   이세연
펴낸이   이기봉
편집   좋은땅 편집팀
펴낸곳   도서출판 좋은땅
주소   서울 마포구 성지길 25 보광빌딩 2층
전화   02)374-8616~7
팩스   02)374-8614
이메일   gworldbook@naver.com
홈페이지   www.g-world.co.kr

ISBN   979-11-6649-008-8 (13740)

이 도서의 국립중앙도서관 출판예정도서목록(CIP)은 서지정보유통지원시스템 홈페이지(http://seoji.nl.go.kr)와 국가자료공동목록시스템(http://www.nl.go.kr/kolisnet)에서 이용하실 수 있습니다. (CIP제어번호 : CIP2020048342)

GRAMMAR FOR ACCURATE EXPRESSION

자신있는 ✓ 표현을 위한 영문법

이세연 지음

영어 동사 표현의 단순한 기본 원리들이 각각의 상황에 어떻게
적용되고 있는지를 가능한 한 자세히 밝혀놓았습니다.

영어의 동사 표현도 규범문법적인 논리에 의해 표현됩니다.
영어도 언어이기 때문입니다.

한 가지 문제점은, 복잡한 격변화 대신 단순화를 선택한 언어이기 때문에, 영어는 각각 다른 상황을 같은 구
조 같은 방식으로 표현할 수도 있습니다. 이런 경우에는 각각의 상황을 구분하여 접근해야만, 올바른 영어의
어법을 이해하여 자기것으로 만들 수 있습니다. 이 책은 그런 과정을 돕기 위해서 만들어졌습니다.

좋은땅

머리말

'표현을 위한 영문법(Ⅰ)'을 출간한 지 어느덧 27년이 흘러갔네요. 저의 희망은 그때나 지금이나 한 가지뿐입니다. 영어 문법을 통하여 영어 공부시간을 반으로 줄이기 위한 연구를 계속해 나가는 것입니다.(여여바여)

이번 책에서는 특히 ing형 구문과 to부정사 구문을 구별해서 사용할 수 있는 내용까지 보강하여 영어 동사의 문법을 완결시켰습니다. 이제는 이 책을 통하여 영어 동사 부분의 모든 문제점을 해결할 수 있습니다. 동사 부분의 마지막 단계인 '동사문형'은 지면 관계상 제 **blog(https://blog.naver.com/sey56)**에 올려놓았습니다.

모든 영어 학습자들이 이 책을 통해서 행복해지기를 바랍니다. 그리고 무엇보다도, 긴 세월 믿고 기다려 준 내 아내 김연선에게 고마운 마음과 이 책이 만들어진 공을 바칩니다.

이 책의 내용 중 99%는 '영문법 원서'에 근거를 두고 있습니다.

〈표현을 위한 영문법(Ⅰ)의 머리말〉

영어 공부를 하다 보면 의문점으로 남아 있는 부분 때문에 진도를 나가지 못하는 경우가 많이 있습니다. 저도 이런 과정을 거치면서 의문점 해결에 매달리게 되었고, 그 의문점들은 최근 영미권에서 발간된 영문법 책들을 비교 연구하면서 해결할 수 있었습니다.

생각해 보면 영어 습득에 있어서의 모든 문제점들은 상호 모순되고 일관성이 없는 '영문법의 벽'에 부딪쳤기 때문이었습니다. 그리고 이제까지 학교에서 배워 왔던 영어 문법의 거의 모든 내용이 라틴 문법의 차용에 의한 문법이고 영어에 맞지 않는 체계라는 것을 깨닫게 되었습니다. '그런데도 우리 교육계는 세대를 바꾸어 가면서도 아직도 구시대의 유물에 매달려 잘못된 내용을 후대에 계속 전하고 있구나.' 하는 것이 저의 판단이었습니다.

영어도 언어이기 때문에 누구나 공감할 수 있는 영어만의 표현원리가 존재할 수밖에 없고, 존재하고 있었습니다. 이 책에서 그 원리들을 알려 드리겠습니다.

이 책의 출간 목적은 영어를 공부하는 모든 사람들이 '영어문장을 이해하고, 표현하는 데 도움'을 주는 것입니다. 영문법 학자가 아니더라도 우리는 최소한도의 영문법 규칙들을 알고 있어야만, 단 한 문장이라도 올바르게 표현할 수 있습니다. 우리가 이러한 규칙들을 모른다면 우리는 언제나 부정확하고 불확실하고 자신 없는 표현밖에는 할 수가 없습니다.

이 책이 '올바른 영문법의 보급'이라는 막중한 역할을 모두 수행할 수는 없습니다. 저는 단지 이러한 유용한 영문법 이론들을 우리의 실제 영어 교육에 도입하는 계기를 마련하고자 하는 마음뿐입니다.

목차

제1장 표현을 위한 영문법의 용어 해설 및 참고서적의 약어 표시

제2장 한정동사구의 이해(동사의 구분)

제8장 비한정동사의 용법

제9장 ing형 구문과 to부정사 구문의 구별 방법

1장 표현을 위한 영문법의 용어 해설 및 참고서적의 약어 표시

표현을 위한 영문법의 배경과 대상

이 문법의 내용은, 고교영어교사 연수단에 선발된 김재준 선생님이 영국 연수 시 교육 받은 내용을 학원에서 강의(1991년) 하실 때, 수강생이었던 제가 '영어문법 혁신'의 가능성을 발견하고, 그 내용을 바탕으로 여러 영문법 원서를 참조하여 계승·발전시킨 것입니다. 즉 전체적인 '영문법의 틀'은 저의 창조물이 아님을 밝혀 둡니다.

제가 이 문법서를 쓴 목적은, 그 새로운 내용을 바탕으로 하여 '기술[서술]문법' 체계로 되어 있는 기존의 중요한 영문법 원서들을, '규범문법' 체계로 바꾸어 놓는 일입니다. 다행히도 각 영문법 원서들에 산재해 있는 규범문법적인 힌트들과 언어 현상에 대한 일반론을 결합하여 불충분하게나마 그 목표의 일부를 이루어 낼 수 있었습니다. 이와 같은 과정이 모두 완성될 때 "영어학습자가, 영어문법을 통해서, 영어공부 시간을 반으로 줄일 수 있도록 도와주자"라는 저의 목표가 달성될 것입니다.

이 문법체계의 주요 대상은 영어권 유학 및 이민을 준비하는 사람들입니다. 그러나 영어를 다시 한번 올바로 배워 보고 싶은 성인이나, 심지어 중·고등학생들까지도 큰 혼란 없이 이 책을 통해서 영어를 올바로 교정할 수가 있습니다. 왜냐하면 이 책에 나오는 거의 대부분의 문법용어나 대부분의 문법체계는 '전통적인 학습문법'의 내용을 그대로 계승하고 있기 때문입니다. 그런 내용을 바탕으로, 잘못 이해되고 반드시 고쳐져야 될 부분만, 영문법 원서 등의 근거하에서 교정했습니다. 특히 "조건문"과 "서법조동사" 그리고 "ing형 구문과 to부정사 구문의 구분 방법" 부분은 가장 공을 들인 부분입니다. 하지만 '한국식 학교 영문법'의 입장에서는 생소한 부분도 있기 때문에, 각각의 새로운 내용에는 '영문법 원서에 나와 있는 근거'를 표시하였습니다.

* 표는 글의 위계와는 관계없이, 해당 위계 내에서의 '부가 설명'을 위해 사용되었습니다. '정오표'는 blog의 내용 수정란에 게시하겠습니다.
* 한국식 학교 시험을 대비한 공부일 때는 참고용으로만 이용해 주십시오.

1.1 한정동사(finite verb) → 2.2.1

하나의 절에서 첫 번째 나오는 현재형 또는 과거형의 동사로, 특히 '한정 동사'라고 구분하는 이유는, 그 명칭처럼 '시제, 인칭, 수' 등이 한정적으로 쓰이기 때문이다.

1.2 한정동사구(finite verb phrase)

한정동사가 포함되어 있는 동사구

1.3 비한정동사(non-finite verb) → 2.2.2

주어 등과의 관계에서 시제, 인칭, 수 등의 일치가 필요 없는 동사로, 기존 영문법의 부정사, 동명사, 분사 등을 말한다.

1.4 비한정동사구(non-finite verb phrase)

비한정동사가 포함되어 있는 동사구

1.5 V-ing형(the -ing form)

기존 영문법의 현재분사와 동명사를 모두 합하여 'ing형'이라고 부른다.

→ L.E.G.16.38

'The -ing form' is usually called 'a gerund' when it behaves like a noun and 'a participle' when it behaves like an adjective. However, there is some overlap between these two main functions and it is often difficult(and unnecessary!) to make formal distinctions. The term 'the -ing form' is used here to cover 'gerund' and 'participle' constructions.

1.6 V-ed형(the -ed form)

기존 영문법의 과거분사형으로, 이것은 'ed형'이라 부른다.

1.7 동사문형(verb pattern)

동사의 의미보충어를 형태별로 세분화하여, 도식화한 것을 말한다.

1.8 부사어(adverbials)

부사의 역할로 사용되는 단어, 구, 절 등을 말하며, 보충부사어와 수식부사어로 나누어진다.

1.9 보충부사어(obligatory adverbials; adverbial adjunct)

'문장구성요소'로 사용되는 부사어를 말한다.

1.10 수식부사어(optional adverbials)

동사문형에는 영향을 미치지 못하고, 단지 동사의 내용을 수식하여 주는 부사어를 말한다.

1.11 문장구성요소(sentence element)

문장구성에 있어 필수요소로 주어, 동사, 주격보어, 보충부사어, 목적어, 목적보어가 있다.

1.12 부사불변화사(adverbial particle)

전치사와 부사 양쪽으로 쓰이는 낱말 또는 부사로만 쓰이는 낱말 중, 복합동사에서 그 목적어 없이 부사로만 사용되는 낱말을 부사불변화사라 하며, 그 이름처럼 비교급, 최상급 등의 어형변화가 없다.

1.13 숙어동사(phrasal verb)

복합동사의 일종으로 개별 낱말의 뜻과는 무관하게 보이는, 의미의 변동을 가져온 2어 동사 또는 3어 동사 등을 말한다.

1.14 명사구(noun phrase)

명사의 역할로 쓰이는 '구'를 말하며, 특히 '동사문형'에서는 '대명사'와 '단독으로 쓰인 명사' 모두를 편의상 '명사구'의 범주에 포함시켜 '명사구'라고 부른다. 왜냐하면, 명사어가 단독으로 쓰이는 경우는 '대명사'와 '불가산명사가 일반적의미로 쓰일 때'뿐이며, 명사어는 보통 명사구를 이루어 사용되기 때문이다.

1.15 명사절(noun clause)

명사의 역할을 하는 절로, 여기서는 명사절을 동사문형에서의 결합 특성에 따라 that절, 의문명사절, 관계명사절, 감탄명사절로 구분하였다.

1.16 서법조동사(modal) → 2.4.3 및 5장 참조

주관적인 표현에 사용되는 will, shall, can, may, would, should, could, might, must, ought to를 서법조동사라 하고, 서법조동사와 약간의 문법적 특징을 공유하는 need, dare를 준 서법조동사라 한다. (used to를 준 서법조동사로 분류하기도 한다.)

1.16.1 서법조동사의 표준용법

'서법조동사의 고유한 용법'으로 주로 '1회적 사건'을 표현한다.

1.16.2 서법조동사의 예외용법

시간표현 등에 있어서 서법조동사의 고유한 용법을 벗어나 '일반동사'처럼 사용되는 용법으로, '늘 일어날 수 있는 일'을 표현한다.

1.17 시제(tenses)

1.17.1 시제 : 시간(등)을 나타내는 동사(구)의 어형

→ P.E.U 605. 1

The verb-forms which show differences in time are called 'tenses'. Tenses are formed either by changing the verb, or by adding auxiliary verbs.

→ L.E.G 9.2

Tenses are indicated by changes in the actual verb forms. On this reckoning, English really has just two tenses, the present and the past. However, it is usual (and convenient) to refer to all combinations of progressive, perfect and future as tenses.

1.17.2 시간과 동사의 어형

시간은 현재, 과거, 미래 시간의 3가지로 구분될 수 있다. 그러나 한정동사의 어형은 현재형과 과거형 두 가지뿐이다. 그러므로 시간과 동사의 어형은 같을 수도 있고 다를 수도 있다. 즉 12시제에 사용되는 현재시제, 과거시제, 미래시제라는 표현은, 그것이 반드시 '현재시간의 일', '과거시간의 일', '미래시간의 일'을 나타내는 것은 아니다.

 * 미래시제조동사 will, shall은 미래시간의 일을 나타내기 위해서 사용되지만, 이때의 will, shall의 어형은 현재형이다.

1.17.3 시상(aspect)

동작의 동시, 이전, 이후를 나타낼 때 사용되는, 동사의 어형 또는 동사구의 형태를 말한다.

1.17.3.1 한정동사구에서의 시상

① 단순형 : 당시만의 동작/상태(점의 개념) 또는 그 시점이 확대되어, 현재, 과거, 미래를 모두 포함하는 동작/상태(점이 확장되면 그 자체가 우주)를 나타낸다.

② 완료형 : 이전시간의 일을 현재와 연결시킨다.

③ 진행형 : 말하는 순간의 일을 이후시간과 연결시킨다.

④ 완료진행형 : 이전시간 및 이후시간과 현재를 연결시킨다.

1.17.3.2 주절과 종속절 사이의 시상

① 단순형 : 주절과 종속절의 동작/상태가 동시임을 나타낸다.

② 완료형 : 완료형으로 표현되는 사건이, '이전시간의 일'임을 나타낸다.

③ will/would : will 또는 would로 표현된 사건이, '이후시간의 일' 임을 나타낸다.(미래시제조동사의 용법으로 shall/should 포함)

1.17.4 시간을 나타내는 부사어의 중요성

어떤 동작이 일어나는 시간은 보통 '시간을 나타내는 부사어'에 의하여, 결정적으로 표현된다. 한정동사를 보고 시간을 판단할 수 있는 경우는 '시간과 시제가 일치할 때'뿐이다. 그러므로 '시간을 나타내는 부사어'와 '그 부사어가 자주 사용되는 시제'를 함께 알아두는 것이 중요하다.

1.17.5 시제일치

시제일치란 '주절의 한정동사가 과거시제일 때, 종속절의 한정동사도 보통 과거시제로 표현된다'는 것을 말한다. 그러나 좀 더 풀어서 자세히 설명하면 다음과 같다. 보통 어떤 사건을 바라보는 '시점'이 주절의 시제를 결정하고, 이 시제가 그 문장의 모든 다른 시제표현에 자동적으로 영향을 주는 경향이 있다. 즉 '현재시점'으로 이야기를 시작하면 보통 그 현재시점이 유지되고, '과거시점'으로 이야기를 시작하면 보통 그 과거시점이 유지된다. (시제사용의 일관성) 그래서 '시제일치'라는 개념이 언급될 수 있다. 특히 '과거시간의 일'에 관해 말할 때, 그 종속절에는 '현재시간까지도 여전히 존재하는 상황'도 '과거시제'를 사용하여 시제를 일치시켜서 표현하기도 한다. 이와 같은 표현법은 '현재 상황'을 중요시하지 않고, 그런 상황이 단지 그 과거사건에 관련하여서 중요성이 있었다는 것을 나타내는 표현법이다. 이런 표현법은 또한 주절의 표현에서도 가능한 경우가 있다.

그러나 좀 더 정확히 표현하기 위해서 이와 같은 '근접의 규칙'을 무시하고, '과거시제' 뒤에 '현재시제'를 사용할 수도 있고, '현재시제' 뒤에 '과거시제'를 사용할 수도 있다.

  * 시간과 시제를 혼동해서는 안 된다. '시간'이란 객관적인 존재로 '과거, 현재, 미래'로 구분되며, '언어'와는 독립된 '보편적인 개념'을 나타낸다. 반면에 '시제'란 언어마다 각각 다르게 표현될 수 있는, '시간과의 관계를 나타내기 위해서 쓰이는 동사의 형식'을 가리키는 말이다.

1.18 대용어 용법

듣는 사람이나 읽는 사람에게 혼란을 주지 않을 경우, 유사한 의미를 나타낼 수 있는 어휘를 대신 사용하는 용법으로, 격식체/비격식체의 전환(can/may)이나, 의미의 보강 등(미래완료시제에 사용되는 may 등)을 위하여 사용된다.

1.19 참고서적

- Practical English Usage(**P.E.U**), Michael Swan, Oxford English Press
- Longman English Grammar(**L.E.G**), L.G.Alexander, Longman

- A Practical English Grammar(**P.E.G**), A.J.Tomson & A.V.Martinet, Oxford English Press

- A Student's Grammar of the English Language(**S.G**), Sidney Greenbaum & Randolph Quirk, Longman

- A communicative Grammar of English(**C.G.E**), G.Leech & J.Startvik, Longman

- Guide to Patterns and Usage in English(**G.P.U**), A.S. Hornby, Oxford English Press

- English Grammar in Use(**E.G.U**), R.Murphy, Cambridge

- The Student's Grammar of English(**S.G.E**), Jan A. van EK & Nico J. Robat, Blackwell

- Modern English(**M.E**), Marcella Frank, Prentice-Hall

- English Idioms Exercises on Phrasal Verbs(**E.P**), Jennifer Seidl, Oxford English Press

- A Practical English Grammar(**JJ**), 김재준, 시사영어사

- 영어동사의 문법(**K.D**), 이기동, 신아사

- School English Grammar(**S.E.G**), 박술음, 을유문화사

- Macmillan English Grammar <Advanced> (**M.E.G**), Michael Vince, MACMILLAN

- Advanced Grammar in Use(**A.G.U**), Martin Hewings, CAMBRIDGE

- UNDERSTANDING AND USING English Grammar(**U.E.G**), Betty S. Azar, Longman

- GRAMMAR   AND BEYOND(**G.B**) : (2012), Laurie Blass, Susan Iannuzzi, Alice Savage, with Randi Reppen, CAMBRIDGE

- NEXT GENERATION GRAMMAR(**N.G.G**) : (2013), David Bohlke, Pamela Vittorio, PEARSON

- Oxford Advanced Learner's Dictionary of Current English(**O.D.T**)-3rd

- Oxford Advanced Learner's Dictionary of Current English(**O.D.F**)-4th

- Longman Dictionary of Contemporary English(**L.D.E**)-1987

- Collins Cobuild English Language Dictionary(**C.C**)-1987
- Longman Language Activator(**L.L.A**)-1993

2장 한정동사구의 이해(동사의 구분)

2.1 한정동사구의 개요

하나의 한정동사구는 '조동사' + '본동사'로 구분될 수도 있고, '한정동사' + '비한정동사'로 구분될 수도 있다.

He **must have been typing** the letters himself.

[한정동사구] must have been typing

[조동사] must have been + [본동사] typing

[한정동사] must + [비한정동사] have been typing

---

① 한정동사구: 문장에서 동사의 역할을 하는 동사구로, 하나의 동사(편의상 "한정동사구"로 취급)로 구성될 수도 있고, 1개 이상 4개까지의 동사로 구성될 수도 있다.

② 조동사: 한정동사구가 하나의 동사로 구성될 때는, 조동사는 존재하지 않는다. 한정동사구가 둘 이상의 동사로 구성될 때는, 본동사를 제외한 모든 동사들이 조동사이다.

③ 본동사: 한정동사구가 하나의 동사로 구성될 때는, 그 동사가 본동사이다. 한정동사구가 둘이상의 동사로 구성될 때는, 마지막 동사가 본동사이다.

④ 한정동사: 한정동사구가 하나의 동사로 구성될 때는, 그 동사가 한정동사다. 한정동사구가 둘이상의 동사로 구성될 때는, 첫 번째 동사가 한정동사다.

⑤ 비한정동사: 한정동사구가 하나의 동사로 구성될 때는, 비한정동사는 존재하지 않는다. 한정동사구가 둘이상의 동사로 구성될 때는, 한정동사를 제외한 모든 동사들이 비한정동사다.

* 한정동사절: 한정동사가 사용된 절(예시된 문장 전체가 다른 문장의 일부로 쓰일 때의 형태)

★ 용어정리
- 한정동사의 형태 : 현재형과 과거형 두 가지뿐, 미래형은 없음
- 시제 : 시간(등)을 나타내는 동사(구)의 형태
- 시간 : 사건이 존재하는 객관적인 시점(현재, 과거, 미래)

2.2 한정동사와 비한정동사(S.G 3.19, 3.20 / C.G.E 875)

'한정동사구' 내에서의 구분과는 다른 용도로 한정동사와 비한정동사를 구분 할 수도 있다. 즉 모든 동사를 역할에 따라 구분하여 '동사' 역할로 쓰이는 '한정동사(구)'와 '명사, 형용사 또는 부사' 역할로 쓰이는 '비한정동사(구)'로 구분할 수도 있다.

2.2.1 한정동사(finite verb)　→ 4.4

① 한정동사는 한정동사구에서 첫 번째 위치한 동사로 주어와의 관계에서 인칭/수 등이 일치관계를 이룬다.(한정동사구로 사용될 때)

- I **am** here.
- John **has** built up his own business.
- He **was** studying English.
- Jim **reads** the paper every morning.

② 하나의 절에는 오직 1개의 한정동사가 있으며, 한정동사의 어형은 현재형과 과거형 두 가지뿐이다.(한정동사구로 사용될 때)

- My sister **worked** as a secretary before she got married.
- Mary **will** have arrived already.

③ 한정동사구는 문장 내에서 오직 동사의 역할만을 수행한다.

- It **is** important to learn early to rely upon yourself ; for little **has been done** in the world by those who **are** always **looking** out for someone to help them.

2.2.2 비한정동사(non-finite verb) → 8장

비한정동사는 주어와의 관계에서 시제, 인칭, 수 등의 일치 관계가 없는 즉, 한정되지 않는 동사로 기존 영문법의 부정사, 동명사, 분사 등을 말한다. 표현영문법에서는 이들을 그 형태에 의해서 to부정사는 to-V로, 원형부정사는 V로, 동명사와 현재분사는 V-ing로 그리고 과거분사는 V-ed로 각각 표기한다.(필요시 기존의 용어도 사용됨)

① 비한정동사는 문장에서 명사, 형용사, 부사역할로 사용될 수 있다.

- I regret **having started to smoke**. : 'having started to smoke'는 regret의 목적어로 사용되어 명사역할로 쓰이고 있다. 'to smoke'는 started의 목적어로, 명사적용법의 to부정사.

- There is some **frozen** food in the refrigerator. : 'frozen'은 명사 food를 꾸며 주는 형용사역할(과거분사)

- I've got an essay **to write**. : 'to write'는 명사 essay를 꾸며 주는 형용사적용법의 to부정사.

- Other men lived **to eat**, but he ate **to live**. : 'to eat'와 'to live'는 동사 lived와 ate를 꾸며 주는 부사적용법의 to부정사

② 비한정동사는 한정동사구 내에서 동사의 역할로 사용될 수 있다.

- He must **have been typing** the letters himself. : 'have'는 원형부정사, 'been'은 과거분사, 'typing'은 ing형

▶ 비한정동사의 의미상주어, 시간표현, 부정은 '8장의 다, 라, 마' 참조

2.3 조동사와 본동사(S.G 3.1)

2.3.1 조동사(auxiliary verb)

조동사는 한정동사구에서 본동사를 도와주는 동사로, ①주관적인 표현으로 만들어 주는 '서법조동사', ②의문문, 부정문, 강조문 등을 만드는 데 사용되는 '조동사 do', ③수동형, 진행형을 만들 때 사용되는 '조동사 be', 그리

고 ④완료형을 만들 때 사용되는 '조동사 have' 등이 있다. 조동사는 '1차 조동사'와 '서법조동사'로 구분될 수 있다. 조동사는 본동사 없이 단독으로 한정동사(구)를 구성할 수는 없다.

- Photography **would** be an interesting hobby.

    - 한정동사구 : would be

    - would = 서법조동사

    - be = 본동사 (서법조동사 뒤에서 원형부정사로 사용된 be가 본동사)

- He **was** just promoted to the rank of major.

    - 한정동사구 : was promoted

    - was = 수동형의 조동사

    - promoted = 본동사 (수동형을 만들기 위해서 be동사 뒤에 사용된, 과거분사형인 promoted가 본동사)

2.3.2 본동사(main verb)

본동사는 그 자체에 어휘적인 의미를 가지고 있다. 그러므로 동사문형은 본동사의 의미에 의해서 결정된다. 본동사는 조동사의 도움 없이 단독으로 한정동사(구)를 구성할 수도 있다.

- I'm **building** my own equipment.

    - 한정동사구 : am building

    - am = 진행형의 조동사

    - building = 본동사 (진행형을 만들기 위해서 be동사 뒤에 사용된, 현재분사형인 building이 본동사)

      * my own equipment는 본동사인 build(ing)의 목적어

- I have **seen** him twice.

    - 한정동사구 : have seen

    - have = 완료형의 조동사

    - seen = 본동사 (완료형을 만들기 위해서 have동사 뒤에 사용된, 과거분사형인 seen이 본동사)

- He **works** hard.

- 한정동사(구) : works

- works = 본동사 (한정동사구의 첫 번째 동사이므로, 주어와 일치시키기 위해 사용된 -s)

2.4 1차조동사와 서법조동사(S.G 3.11 / C.G.E 875)

2.4.1 두 가지 조동사의 차이점

① 1차조동사는 본동사로도 사용될 수 있지만, 서법조동사는 본동사로는 사용될 수 없다.

- They are brothers and sisters. : 이 문장에서 are는 본동사

- What are you doing now. : 이 문장에서 doing은 본동사

- He has breakfast at 7a.m. : 이 문장에서 has는 본동사

② 1차조동사는 조동사로 쓰일 때, 문법적인 기능만 할 뿐 그 자체의 의미는 없다. 그러나 서법조동사는 단어 자체의 의미를 지닌 채 조동사로서의 역할을 한다.

- **Do** you have any children? : 1차조동사 'do'는 조동사로 그 의미가 없다.

- He **must** be a doctor. : 'must'는 서법조동사로 '~임에 틀림없다.'라는 의미를 가진다.

▶ 2.4.1D [보충·심화학습]

미래시제조동사 will, shall

서법조동사 will, shall과 그 어형이 같은, 미래시제조동사will, shall은 객관적인 표현으로, 서법조동사와는 전혀 그 용법이 다르다. 미래시제조동사 will, shall은 그 자체의 의미가 없으며, 단지 본동사의 내용이 미래시간의 일임을 나타내 주는 역할만 한다. → 4.3 들어가기 및 4.3.5 D2 의 ②

- Do you think it will rain tomorrow?

2.4.2 1차조동사

<1> 1차조동사의 종류: 1차조동사에는 be, have, do 세 가지 동사가 있다.

<2> 1차조동사의 기능

(1) be동사

① 진행형을 만들 때 사용된다. (be + V-ing)

- He **was writing** a letter.

② 수동형을 만들 때 사용된다. (be + V-ed)

- I beg your pardon. **Is** this seat **taken**?

③ 'be to' 용법에 사용된다. (be + to-V)

  * 한정동사구에서 be동사의 한정형은 '결정, 결과, 운명, 지시의 전달' 등의 뜻을 나타내기 위해서 to부정사와 함께 사용된다. → 4.3.5.6

- He **is to stay** here till we return.

(2) have동사

① 완료형을 만들 때 사용된다. (have + V-ed)

- I **haven't seen** you for ages.

② 'have to' 용법에 사용된다. (have to + V)

  * 한정동사구에서 직설법의 조동사구인 have to는 '의무'의 뜻을 나타내기 위해서 원형부정사와 함께 사용된다.

- I **have to work** on Saturday morning.

  * have to로 나타내는 '의무'는, 서법조동사 must로 나타내는 '의무'와는 구별되어 사용된다. must로 나타내는 '의무'는 '사람의 권위'가 개입되나 have to로 나타내는 '의무'는 일반적으로 '상황에 의한 의무'를 나타낸다.

- You **must try** to get to work on time.(= I want you to.)

- Catholics **have to go** to church on Sundays.(= Their religion tells them to.)

* have got to : '의무'가 '일시적이거나, 외부로 부터의 강요가 강하게 나타날 때'는 보통 have got to를 사용하며, 이것은 항상 변칙동사이다. 반면에 '지속적이고 습관적인 의무'를 나타낼 때는 보통 have to를 사용한다.

- I **have got to** be at the office at 8 tomorrow.

(3) do동사

① 일반동사의 의문문, 부정문, 강조문 등을 만들 때 사용된다.

- What **do** you **plan** to do tomorrow?
- She **does** not **have** the ticket.
- I **do appreciate** your consideration.

2.4.3 서법조동사

① 서법조동사의 종류에는 will, shall, can, may, would, should, could, might, must, ought to 등 10개가 있고, 준 서법조동사로 취급되는 need와 dare이 있다.

② 영어문장 중에는 서법조동사를 이용하여 '주관적인 내용'을 표현하는 '서법문장'이 있다. 서법문장에서는 서법조동사가 한정동사구에 사용되는데, 이때 서법조동사의 역할은

- 1차 용법으로 쓰일 때는 주로 "사람과 사람 사이의 주관적인 영향력행사" 관계를 나타내고

- 2차 용법으로 쓰일 때 "어떤 일에 대한 주관적인 확실성추측"을 나타낸다.

③ 1차 용법은 그 동사 본래의 의미로부터 유래되어 쓰이는 용법, 즉 의지, 능력, 허가, 의무 등을 나타내는 용법이고, 2차 용법은 부가적으로 덧붙여진 '확실성을 추측'하는 용법이다.

→ 서법조동사의 더 자세한 내용은 5장 참조

2.5 변칙동사와 일반동사(G.P.U 1.6 / S.G 3.11)

한정동사의 두 가지 종류로, 문장 구성 시 조동사 do의 필요성 여부로 구분된다. 보통 한정동사(구)가 단독으로 구성될 때는 그 '한정동사'는 '일반동사'이고, 한정동사구가 두 개 이상으로 구성될 때는 그 '한정동사구'의 첫 번째 동사(한정동사)는 변칙(한정)동사이다. 단 be동사는 항상 변칙동사(단독으로 쓰일 때 포함)이고, have동사가 '소유'의 의미로 단독으로 쓰일 때, 영국식 영어에서는 변칙동사로 사용된다.

* 변칙동사와 일반동사의 구별은 특히, 회화능력 향상에 중요한 역할을 한다. 이 구별은 '부정, 강조, 의문문' 그리고 '의견에 대한 동의, 불일치', '의견의 부가', '짧은 대답', '부가의문문' 등에 똑같이 적용되며 또한 '문장의 도치'나 '중위부사의 위치'도 이 구별에 의하여 구분된다.

2.5.1 변칙동사(anomalous verb)

부정, 강조, 의문문 등을 만들 때 조동사 do의 도움을 필요로 하지 않는 한정동사를 변칙동사라 한다.

* '강조문'을 표현할 때, 변칙동사에는 do 대신 '강세'나 '음조의 변경'이 사용된다.

- The girl **is** not beautiful.
- **Would** he come here?
- That **will** be nice.
- I assume John **will** be late. - Yes, he **will**.
- This book **is**n't worth reading. - No, it **is**n't.
- You're drunk. - (Oh) no, I **am** not
- They **were**n't in your way. - (Oh) yes, they **were**.
- Tom **is** going by taxi. - And so **is** Bill.
- Jack **could**n't understand it. - Neither **could** Tom.
- She **wo**n't sign the protest but her sister **will**.
- They **would** be afraid to protest but I **would**n't.
- I'm not hungry. - **Are**n't you?
- John **is** not forty-five yet, **is** he?

2.5.2 일반동사(ordinary verb)

부정, 강조, 의문문 등을 만들 때 조동사 do의 도움을 필요로 하는 한정동사로, 단순형으로 쓰인 대부분의 동사가 일반동사다. 단, be동사는 항상 변칙동사로 쓰인다.

- I <u>don't</u> **like** it.

- <u>Does</u> he **want** it?

- I <u>do</u> **appreciate** your help.(강조를 위한 조동사 do)

- Your mother **looks** well. - Yes, she <u>does</u>.

- The oranges <u>didn't</u> **look** very good. - No, they <u>didn't</u>.

- You **worry** too much. - (Oh) no, I <u>don't</u>.

- I <u>didn't</u> **mean** to be rude. - (Oh) yes, you <u>did</u>.

- Mrs. Johnson **works** in a laundry. - And so <u>does</u> her husband.

- Paul <u>didn't</u> **get** any sleep and neither <u>did</u> I.

- His mother <u>didn't</u> **come** to the wedding but his father <u>did</u>.

- I <u>didn't</u> **pay** Paul. - <u>Did</u> you?

- Nobody **phoned** while I was out, <u>did</u> they?

- He **likes** his job, <u>doesn't</u> he?

2.5.3 변칙동사의 종류

① be동사 : be동사는 단독으로 본동사로 쓰이는 경우나 조동사로 쓰이는 경우 모두 변칙동사이다.

② have동사 : have동사는 완료형의 조동사로 쓰일 때만 변칙동사이다. 단, 영국식 영어에서 have가 '소유'의 개념으로 쓰일 때는 단독으로 본동사로 쓰일 때도 변칙동사로 사용된다.

③ do동사 : do동사가 부정문, 의문문, 강조문을 만들기 위한 조동사로 사용될 때는 변칙동사이다.

④ 서법조동사 : 서법조동사는 항상 변칙동사이다.

⑤ used to : 옛날식의 격식의 영어에서는 변칙동사로 쓰였었다. 그러나

현대의 구어체 영어에서는 일반동사로 쓰인다. (L.E.G 11.59 참조)

* 이상의 5가지 종류의 변칙동사가 있다. 그러나 한정동사구가 하나 이상의
  동사로 구성되어 있을 때는, 그 한정동사는 항상 변칙동사 중 하나가
  사용되기 때문에 하나의 한정동사구가 변칙동사를 포함할 확률은 매우 높다.
  즉, 조동사 do의 도움 없이 문장의 변화가 이루어지는 빈도가 매우 높다.(90%
  이상)

3장 시간과 시상에 따른 12시제의 개관

3.1 '표현을 위한 영문법'의 관점

기존의 영문법에서는 '시제'를 중심으로 문장을 표현하여 왔다. 그러나 '표현을 위한 영문법'에서는 '시간'과 '시상'의 개념을 도입하여 문장을 표현함으로써 좀 더 정확하고 쉽게 문장을 표현할 수 있는 방법을 제시하였다.

   * 기본12시제 = 3가지 시간 × 4가지 시상 *

3.1.1 시간

현재시간, 과거시간, 미래시간의 3가지로, '객관적인 존재'

   * 영어동사의 기본 형태는 '현재형'과 '과거형' 두 가지뿐입니다. 즉 '미래형'이 없습니다. 그래서 '시간'과 관련하여 어떤 사건을 표현하는 기본적인 방법은 '과거시간의 일'은 '과거형'으로 표현하고 '현재이후시간의 일'은 '현재형'으로 표현하며, '미래시제조동사'인 will/shall을 이용하여 '현재와의 연결 관계를 표현할 필요가 없는 미래시간의 일'을 표현합니다.

3.1.2 시상(aspect)

'시상'이란 '시간과 관련하여, 하나의 동사의 의미가 판단되는 방식'을 반영하는 문법적인 범주이다. 여기서는 4가지 기본범주로 나누었다.

   ① 당시만의 동작/상태 : 하나의 점의 개념 또는 그 점이 확대된 우주의 개념 : "단순형"으로 표현

   ② 과거(또는 이전시간)과 연결된 동작/상태 : 과거와 현재의 연결(또는 과거시점이나 미래시점에서, 그 이전 시간과 연결) : "완료형"으로 표현

   ③ 미래(또는 이후시간)과 연결된 동작/상태 : 현재와 미래의 연결(또는 과거시점이나 미래시점에서, 그 이후 시간과 연결) : "진행형"으로 표현

   ④ 과거 및 미래(이전시간 및 이후시간)과 연결된 동작/상태 : 현재를 과거 및 미래와 연결(또는 과거나 미래의 특정시점에서, 그 이전시간 및 그 이후시간을 연결) "완료진행형"으로 표현

   → 1.17.3

3.2 시간과 시상으로 나누어본 12시제

핵심내용: 12시제 중 완료형(현재, 과거, 미래)이 나타내는 시점은, 사건의 발생시점이 아니라, 그 사건이 중요성을 나타내는 시점이다.

 * 반드시 다음과 같이 사용되지는 않지만, 기본원리를 알아야 응용도 자유롭습니다. 그리고 특히 회화체에서 '단순형 형태' 대신 '진행형 형태'를 많이 사용하는 것은 "상황을 단정적으로 만들어서 상대를 압박하는 느낌을 주는 것을 피하기 위한, 상대방에 대한 배려"로 즉 거부감을 피하기 위한 '공손한 표현'으로 볼 수 있습니다. → 4.4.3.2

3.2.1 현재시간의 일에 대한 표현

 (1) 당시만의 동작/상태 → 4.1.1

  ① 단순현재시제(기본)

  ② 현재진행시제(강조 시)

 (2) 과거와 연결된 동작/상태 → 4.1.2

  ① 현재완료시제(기본)

  ② 현재완료진행시제(강조 시)

 (3) 미래와 연결된 동작/상태 → 4.1.3

  ① 현재진행시제(기본)

  ② 단순현재시제(예외)

 (4) 과거 및 미래와 연결된 동작/상태 → 4.1.4

  ① 현재완료진행시제(기본)

  ② 현재완료시제(예외)

3.2.2 과거시간의 일에 대한 표현

 (1) 당시만의 동작/상태 → 4.2.1

 ① 단순과거시제(기본)

 ② 과거진행시제(강조 시)

 (2) 과거와 연결된 동작/상태 → 4.2.2

 ① 과거완료시제(기본)

 ② 과거완료진행시제(강조 시)

 (3) 미래와 연결된 동작/상태 → 4.2.3

 ① 과거진행시제(기본)

 ② 단순과거시제(예외)

 (4) 과거 및 미래와 연결된 동작/상태 → 4.2.4

 ① 과거완료진행시제(기본)

 ② 과거완료시제(예외)

 (5) 예외용법 → 4.2.5

 과거시간의 일을 단순현재시제로 표현하는 예외 용법

3.2.3 미래시간의 일에 대한 표현

미래시간의 일은 다양한 방식으로 표현될 수 있다. 여기서는 3가지로 나누어 설명한다.

<1> 미래시제 조동사 will, shall을 이용한 순수 미래예측하는 경우

 (1) 당시만의 동작/상태 → 4.3.1

 ① 단순미래시제(기본)

 ② 미래진행시제(강조 시)

 (2) 과거와 연결된 동작/상태 → 4.3.2

 ① 미래완료시제(기본)

 ② 미래완료진행시제(강조 시)

(3) 미래와 연결된 동작/상태 → 4.3.3

　① 미래진행시제(기본)

　② 단순미래시제(예외)

(4) 과거 및 미래와 연결된 동작/상태 → 4.3.4

　① 미래완료진행시제(기본)

　② 미래완료시제(예외)

<2> 순수 미래예측이 아닌 경우

　① 서법조동사 will의 1차 용법 → 4.3.5.1

　　모든 서법조동사는 미래시간의 일을 표현할 수 있다.

　② be going to 구문(서법 1차의 will과 대응용법) → 4.3.5.2

　③ 서법조동사 will의 2차 용법 → 4.3.5.3

　④ be going to 구문(서법 2차의 will과 대응용법) → 4.3.5.4

　⑤ be going to 구문(미래시제조동사 will, shall과 대응용법) → 4.3.5.5

　⑥ 'be to-V' 구문 → 4.3.5.6

　⑦ 'be about to-V' 구문 → 4.3.5.7

　⑧ 'be on the point of v-ing' 구문 → 4.3.5.8

　⑨ 'be due to-V' 구문 → 4.3.5.9

<3> 현재시간에 이미 결정되어 있는 미래시간의 일의 경우 (현재시제를
　　사용)

　① 단순현재시제 : '공공적인 약속'에 의해 결정되어 있는 일 → 4.3.6.1

　② 현재진행시제 : '개별적인 약속'에 의해 결정되어 있는 일 → 4.3.6.2

3.3 한정동사구의 표현과정(사고의 순서)

3.3.1 시간설정 : 현재, 과거, 또는 미래 판단

3.3.2 시상의 판단(연결 상태 파악)

① 당시만의 동작/상태 : 단순형

② 과거와 연결된 동작/상태 : 완료형

③ 미래와 연결된 동작/상태 : 진행형

④ 과거 및 미래와 연결된 동작상태 : 완료진행형

3.3.3 시상에 대한 화자의 판단 추가(강조점 등에 의한 시상의 변화)

시상의 선택은 보통, 어떤 절대적 기준에 따라 결정되는 것은 아니고, 판단에 따라 달라질 수 있다.

① 단순형→ 진행형으로 (동적개념 강조 시)

② 진행형, 완료형→ 단순형 (연결 상태를 당연시하고, 줄여서 표현할 때)

③ 완료진행형→ 완료형 (연결 상태를 당연시하고, 줄여서 표현할 때)

3.3.4 동사의 특성에 따른 예외용법 적용(정적동사 등)

① 진행형→ 단순형 (정적동사 등)

② 완료진행형→ 완료형 (정적동사 등)

4장 12시제의 표현 내용 및 한정동사구의 표현 규칙

4.1 현재시간의 일에 대한 표현

현재시간에 있어서 어떤 중요성을 나타내는 사건은, 현재시제로 표현한다.

4.1.1 당시만의 동작/상태

'당시만의 동작/상태'란 한 시점에만 관계되는 동작/상태를 말한다. 그러나 이 시점은 또한 과거와 미래로 확대되어 진리, 습관 등을 나타내는 무제한 용법(unrestrictive use)으로도 사용될 수 있다. '당시만의 동작/상태'는 '단순시제'로 나타냄이 원칙이다. 그러나 '임시, 미완성, 동적'이라는 개념을 나타내거나 강조하기 위하여 '진행시제'로 표현할 수도 있다.

4.1.1.1 단순현재시제

주로 "늘 일어나는 일"을 표현한다. 그렇지 않은 경우는, '부수적인 용법'으로 사용되는 경우이다. → 4.4.3.1

① 영원한 진리는 단순현재시제로 표현한다.

- Summer **follows** spring.
- Two and two **make** four.

② 주거/직업 등 고정적이고 일반적인사실도 단순현재시제로 표현한다.

- We **live** in New York.
- He **works** in a bank.

③ 습관도 빈도부사와 함께, 단순현재시제로 표현될 수 있다.

- I sometimes **stay up** till midnight.
- In summer Tom usually **play** tennis twice a week.

④ '현재 발견해 놓은 일(현재완료의 축약형)' 또는 '순서대로 현재 상황

을 말하고 있는 이야기체(연극의 행동묘사 등)'에서 사용된다.

- Look - here **comes** your husband.

- I **see** you've got a letter from Ann. What **does** she **say**?

- Suddenly the window **opens** and a masked man **enters**.

* 일상사 중에서 항상 진행 상태로 되풀이되는 사건인 경우는 '현재 진행시제'로 표현한다.

- At six I am bathing the baby.

4.1.1.2 현재진행시제(임시성 등 강조 시)

① 주거, 직업 등의 '임시성을 강조할 때' 현재진행시제가 사용된다.

- We're **living** in New York.

- I'm **taking** English lessons this month.

② 현재진행시제가 always, continually 등 완전성을 나타내는 빈도부사와 함께 쓰이면, 임시성을 잃고 '고정된 상황'에서의 '언제나'가 아니고 예상치 못한 상황에서, 우연히 또한 끊임없이 반복되는 습관적인 행동이라는 의미로서, '문장주어의 못마땅한 습관을 나타내거나 또는 예기치 않았던 일이 자주 일어난다는 불평' 등을 나타낼 수도 있다.

- He's **always smoking** in bed.

- She's **always helping** people.

- I'm **constantly forgetting** people's names.

4.1.2 과거와 연결된 동작/상태

과거시간에 일어난 일이지만, 그것이 현재시간에 어떤 중요성을 가지고 있음을 나타낼 때는 '현재완료시제'로 표현한다. 그러나 이때 임시, 미완성, 동적인 의미를 강조할 때는 '현재완료진행시제'로 표현할 수도 있다.

4.1.2.1 현재완료시제

과거와 현재시간의 연결에 '현재완료시제'가 사용된다. 예를 들면 과거시간의 일이 현재시간의 일과 관련 있음을 표현할 때나, 과거에 시작된 일이 현재까지 진행되어 왔을 때 등에 '현재완료시제'가 사용된다.

　* 현재시간이란 '현재순간'으로 하나의 '점'의 개념이다.

　① 과거시간에 시작되어 말하는 순간 바로 전에 완결된 일을 표현할 때 현재완료시제가 사용된다.(완료)

- I **haven't seen** you for ages.

- We've **painted** two rooms since lunch time.

　② 빈도부사와 쓰여서, 과거로부터 현재의 기간까지 띄엄띄엄 되풀이되는 일을 나타낼 때도 사용된다.(완료)

- I've **watched** him on TV **several times**.

　③ 과거에 일어난 사건이지만, 그것이 현재에도 어떤 중요성을 가지고 있을 때는 '현재완료시제'로 표현한다.(결과)* '단순과거시제'가 아님

- I've **broken** my leg.

- I **have received** two tickets to the opera.

　④ '우리의 경험이나 지식의 일부로, 우리와 함께하는 과거시간의 일'을 표현할 때도 '현재완료시제'를 사용한다.(경험)

- I've **travelled** a lot in America.

- **Have** you **read** War and Peace?

4.1.2.2 현재완료진행시제(임시성 등 강조 시)

　① 과거에 시작된 일이 말하는 순간 이전에 끝났을 경우에도 임시, 미완성, 동적인 의미를 강조할 때는 현재완료진행시제를 사용할 수 있다.

- You look hot. - Yes, I've **been running**. (동적 : 계속 뛰었어)

- I've **been reading** some of your poetry. It's not bad. (임시 : 적은 지속기간)

4.1.3 미래와 연결된 동작/상태

현재진행 중인 즉, 미래와 연결된 동작/상태는 현재진행시제로 표현된다. 그러나 그 동사가 진행형에 쓰이지 못하는 동사일 때는 단순현재시제가

사용된다. 그리고 스포츠 중계 등 시간의 단축을 요할 때나, 공식적인 선언 등에서 단호한 어감을 주기 위해서, 진행 중인 일일지라도 예외적으로 단순현재시제가 사용될 수 있다.

4.1.3.1 현재진행시제

① 말하고 있는 순간에 진행되고 있는 일은 현재진행시제로 표현된다.

- Please don't make so much noise. I**'m studying**.

- It**'s bleeding**. You'd better go see a doctor about that cut.

4.1.3.2 단순현재시제(정적동사 등 예외 적용 시)

① 진행형에 쓰이지 못하는 동사(정적동사)일 때는, 말하는 순간에 진행 중일지라도 단순현재시제로 표현한다.

- I**'m** here on business, not for pleasure.

- The meat **smells** bad. (이때는 smell = give out a smell의 의미)

  * 어떤 동사든 그것이 진행형으로 쓰일 수 있는 경우는, '그 문장'에서 '그 동사의 의미'가 '임의로, 일정시간 동안만' 행해질 수 있는 경우만 가능하다. 예를 들면 동사 have는 소유의 의미로는 진행형에 사용되지 않는다. 그러나 '먹다, 마시다'의 의미로는 '임시'의 의미가 가능하기 때문에 진행형에 쓰일 수 있다. 동사 smell도 마찬가지이다.

- Why **are** you **smelling** the meat? (이 문장에서는 smell = use one's sense of smell in order to learn something의 뜻)

② 라디오나 TV에서 스포츠를 중계할 때나, '공식적인 선언' 등을 할 때 예외적으로 단순현재시제가 사용된다.

- Green **passes** the ball to Brown. Brown **passes** it to Black who **heads** it past the goalkeeper and **scores**!

- I **declare** this exhibition **opens**.

4.1.4 과거 및 미래와 연결된 동작/상태

현재완료진행시제로 표현한다. 그러나 정적동사일 때 또는, 미래로의 연결을 당연시하는 정적인 표현일 때는 현재완료시제로 표현한다.

4.1.4.1 현재완료진행시제

① 과거와 현재의 연결 그리고 미래시간으로의 진행을 나타낼 때는 현 재완료진행시제가 사용된다.

- John **has been working** in the bank all summer.

- It **has been raining** for three days.

4.1.4.2 현재완료시제(정적동사 등 예외 적용 시)

① 진행형으로 쓰이지 못하는 동사는 현재완료시제가 사용되며, 이 경우 문맥에 의하여, 말하는 순간 이후에도 동작이 계속됨을 나타낸다.

- I **have been** in business since I finished college.

② 현재이후 계속되는 동작을 당연시하고, 현재이전의 일에만 관심을 가 지고 표현할 때는 현재완료시제로 줄여 표현할 수 있다.(계속)

- **Have** you **worked** in this bank for a long time?

4.2 과거시간의 일에 대한 표현

과거시간에 있어서 어떤 중요성을 나타내는 사건은 과거시제로 표현한다.

4.2.1 당시만의 동작/상태

단순과거시제로 표현한다. 그러나 임시, 미완성, 동적 개념을 나타내거나 강조하기 위하여 과거진행시제로 표현할 수도 있다.

4.2.1.1 단순과거시제

① 과거시간의 특정사실은 단순과거시제로 표현한다,

- I **heard** the news an hour ago.

- I **met** him when I was at college.

② 과거시간의 사건을 일어난 순서대로 말할 때도, 단순과거시제가 사용 될 수 있다.

- The maid **broke** a dish and **concealed** it somewhere.

③ 과거시간의 고정적이고 일반적인 사실은 단순과거시제로 표현한다.

- We **lived** in New York for ten years.

④ 과거시간의 습관도 단순과거시제로 표현할 수 있다.

- I **smoked** forty cigarettes a day till I gave up.

4.2.1.2 과거진행시제(임시성 등 강조 시)

① 과거시간에 일어난 일의 임시성을 강조할 때 과거진행시제가 사용된다.

- I **was working** all day last Saturday.

   * 이때 임시, 미완성, 동적인 성질을 강조하지 않는 경우에는 단순과거 시제로 표현한다.

- I **worked** all day last Saturday.

② 과거시간의 임시적인 주거, 직업 등을 나타낼 때도 과거진행시제를 사용한다.

- I **was living** abroad in 2010, so I missed the general election.

③ 문장주어의 못마땅한 습관을 나타내거나 또는 예기치 않았던 일이 자주 일어남을 나타낼 때, 과거진행시제가 always 등의 빈도부사와 함께 사용될 수 있다.

- When we worked here, Roger **was always making** mistakes.

4.2.2 과거와 연결된 동작/상태

과거완료시제로 표현한다. 그러나 이때 임시, 미완성, 동적인 의미를 강조할 때는 과거완료진행시제로 표현한다.

4.2.2.1 과거완료시제

① 어떤 과거시간의 사건보다 이전에 발생한 사건이, 그 과거시간에 어떤 중요성을 가질 때 과거완료시제가 사용된다. 이때 과거시간의 시점은 과거시간을 나타내는 부사어 또는 문맥에 의해서 나타내진다.

- I went to the opera last night. I**'d never heard** it before.

- In 2010, we **had been married** for ten years.

② 과거에 발생한 두 가지 사건의 '전후관계'를 나타내기 위해서도 '과거 완료시제'가 사용된다. 즉 더 이전시간에 발생한 사건을 '과거완료시 제'로 표현한다.

- He **resigned** from the bank where he **had worked** for ten years.

- I **was** able to recognize him because I **had seen** him before.

4.2.2.2 과거완료진행시제(임시성 등 강조 시)

① 어떤 사건이 과거특정시간 이전에 시작되어, 그 시간 바로 전에 끝났 을 때도 '임시, 미완성, 동적'인 의미를 강조하기 위하여 과거완료진 행시제를 사용할 수 있다.

- I **had been living** in Oslo before I moved to Copenhagen.

4.2.3 미래와 연결된 동작/상태

실제로 진행 중인 과거시간의 일은 과거진행시제로 표현한다. 단, 정적동 사의 경우 단순과거시제를 대신 사용한다.

4.2.3.1 과거진행시제

① 과거 두 사건이 있을 때, 어떤 사건이 발생한 시점에, 이미 진행 중 에 있는 다른 동작/상태를 나타낼 때 '과거진행시제'를 사용한다.

- When our visitor **arrived**, my wife **was making** tea.

   cf. When our visitor arrived, my wife made tea. : 도착한 후 만들었다

4.2.3.2 단순과거시제(정적동사 등 예외 적용 시)

① 정적동사의 경우 예외로 단순과거시제가 사용된다.

- When I went in, you **looked** tired.

- When we finished our running, I thought you **needed** a rest.

4.2.4 과거 및 미래와 연결된 동작/상태

과거완료진행시제로 표현한다. 그러나 정적동사일 때 또는 미래로의 연결을 당연시하는 고정적, 정적표현일 때는 과거완료시제를 사용한다.

4.2.4.1 과거완료진행시제

① 과거 어떤 사건이 일어난 순간 이전에 발생한 사건이, 그 시간에도 계속되고 있음을 나타낼 때 과거완료진행시제를 사용한다.

- It was now six and he was tired because he **had been working** since dawn.
- When she arrived, I **had been talking** to him for three hours.

4.2.4.2 과거완료시제(정적동사 등 예외적용 시)

① 정적동사의 경우 예외로 과거완료시제가 사용된다.

- I **had been** in business when he was born.

4.2.5 예외용법

4.2.5.1 단순현재시제

다음과 같은 경우 과거시간의 일에 단순현재시제가 사용된다.

① 과거시간에 전달받은 것이 말하고 있는 순간까지도 계속하여 사실이거나 효과가 있음을 나타내기 위하여, **과거시간의 일**에 단순현재시제를 사용할 수 있다. 이때 (전달)동사로는 say, tell, write, see, hear 등이 사용된다.

- Mary's having a baby. - Who **says** so?
- I **hear** that you're getting married soon.

② 인용문에 단순현재시제가 사용된다.

- Shakespeare **says** 'Neither a borrower nor a lender be'.

③ 극적인 사실에 단순현재시제를 사용한다.

- When Hamlet **meets** his father's ghost, he **learns** the truth about his uncle Claudius.

4.3 미래시간의 일에 대한 표현

미래시간의 일은 미래시제조동사를 이용한 순수 미래예측, 순수 미래예측이 아닌 경우, 현재시제를 이용한 미래표현으로 나누어 표현할 수 있다.

▶ 들어가기

미래시제조동사 will, shall과 서법조동사 will(2차 용법)의 비교

① 시제조동사 will, shall(=predicting); 미래에 일어날 일로 "주관적인 판단이 관여"할 여지가 없는 상황에 사용됨. '망설임'형이 없다.(predict=say, tell in advance)

→ 'will/shall' can express the neutral future of prediction.

  - Tomorrow's weather **will be** cold and cloudy.

* '추측'을 표현하는 조동사가 아니고, 단지 '미래에 일어날 일'임을 표시하는 조동사이다. 그러나 사람이 주어일 때는 intention, 즉 '의도'의 요소도 또한 암시하고 있다고 볼 수 있다. 그러므로 이때는 화자(의 의도)에 의해서만 '미래시제조동사'로 쓰였는지 또는 서법조동사 1차 용법으로 쓰였는지가 정확히 구분될 수 있다.

② 서법조동사 will(2차 용법) : 확실성 예측에 관한 "주관적인 판단이 관여"하는 상황에 사용됨. 또한 "미래에만 일어나는 일이 아닐 때"도 사용됨. '망설임'형이 있다.

* 실제 문장에서 이 둘의 구별은 항상 명확하지는 않아서, 몇몇 문법학자는 영어에 단순미래는 없다고 주장하기도 합니다. → 4.3.5.D2 의 ②

* 3.2.3에 표시된 바와 같이 미래시간의 일에 대한 표현은 다양합니다. 그러나 미래시간의 일에 대해서 어떤 "부가적인 개념" 없이, 그냥 미래일을 말할 때(just say or tell in advance)는 "실제상황"이 어느 경우에 해당되든지, 시제조동사 will, shall로 단순하게 표현할 수도 있습니다.

◎ 4.3의 하위 내용 구분

(1) 4.3.1~4.3.4: 미래시제조동사 will, shall을 이용한 순수 미래예측

(2) 4.3.5: 순수 미래예측이 아닌 경우

(3) 4.3.6: 현재시제가 사용된 미래시간 표현

4.3.1 당시만의 동작/상태

4.3.1.1 단순미래시제

미래시간의 일에 대한 예측을 나타낼 때는 will, shall 구문이 사용된다.

- I **will meet** you again next week, I expect.
- Tomorrow's weather **will be** cold and cloudy.
- I think it**'ll rain** this evening.
- Do you think the car **will start**?
- If you go by train, you **will get** there earlier.(제안)
- If you went by train, you **would get** there earlier.(제안)

* 과거에서 본 미래

- We had already reached 9,000 feet. Soon we **would reach** the top.

* Shall은 오직 1인칭과 함께 사용될 수 있다. 특히 회화체에서는 모든 인칭에 will을 사용한다.

* 구어체(회화체)에서는 be going to가 더 자주 사용된다.→ 4.3.5.5 및 4.3.5 D1

4.3.1.2 미래진행시제(임시성 등 강조 시)

Accidental Gaps(이론상만 가능)

4.3.2 과거와 연결된 동작/상태

4.3.2.1 미래완료시제

* will이 '서법조동사'로 쓰였을 때는 'will+have V-ed' 형태가 '과거시간'을 나타낸다.

'어떤 일이 미래의 특정시점까지는 완료될 것'이라는 등의 표현에 사용된다. 이때 미래시간의 시점은 보통 by로 시작되는 시간의 부사(어)로 표현된다.

- **I'll have been** here for seven years next February.
- By this time next year I **will have saved** $2, 000.

또한 주절과 종속절의 시간 차이를 나타내기 위해서도 완료시제가 사용될 수 있다.

- 미래에 일어날 두 동작 중, 주절의 동작이 이전이면 그 주절에 미래완료시제를 사용한다.

  - When you **come** back, I **will have finished** all the housework.

- 미래에 일어날 두 동작 중, 시간의 부사절의 동작이 이전이면 그 부사절에는 미래시제조동사 will, shall을 사용할 수 없으므로 '현재완료시제'를 사용한다.

  - I **will** see you when our guests **have left**.
  - I **will** let you know as soon as I **have finished**.

★ 단, 다음과 같은 형태는, 비록 기본적인 서법 표현규칙에는 어긋나지만, 'by+미래시간'의 표현이 함께 사용되어 '미래시간의 일'을 나타내는 경우도 있다. →P.E.U(N)

- By the end of this year I **might have saved** some money.
- We **ought to have finished** painting the house by the end of next year.
- He **may/might/could have left** by 9.(L.E.G)
- **Might/Could** he **have left** by tomorrow?(L.E.G)
- His maths **may/might have improved** by the time the exam comes round.(A.G.U)

* '서법+완료+진행+수동'이라는 한정동사구의 표현 규칙상, 중복되는 미래시제조동사 will은, 같은 미래시간을 표현할 수 있는 서법조동사에 흡수되어 소멸되는 것으로 보임.

* 언어 표현의 규칙은 변화과정을 겪을 수밖에 없고, 이미 시간·조건의

부사절에 미래완료 대신에 현재완료를 사용하는 사례도 있으므로, 'by+미래시간'에 의해 그 문장이 미래시간의 일에 대한 표현이 명확한 경우에 'perhaps 등+미래완료시제' 대신에 'ought to/might+완료시제' 형태로 간략하게 표현하는 것도 새로운 문법 형태로 확립될 가능성이 있는 표현법으로 보임.

* 의도나 희망 등을 나타내는 동사들도 '미래완료시제'의 사용과 유사하게 완료형 to부정사가 이후시간의 일을 나타내며 뒤따라올 수 있다.

- I **hope to have finished** by 12.

- We **hope to have done** most of the journey by lunchtime (= We hope that we will have done most of the journey by lunchtime.)

4.3.2.2 미래완료진행시제(임시성 등 강조 시)

Accidental Gaps(이론상만 가능)

4.3.3 미래와 연결된 동작/상태

4.3.3.1 미래진행시제

① 미래의 특정시점에, 진행 중인 사건을 표현할 때 사용된다. 미래시간의 특정 시점은 미래시간을 나타내는 부사(어)에 의하여 나타내지거나 함축되어진다.

- When you arrive, they'**ll** probably **be having** the party.

- This time tomorrow I'**ll be lying** on a beach in Tunisia.

  * 미래의 특정시점에서의 진행을 나타내는 문장에서는, 그 행동의 '의도적' 여부를 불문하고 미래시제조동사 will을 이용한 미래진행시제가 사용된다.

- What **will** you **be doing** this time next week?(미래진행 또는 의도)

  cf. What **are** you **going to do** this time next week?(의도)

② 서법조동사 will의 1차 용법(문장주어의 의지)과의 혼동을 피하기 위해서 미래시제조동사 will을 진행형으로 표현하는 경우도 있다.

- **Will** you **join** us for dinner?(invitation)

- **Will** you **be joining** us for dinner?(futurity: 단순미래의 의미)

특히 의문문에서 좀 더 공손한 표현으로 바꾸기 위해서, 단순미래시제를 미래진행시제로 바꾸어 사용하는 경우도 있다. (진행형의 기본개념 이용)

> * 대답을 압박하는 것처럼 보이는 것을 피하기 위해서 '진행형'으로 표현한다.

- When **will** you **finish** these letters?(boss to assistant)
- When **will** you **be seeing** Mr White?(assistant to boss): 단순미래의 의미

③ '일상 중에서 당연한 일로서(as a matter of course) 일어날 미래시간의 일'을 표현할 때도 이 시제가 사용된다. 즉, '어떤 예측된 사건이, 관계있는 어떤 사람의 의지나 의도와는 독립하여 일어날 것'이라는 뜻으로 '단순미래' 의미의 '미래진행시제'가 사용될 수 있다.

- **I'll be seeing** Tom tomorrow.
- I never realized that someday I **would be living** in California.

미래래진행시제는 '당연지사'의 예측을 나타낼 수 있기 때문에, 어떤 미래의 행동을 위한 부탁이나 요청을 하기 위하여 사전 확인이 필요할 때, 의문문에 이 시제를 사용한다. 이와 같은 경우 현재진행시제나 be going to 구문을 사용할 수도 있지만, 미래진행시제는 '의도가 배제된 질문'으로, 다른 구문보다 더 공손한 형태로 여겨지기 때문에 특히 이런 질문에 유용하게 사용된다.(단순미래의 의미)

- **Will** you **be seeing** Tom tomorrow? - Yes.   Well in that case, could you tell him I got his letter?

▶ 4.3.3.1D [보충·심화학습]

- 미래시간의 일을 나타내는 '단순미래' 의미의 현재진행시제(4.3.6.2)와 미래진행시제의 차이점

  ① 현재진행시제는 '약속 등에 의하여 결정되어 있는 미래시간의 일'을 표현할 때 사용된다. 그렇지만 미래진행시제는 약속이나 의도가 배제된, '일상사 중에서 일어나는 행동'이라는 것을 나타내기

때문에, 현재진행시제보다는 덜 명확하고 좀 더 우연성이 있는 예측이다.

- **I am seeing** Tom tomorrow. : 이 문장에서는 Tom 또는 말하는 사람이 '만남'을 계획적으로 정하였다는 것을 의미한다.

- **I'll be seeing** Tom tomorrow. : 이 문장에서는 Tom과 말하는 사람이, 어떤 약속 없이 단지 당연한 일상생활 중에서 만날 것이라는 것을 의미한다.

* 그렇지만 이런 차이점이 항상 매우 중요한 것은 아니다. 때때로 이 둘은 구별 없이 사용되기도 한다.

② 현재진행시제는 보통 **시간의 언급이 필요**하며, 근접미래를 나타낼 때 사용된다.

- **I'm meeting** him tomorrow.

반면 미래진행시제는 '명확한 시간의 언급 유무에 관계없이' 사용되며 또한 근접미래나 먼 미래 모두에 사용된다.

- **I'll be meeting** him tomorrow / next year / sometime.

  (시간의 언급이 없이도 가능)

③ 현재진행시제가 나타내는 시간은 '**시작되는 시간**'을 나타낸다.

- **I'm giving** a lesson at two o'clock tomorrow.

반면 미래진행시제는 진행의 의미로 쓰일 때는 '이미 시작되어 그 시간에 진행 중인 행동'을 나타낸다.

- **I shall be giving** a lesson at two o'clock tomorrow.

4.3.3.2 단순미래시제(정적동사 등 예외적용 시)

Accidental Gaps(이론상만 가능)

4.3.4 과거 및 미래와 연결된 동작/상태

4.3.4.1 미래완료진행시제

미래의 특정시점에서 보아 이전에 시작된 동작이 미래의 특정시점에서도 미완성으로 계속되면 미래완료진행시제를 사용한다.

- **I'll have been teaching** for twenty years by this summer.
- **We'll have been practicing** for two hours when the soloist arrives

4.3.4.2 미래완료시제(정적동사 등 예외 적용 시)

어떤 동작이 **되풀이된 횟수가 언급**되었을 때는 진행시제를 사용할 수 없다.

- By the end of the month he **will have trained** 600 horses.

4.3.5 순수 미래예측이 아닌 경우

▶ **4.3.5.D1[보충·심화학습]**

① will, shall(서법1차/서법2차/미래시제)과 그에 대응하는 be going to의 요약

* be going to 구문은, 조동사 will, shall에 각각 대응하는 용법이 있다.

구분		will/(shall)	be going to
미래시제 조동사 용법	1. 근접미래	자주 사용 (주로 공적표현)	사용 가능 (구어체적 표현)
	2. 먼 미래	사용 가능	거의 사용 안 됨 (시간언급필요)
	3. 조건이 있을 때	사용 가능	사용 안 됨
서법조동사 1차 용법 (의지)		의지 (순간적인 결정)	작정 = 의지 + 계획
서법조동사 2차 용법 (자신 있는 예측)		굳은 심증 (95% 이상의 가능성)	1. 조짐(눈앞의 증거가 있는 판단) 2. '전하여 들은 사실'을 의미

▶ **4.3.5.D2[보충·심화학습]**

① 자신 있는 예측의 will(서법2차)과 그에 대응되는 be going to 구문의 비교

㉠ The lift **is going to break** down.

㉡ The lift **will break** down

- 문장 ㉠은 지금 리프트가 이상한 소리를 내거나, 이상하게 작동하고 있다는 것을 나타낸다. 그러므로 우리는 다음 층에서 내리는 것이 좋겠다는 뜻이다.

- 문장 ㉡은 미래 어떤 시간에 이와 같은 일이 틀림없이 일어날 것이라는 뜻이다.

② 미래시제조동사 will과 서법조동사 will(1차 용법, 2차 용법)의 차이

㉠ 미래시제조동사 will은 과거시간에만 would를 사용할 수 있다.('망설임'형인 would 없음) : 시제일치, 소설 등 '과거 사실을 기술'하는 문장에서만 would 가능

- 서법조동사 will은 현재시간과 과거시간 모두에 would를 사용할 수 있다.('망설임'형인 would 있음)

㉡ 미래시제조동사 will 뒤에 완료형이 오면 '미래완료시제'가 된다.(미래시간)

- 서법조동사 will 뒤에 완료형이 오면 '서법완료형'이 된다.(과거시간)

㉢ 미래시제조동사 will은 시간과 조건의 부사절에는 쓰이지 못한다.(시간과 조건의 부사절에 불가능)

- 서법조동사 will은 시간과 조건의 부사절에도 사용될 수 있다.(시간과 조건의 부사절에 가능)

4.3.5.1 서법조동사 will(1차 용법)

서법조동사 will(1차 용법)은 '순간적인 의지의 발동'을 나타내는, 미래시간의 일을 표현할 때 사용된다.

- The phone is ringing. - I'll answer it.

- I'd better order a taxi for tonight. - Don't bother. I'll drive you.

  * 모든 서법조동사는 미래시간의 일을 표현할 수 있다.

4.3.5.2 be going to 구문 : 서법 will(1차 용법)과 대조되는 구문

스스로의 계획에 의한 즉, '작정(의지+계획)'에 의하여 결정되어 있는 미래시간의 일을 표현할 때 사용되며, 자주 강한 결심, 결정을 나타낸다.

- I'm going to practice the piano for two hours this evening.

* 먼 미래를 나타낼 때는 be going to 구문은 자주 쓰이지 않고, 쓰이는 경우는 보통 시간의 언급을 필요로 한다.

- She says she's going to be a jockey when she grows up.

* 의도나 계획을 틀림없이 나타내려고 할 때는 be going to 구문 대신 intend to, plan to를 사용한다.

- They propose to build a new motorway to the west.

* 이 구문에서 동사 go와 come은 문체를 고려하여 be going to를 생략하고 현재진행시제 형태를 사용하는 경향이 있다.

- I'm going home early this evening.

4.3.5.3 서법조동사 will(2차 용법)

직접적, 물리적 증거는 없지만, 심증이 굳을 때 사용하는 확실성 예측 조동사다. (자신 있는 예측) → 5.11.2

- There's somebody coming up the stairs. - That'll be Mary.

- That will be Roland at the door. He always comes at this time.

4.3.5.4 be going to 구문 : 서법 will(2차 용법)과 대조되는 구문

자신 있는 예측의 will과 관련된 구문으로, '어떤 일이 금방 일어날 **조짐이나 증거**'를 보면서 미래시간의 일을 예측하는 경우에 사용된다.

- Oh look! It**'s going to** rain. = I can see black clouds gathering.
- Look out! She**'s going to** faint. = I can see her staggering.

* 예측이 아니고 '**전하여 들은 사실(=일종의 증거)**'이라는 것을 나타내기 위하여 사용되기도 한다.

- They**'re going to** be married next May.(Her brother told me.)

4.3.5.5 be going to 구문 : 미래시제조동사 will/shall과 대조되는 구문

이 구문은 구어체에서 흔히 사용된다. 그리고 특히 미래에 일어날 일의 원인이 현재에 있다고 판단될 때 주로 사용된다.

- I think it**'s going to** rain this evening.
- Do you think the car **is going to** start?

* 먼 미래를 나타낼 때는 보통 시간을 언급한다.(거의 사용되지 않는다.)

* **조건**이 언급되거나 함축되었을 때는 보통 will, shall 미래를 사용하고, be going to 구문은 사용하지 않는다.

- If you come out for a walk, you**'ll** feel much better.
- Come out for a drink. - No, I**'ll** miss my TV program.

4.3.5.6 be to-V 구문

"be to-V 구문"은 '미래시간의 일'을 표현할 때는 주로 '그 행위가 인간이 통제할 수 있는 범위내의 일'임을 나타낼 때만 사용된다.

이 구문은 특히 ① 비개인적인 지시, 명령을 내릴 때와 ②공식적인 합의/ 계획을 전할 때 사용되며, 주로 3인칭주어와 함께 사용된다. be to 구문에는 오직 현재형 또는 과거형 be동사만이 사용될 수 있다. → be to 구문은 항상 한정동사구의 첫 번째 동사구로만 사용된다.

① 명령 또는 지시를 내릴 때

- 상사 등으로부터 받은 지시를 전달하고자 할 때 사용된다.

  - You **are to stay** here, Tom.

  - You **are to give** this letter to the manager.

- 보통 비개인적인 지시, 명령을 내릴 때 사용된다.

  - He **is to stay** here till we return.

  - He says that we **are to wait** till he comes.

- 부모들이 아이들에게 어떤 일을 하라고 말할 때도 자주 사용된다.

  - You**'re to do** your homework before you watch TV.

  - Tell her she**'s not to be** back late.

★ '인간의 통제'를 벗어난 일을 표현할 때는 be to 용법은 사용할 수
없다.

  - I**'m going to** faint. 그러나 I'm to faint.(×)

  - It**'s going to** rain. 그러나 It is to rain(×)

② 계획을 전할 때

- 계획이나 약속에 의하여 이미 공식적으로 결정된 미래의 일을 전할
때도 be to-V 구문을 사용한다.

  - There**'s to be** a rail strike on July 18th.

  - OPEC representatives **are to meet** in Geneva next Tuesday.

- 이 구문은 신문에서 자주 사용된다.

  - The Prime Minister **is to make** a statement tomorrow.

③ be to-V 구문은 때때로 '운명'을 나타내기도 한다.

  - When we said goodbye, I thought it was for ever. But we **were to meet** again, many years later, under very strange circumstances.

④ be to-V 구문은 특히 *if*절에서 '목적'을 나타낼 때 사용된다.

- If you **are to get** there on time, you should leave now.

⑤ be to-V 구문은 '가능성'을 나타낼 때도 사용될 수 있다.

* 동사 see, find, congratulate의 수동형 to부정사와 함께 사용되는 관용표현

- We looked and looked, but the ring was nowhere **to be seen**.

- She's nowhere **to be found**.

- You **are to be congratulated**.

⑥ 주어와 조동사 be가 to부정사 앞에서 생략되는 경우도 있다.

- **To await** arrival.(편지에 쓰여진 표현)

- **To be taken** three times a day before meals.(약병에 쓰여진 표현)

* was/were to 뒤의 단순형 원형부정사는 그 의도된 행동이 수행되었는지 아닌지의 여부를 판단할 수가 없다. 그러나 was/were to 뒤의 완료형 원형부정사는 그 의도된 행동이 수행되지 않았다는 것을 나타낸다.

- I felt nervous because I **was** soon **to leave** home for the first time.

- I **was to have started** work last week, but I changed my mind.

▶ 4.3.5.6D[보충·심화학습]

(1) 실현되지 않은 과거시간의 일을 표현하는 기타방법

① '희망, 기대의 동사(expect, intend, mean=intend, would like 등)의 과거형' 다음에 완료형 to부정사를 사용한다.(to부정사는 '이후 시간의 일'을 표현하므로, 이 경우에 사용된 완료형 to부정사는 일종의 '**선시제**'로 쓰인 **to부정사**다.)

- He **expected to have come**.

- She **intended to have seen** her son.

- I **meant to have telephoned**, but I forgot.

- **I'd liked to have gone** to university.(과거형으로 쓰인 would)

- **I would have liked to have seen** Harry's face.(in informal speech; would have liked로 '과거시간의 일'을 표현)

* We often use perfect infinitives to talk about 'unreal /imaginary' past actions and events : things that didn't happen. → P.E.U 319.3

hope는 실현가능성이 있는 일을 바라는 것이므로, 그 목적어로 '선시제'로 사용된 완료형 to부정사는 사용되지 않는다. 단 '미래완료'의 의미로 쓰이는 경우는 가능하다. → 8.1.1.4 의 (5)

- **I hope to have finished** by 12.

동사 wish는 이 경우, 종속절에 과거완료시제를 사용하여 표현한다.

- **I wish I hadn't swallowed** that last glass of whisky. → 7.4.7.1

자주 was/were going to 구문과 was/were about to구문도 '실현되지 않은 의도'의 의미로 사용된다.

- You **were going to** give me your address.
- The police **were going to** charge her, but at last she persuaded she was innocent.
- He **was about to** hit me.

② '희망, 기대의 동사 과거완료형' 다음에 단순형 to부정사 또는 that절을 사용한다.

- He **had intended to see** the show.
- I **had hoped to send** him a telegram.
- We **had hoped that** you would be able to visit us.
- I'd **have liked to go** after him in a taxi.(과거형 would)

③ 서법조동사 would, should, could, might, ought to 뒤에 완료형 원형부정사를 사용하여 표현할 수 있다.

- You **should have acted** moderately.
  - * 이 예문에서 should가 1차 용법으로 과거시간에 사용되었으나,

> 이것은 '실제적 수행'이 아니기 때문에 가능하다.
>
> (2)   Modal idioms
>
> 'had better, would rather, have got to, and be to' are always the first verb on the verb phrase. None of them have nonfinite forms.
>
> had better, would rather, have got to와 be to 구문은 항상 한정동사의 첫 번째 동사구로만 사용된다. 이들은 비한정형이 없다.

4.3.5.7 be about to-V 구문

예정을 나타내는 be to-V 구문과 주변을 나타내는 about이 결합하여, 근접미래를 강조하기 위해서 사용된다.

- Don't go out now. We're **about to have** lunch.

 * 미국식 영어(허물없는 표현)에서 be not about to-V 구문은 '~을 바라지 않다' 또는 '~의 의도가 없다'는 의미로 사용될 수 있다.

- I'm **not about to pay** 50 dollars for a dress like that.

- She's **not about to complain**.

4.3.5.8 be on the point of~ V-ing 구문

좀 더 근접 미래를 강조한다. '막 ~하려고 하다.'의 뜻

- Look! They're **on the point of** starting!

   * 부사 just가 be about to나 be on the point of와 함께 쓰일 때는 근접 느낌을 좀 더 증가시킨다.

- They're **just about to** leave.

4.3.5.9 be due to 구문

이 구문은 시간표, 여행 일정 등과 함께 자주 사용된다. '~하기로 되어 있는'의 뜻

- The BA561 **is due to** arrive from Athens at 13 : 15.

   * 이외에도 유사한 많은 표현들(be sure to, be bound to, be likely

to 등)이 있고 일반동사인 hope, intend, plan도 미래를 나타낸다.
특히 모든 서법조동사들도 미래시간의 일을 표현하지만 여기서는
이것으로 줄이고, 개개의 서법조동사들은 '서법조동사' 편에서
다루기로 한다.

4.3.6 현재시간에 결정되어 있는 미래시간의 일

2가지 경우로 구분할 수 있다.

(1) 단순현재시제 : 공공적인 미래행사 계획에 의하여 결정되었을 경우

* This use is often related to timetables and programs or to events in the calendar. → L.E.G 9.8.4

(2) 현재진행시제 : 개별적 약속 등에 의하여 결정되었을 경우

* For a definite arrangement in the near future (the most usual way of expressing one's immediate plans) → P.E.G 166 C

* This is the usual tense[way] of asking people about their plans. → P.E.G 202 B

4.3.6.1 단순현재시제

단순형의 고정적, 완성적 개념과 연결된, 전체적이고 일반적인 일에 대한 표현 :

즉, '공공적인 미래행사 계획'에 의하여 결정되어 있는 '미래시간의 일'을 표현할 때 사용된다. 미래시간을 나타내는 시간의 부사(어)와 함께 주로 달력, 시간표, 단체일정 등에 사용된다. 이 구문은 '자연법칙'을 나타낼 때 나 '계획으로 결정될 수 없는 상황'을 나타내는 표현과는 관계가 없다.

- Tomorrow **is** Saturday.
- The summer term **starts** on May 4th.
- ~~He is sick tomorrow.~~ (비문인 경우)

4.3.6.2 현재진행시제

① 진행형의 임시, 미완성 개념과 연결된, 국부적, 개별적일에 대한 표현 (개별적 약속 등에 의해 결정되어 있는 미래시간의 일)을 표현할 때

사용되며 보통 시간이 언급된다. 그러나 문맥에 의해서 '현재와 미래의 구별'이 명확할 때는, 시간의 언급 없이도 사용될 수 있다.(→ L.E.G 9.11.3) * 시간의 언급이 없을 때는 자주 근접미래를 나타낸다.

> * 그러나 P.E.G166. C에서는 이 경우 come과 go 이외에는 반드시 시간이 언급되어야 한다고 기술됨.

- I'm **taking** an exam in October.
- Bob and Bill **are meeting** tonight.

이 경우 진행형에 사용되지 않는 동사들은 will/shall의 단순미래시제로 표현한다.

- They **will be** here tomorrow.

과거진행시제도 이와 같은 상황을 표현할 수 있다.(과거에서 본 미래)

- He was busy packing, for he **was leaving** that night.
- I **was meeting** him in Bordeaux the next day.

② 한 장소에서 다른 장소로의 움직임을 나타내는 동사(**arrive, come, drive, fly, go, leave, start, travel**), 움직임이 없음을 나타내는 동사(**stay, remain**), 그리고 **do**와 **have(먹다)**는 '약속이 되어 있지 않은 계획이나 결정'을 나타낼 때도 **현재진행시제**로 표현할 수 있다. 이런 표현은 '**be going to**'가 **생략된 형태**로 볼 수 있으며, 그 해석의 차이는 문맥에 의하여 파악한다. 이와 같은 표현은 '작정 또는 약속'에 대한 강조를 두지 않는 표현으로, 강조를 둘 때는 직설법의 promise 등의 동사를 사용하든지 아니면 be going to를 생략하지 않고 그대로 사용한다.

- I'm **going** to the seaside.
- I'm **not doing** anything. I'm **staying** at home.

4.4 한정동사구의 표현원리

4.4.1 한정동사구의 변화와 표현내용

영어의 한정동사구는 단순형과 서법, 완료, 진행, 수동의 개념이 서로 결합하여, 주로 13가지의 형태로 사용된다. 그리고 여기에 미래시제조동사 will, shall이 사용된 6가지 형태가 합쳐져서, 19가지의 기본구조를 이룬다.

   * 미래시제조동사 will, shall은 그 형태와 결합구조가 서법조동사와 같아서, 서법조동사와 쌍으로 예시해 놓았다. 그러나 그 표현 내용은 '객관적인' 미래시간의 일을 나타낸다.

4.4.1.1 단순형 : V   → 4.4.3.1

★ 표현내용 ~ 주로 어떤 동작/상태가 '고정적, 완성적, 정적'이라는 것을 나타낸다.

* 그 외에도, 생략 등 다양한 이유로 단순형이 사용된다.

- He **works** in a bank.(단순현재시제)

4.4.1.2 서법형 : 서법조동사 + V → 4.4.3.4

* 단, 서법조동사 ought 뒤에는 to부정사가 사용된다.

★ 표현내용 ~ 주관적인 표현을 나타낸다.

- You **may be** right.(단순서법시제)

4.4.1.2' 미래 : 미래시제조동사 + V → 4.3.1.1

★ 표현내용 ~ 객관적인 미래시간의 일(단순미래시제)을 나타낸다.

- I **will meet** you again next week, I expect.(단순미래시제)

4.4.1.3 완료형 : have + V-ed → 4.4.3.3

★ 표현내용 ~ 그 동작이나 상태가 이전시간과 연결 관계가 있음을 주로 나타낸다.

- **Have** you **read** War and Peace?(현재완료시제)

4.4.1.4 진행형 : be + V-ing → 4.4.3.2

★ 표현내용 ~ 그 동작이나 상태가 이후시간과 연결 관계가 있음을 주로 나타낸다. 또한 그 동작/상태가 '임시적, 미완성적, 동적'이라는 것을 강조할 때도 자주 사용된다.

- I **am taking** English lesson this month.(현재진행시제)

4.4.1.5 수동형 : be+ V-ed → 4.4.3.5

★ 표현내용 ~ 말하는 사람의 관심이, 동작의 대상에 있을 때 사용하는 표현법이다.

- The streets **are swept** every day.(현재수동시제)

4.4.1.6 서법형 + 완료형 : 서법조동사 + have + V-ed

★ 표현내용 ~ 과거시간의 일에 대한 주관적인 표현

- That **would have been** my cousin Sarah.(서법완료시제)

4.4.1.6' 미래 + 완료형 : 미래시제조동사 + have + V-ed→ 4.3.2.1

★ 표현내용 ~ 객관적인 미래시간의 일

- I'll **have been** here for seven years next February.(미래완료시제)

4.4.1.7 서법형 + 진행형 : 서법조동사 + be + V-ing

★ 표현내용 ~ 진행 중인 동작에 대한 주관적인 표현

- Meg **may be phoning** her friend.(서법진행시제)

4.4.1.7' 미래 + 진행형 : 미래시제조동사 + be + V-ing→ 4.3.3.1

★ 표현내용 ~ 객관적인 미래시간의 일

- When you arrive, they'**ll** probably **be having** the party.(미래진행시제)

4.4.1.8 서법형 + 수동형 : 서법조동사 + be + V-ed

★ 표현내용 ~ 수동태에 대한 주관적인 표현

- This car **can** only **be driven** by a midget.(서법수동시제)

4.4.1.8' 미래 + 수동형 : 미래시제조동사 + be + V-ed

★ 표현내용 ~ 객관적인 미래시간의 일

- More rice **will be needed** in the future.(미래수동시제)

4.4.1.9 완료형 + 진행형 : have + been + V-ing→ 3.1.2 의 4 ; 4.1.4.1

★ 표현내용 ~ 이전시간과 이후시간을 동시에 연결
- She **has been typing** letters all day.(현재완료진행시제)

4.4.1.10 완료형 + 수동형 : have + been + V-ed

★ 표현내용 ~ 이전시간과 연결된 수동태의 표현
- John **has been sent** to California for a year.(현재완료수동시제)

4.4.1.11 진행형 + 수동형 : be + being + V-ed

★ 표현내용 ~ 진행 중인 동작의 수동태 표현
- He **is being interviewed** now.(현재진행수동시제)

4.4.1.12 서법형 + 완료형 + 진행형 : 서법조동사+have+been+V-ing

★ 표현내용 ~ 과거시간의 진행 중인 동작에 대한 주관적인 표현
- Meg **may have been phoning** her friend.(서법완료진행시제)

4.4.1.12' 미래 + 완료형 + 진행형 : 미래시제조동사+have+been+V-ing

★ 표현내용 ~ 객관적인 미래시간의 일(미래완료진행시제) → 4.3.4.1
- I'll **have been teaching** for twenty years by this summer.

4.4.1.13 서법형 + 완료형 + 수동형 : 서법조동사+have+been+V-ed

★ 표현내용 ~ 과거시간의 수동적인 일에 대한 주관적인 표현
- The injured men **could have been reached** there.(서법완료수동시제)

4.4.1.13' 미래 + 완료형 + 수동형 : 미래시제조동사+have+been+V-ed

★ 표현내용 ~ 객관적인 미래시간의 일(미래완료수동시제)
- The house **will have been built** by Jack by then.

4.4.1.14 한정동사구의 구성

단순형, 완료형, 진행형 그리고 완료진행형으로 이루어지는 4가지 시상이 3가지 시간과 결합하여 기본12시제를 이루며, 기본12시제는 각각 그 수동형으로 바뀔 수 있다. 그리고 이들 12시제와 그 수동형들은 그 앞에 서법 조동사가 사용됨으로써 주관적인 표현으로 바뀔 수 있다.

★ 위에 예시한 19가지(서법과 미래는 같은 구조이므로 실제는 13가지) 기본구조 이외에도 더 많은 동사구의 조합이 가능은 하지만, ① '과거형' 제외(현재와 과거는 시간의 차이일 뿐 동사구의 구조는 동일 = 같은 효과) ② '수동형'에서 '완료+진행+수동' 형태와 '서법(미래)+진행+수동' 형태는 조동사로 사용되는 be동사가 중복되므로 거의 사용되지 않고, '미래+완료+진행+수동'의 결합은 동사가 5개 사용되어야 하므로 그 구조가 불가능하다. ③ '서법형'에서 미래시제는 서법과 같은 구조이므로 제외되고, '서법+진행+수동' 구조도 ②번과 같은 이유로 그 형태가 사용되지 않는다. 그러므로 실제로 사용되는 영어 한정동사구의 형태는 이상의 3가지 이유로 주로 13가지뿐이다.

4.4.2 한정동사구의 결합법칙

한정동사(구)는 동사 1개 이상 4개까지 연결이 가능한데, 이때는 반드시 ① 서법 ② 완료 ③ 진행 ④ 수동의 순서로 결합된다.

*영어문장에서는 보통 이들 중 3가지 개념까지 결합되어 사용될 수 있다.

4.4.2.1 두 가지 형태의 결합

① 서법형 + 완료형의 예

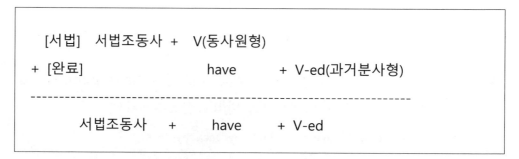

② 완료형 + 진행형의 예

```
  [완료] have  +    V-ed(과거분사형)
+ [진행]          be          + V-ing(ing형)
--------------------------------------------------------
     have  +   been          + V-ing
```

4.4.2.2 세 가지 형태의 결합

① 서법형 + 완료형 + 수동형의 예

```
  [서법] 서법조동사   + V(동사원형)
+ [완료]            have    + V-ed(과거분사형)
+ [수동]                     be          +V-ed(과거분사형)


-----------------------------------------------------------------
   서법조동사 +  have   +  been      +V-ed
```

4.4.2.3 결합규칙

① 한정동사구에서 그 첫 번째 동사는 한정동사로, 반드시 현재형이나 과거형으로 사용되어야 하며, 두 번째 이하의 동사는 비한정동사다. 즉, V(원형부정사), V-ing(ing형), V-ed(ed형) 중 하나가 사용된다.

② 기본개념의 결합은, 그 결합 순서 때문에 하나씩 뒤로 밀려 결합되며, 중복되는 부분의 결합은 "동사의 종류 + 동사의 꼴"이 결합된 상태이다.

즉 "서법+완료"형인 "서법조동사 + have + V-ed"의 예에서 have동사가 사용된 이유는, 동사의 종류는 have동사이고 동사의 형태는 동사원형, 즉 have동사의 원형이 사용되어야 하므로 "have"가 사용된 것이다.

4.4.3 한정동사구를 이루는 기본 5가지 형태의 개념 정리

▶ 4.4.3D [보충·심화학습]

《일반동사의 '과거형'이 '망설임'형으로 쓰여 현재시간의 일(현재의 마음 상태 등)을 나타내는 경우》

① 특정 환경에서 과거시제는 '현재시간'의 일을 나타내기 위해서 사용될 수 있다. 즉 과거시제를 사용함으로서 단순현재시제보다 "간접적"이고 좀 더 "반감을 일으키지 않는 표현"으로 바꿀 수 있다.

- **Did** you **want** to speak to me? (= Do you want~)

② "공손함이나 존경을 암시하는, 망설이는 태도"를 나타내는 몇몇 표현에서 과거시제가 '현재나 미래'의 의미로 사용될 수 있다.

- **Did** you **wish** to see me now?
- I **wondered** if you **were** free this evening. (또는 진행형)
- I **thought** you **might** like some flowers.
- I **was hoping** we **could** have dinner together.

③ 이 경우 '과거완료시제'는 '과거시제'보다 좀 더 공손한 '현재 마음의 상태'를 나타낸다.

- I **had wondered** whether you **are/were** free now.

4.4.3.1 단순형 → 3.1.2 의 ③

한정동사(구)에 동사가 단독으로 쓰였을 때의 형태로 다음과 같은 개념을 나타내기 위해 사용된다.

① 기본적으로 단순형은, 어떤 동작/상태가 영구적이거나 고정적이고 완성된 상태이고 정적인 상태라는 것을 나타낼 때 사용된다.

② 진행 중인 동작이지만 동사의 특성상(정적동사 등) 또는 상황상(중계
방송, 공식 선언 등) 진행형을 사용하지 못할 때는 단순형을 사용한
다.

③ 언어의 속성상, 상대방이 알아들을 수 있는 상황에서는 줄여서 표현
하기 때문에, 실제로 진행형이나 완료형을 사용해야할 경우에도, 단
순형으로 줄여서 표현하기도 한다.

④ 이 외에도 문법적인 이유로 단순현재시제가 사용되는 경우도 있다.
즉, 말하는 순간에 이미 결정되어 있는 미래시간의 일을 단순현재시
제로 표현하고, 시간과 조건의 부사절에서도 미래형 대신 현재형을
사용한다.

⑤ 전제 문장이 '미래'일 때는, 하나의 문장에는 보통, 주절에 미래시제
가 하나 있으면 충분하다. 대부분의 종속절 즉, 형용사절, 명사절, 부
사절(as, than, whether, where) 그리고 간접화법(의문문인 명사절제
외)의 종속절에서도 '미래시제' 대신 '현재시제'를 사용한다. 그러나
이유의 부사절(because, since, as)과 양보의 부사절(although) 그리고
so that절에서는 미래시간이 아닌 경우도 가능하기 때문에 이 규칙
이 적용되지 않는다. 그리고 비교의 부사절일 때와 각각 다른 미래
시간을 나타내는 종속절에는 미래시제조동사 will이 사용되기도 한
다.

⑥ in case, I hope~, I bet~ 뒤의 종속절과 "상관없다, 중요치 않다."라
는 뜻의 It doesn't matter~, I don't care~, It's not important~ 등
의 표현 뒤의 종속절에도 "미래" 의미로 "현재시제"가 사용된다.

* 이와 같이 단순형은 그 형태는 단순하지만, 개개의 문장마다, 어떤 의도로
단순형을 사용했는지 판단해야 하는 어려움이 있다.

4.4.3.2 진행형 →3.1.2 의 ③

① 진행형이 쓰이는 가장 흔한 경우는, 그 동작이 이후시간과 연결 관계
가 있음을 나타낼 때이다. 즉, 동작이 진행 중에 있을 때이다.

② 진행형은 어떤 동작이 임시적이고, 미완성 상태이고, 동적인 행동이라는 것을 강조할 때도 자주 사용된다.

★ 진행형의 중요한 특성중 하나는 '상황이 바뀔 수도 있다는 것'을 암시하고 있다는 것입니다. 그런 의미에서 특히 미래 일을 나타낼 때는 상대방의 부담을 덜어주는 효과가 있습니다. 예를 들면 미래진행시제의 의문문에서는 "대답을 압박하는 것"처럼 보이는 것을 피하기 위해서 '진행형'을 사용합니다. 또한 좀 더 망설이는 표현, 좀 더 공손한 표현으로 바꾸기 위해서 '서법+V' 대신에 '서법+진행'형을 사용하기도 합니다.

* 일정 기간 동안에 임시로 어떤 일을 할 수 있는 동사(동적동사)만이 진행형으로 쓰일 수 있다. 단, 감정이나 태도를 나타내는 정적동사는, 망설임의 개념(공손한 표현 등)이나 임시성을 나타내기 위해서 진행형으로 사용될 수 있다.

* 순간적인 동작/사건을 나타내는 동사가 진행형으로 쓰일 때는, 그 동작의 반복을 의미한다.

- He **nodded**.(=one movement of the head)
- He **was nodding**.(=repeated movement of the head)

* 내부감각(hurt, feel, ache 등)을 나타내는 동사들은, 거의 차이 없이 단순형과 진행형으로 모두 사용될 수 있다.

4.4.3.3 완료형 → 3.1.2 의 ②

① 완료형은 그 사건이 이전시간과 연결 관계가 있음을 나타내기 위하여 주로 사용되며, 이때 현재, 과거, 미래라는 시간 표시는, 그 사건이 중요성을 나타내는 시점을 가리키는 말이다.

② 완료형은 '어떤 사건의 발생시점이 다른 사건보다 앞서 있음'을 나타낼 때도 사용된다.

4.4.3.4 서법형 → 5장

주관적으로 어떤 문장을 표현하기 위하여 서법조동사를 사용한다. 서법조동사는 두 가지 서로 다른 용법으로 사용된다. 그러나 이 두 가지 용법은 때때로 서로 혼재된 상태로 경사도를 이루어 사용되기도 한다.

(예 : 1차 용법의 의미도 40% 가지고 있고, 2차 용법의 의미도 60% 가지고 있다고 판단되는 경우 등)

① 1차 용법 : 사람의 동작에 대한 의지, 능력, 허가, 의무 등을 나타내는 용법 즉, 사람과 사람 사이의 주관적인 영향력 행사를 나타내는 용법

② 2차 용법 : 어떤 객관적 사실에 대하여 말하는 사람이 느끼고 있는 확실성의 정도를 나타내는 용법 즉, 주관적 판단을 나타내는 용법

4.4.3.5 수동형   → 6장

① 수동태란 '동작을 받는 대상을 주어로 하는 문장'으로, 말하는 사람의 관심이 동작의 대상에 있을 때 수동형을 사용한다.

② 기타 구조적인 이유, 심리적인 이유 등으로 수동형이 쓰이기도 한다.

5장 서법조동사

들어가기

영어는 다양한 격변화를 포기한 대가로 각각 다른 의미를 나타내는 말을, 같은 단어 같은 문장으로 표현하게 되었다. 그 결과 **각 문장의 정확한 의미는 문맥에 의해 구분**하게 되었는데, 이때 하나의 단어가 각각 어떤 상황에 사용될 수 있는지를 알아야 정확한 해석, 정확한 표현을 할 수 있다. 그런 이유로 이 책에서는 **서법조동사를 다양한 상황별로 구분**하여 놓았기 때문에 처음 책을 공부할 때는 어렵다는 느낌을 받을 수도 있지만, 서법조동사의 정확한 이해를 위해서는 반드시 극복해야 할 사항이다. 일반 학습자가 공부하고 암기해야 할 부분은 **5.1~5.9**까지이다. 그 이후 부분은 참고 사항으로, 필요시만 참고 표를 이용하여 활용하면 된다.

<차례>

5.1 서법조동사의 종류 및 1차조동사와의 구분

5.2 서법조동사의 이해가 어려웠던 이유 및 그 해결책

5.3 서법조동사의 표준용법과 예외용법

5.4 서법조동사의 실현표현과 비실현표현

5.5 서법조동사가 사용된 한정동사구의 시간표현

5.6 서법조동사의 1차 용법과 2차 용법 및 그들의 기본개념

5.7 서법조동사의 어형상의 특징 및 부정 표현

5.8 서법조동사의 특성 및 그에 따른 표현 가능 범위

5.9 서법조동사 사용 시 일반적으로 주의할 사항

> 5.10 서법조동사구의 형태에 의한 분류 및 특징
>
> 5.11 개별 서법조동사들의 구체적인 표현 내용
>
> 5.12 참고 내용: 연구용 및 영문법 원서에 의한 근거 보충 → blog 5.12

5.1 서법조동사의 종류 및 1차조동사와의 구분

5.1.1 서법조동사의 종류

서법조동사는 will, shall, can, may, would, should, could, might, ought to, must 등 10개와 준 서법조동사인 need, dare, used to등 모두 13개이다.

☞ L.E.G 11.1 Verbs like 'can' and 'may' are called 'modal auxiliaries', though we often refer to them simply as 'modal verbs' or 'modals'. We frequently use modals when we are concerned with our relationship with someone else.

Can이나 may와 같은 조동사들은 modal 'auxiliaries'라고 부른다. 하지만 우리는 자주 그것들은 단순하게 'modal verbs' 또는 'modals'라고 말한다. 우리는 자주 '우리와 다른 사람과의 관계'에 관련되어 표현할 때 (즉 '우리가 서로에 대해 처신하고, 느끼는 방식'에 관련되어 표현할 때) 빈번하게 '서법조동사'를 사용한다.

5.1.2 서법조동사와 1차조동사의 구분

서법조동사는 1차조동사인 조동사 be, 조동사 have, 조동사 do와 그 기능에서의 차이뿐만 아니라, 동사의 어형변화에서도 차이가 나기 때문에 그 두 가지를 구분해서 공부하는 것이 영어 이해에 도움이 됩니다.→ 2.4

5.2 서법조동사의 이해가 어려웠던 이유 및 그 해결책

① 서법조동사는 주관적인 표현을 나타내는 조동사로, 각각의 조동사의 표현 내용과 특성에 따라 다양한 변화가 일어나기 때문에 '단 한 가지의 문법규칙'으로는, 서법조동사가 사용된 문장의 이해가 불가능한

분야이다.

② 또한 주관적인 표현이기 때문에, 상황이나 문맥이 주어져야 그 조동사가 나타내는 여러 가지 의미 중에서 정확한 선택이 결정될 수 있고, 그에 더해 어떤 관점에서 표현하느냐에 따라 조동사의 선택이 달라질 수도 있다.

③ 그러나 다음과 같은 '**서법조동사가 사용되는 4가지 방식**' 과 그에 따른 '서법조동사의 기본적인 표현규칙들(5.3~5.9)' 및 각 조동사의 기본적인 의미를 이해하게 되면, 누구나 서법조동사를 자기 것으로 활용할 수 있다.

5.2.1 서법조동사가 사용되는 4가지 방식

서법조동사는 다음과 같은 '4가지 상황에 대한 판단'에 따라 구분되어 사용된다.

① **표준용법과 예외용법** → 5.3

서법조동사는 기본적으로 주관적인 표현을 나타내며, 개별적·특정사건을 나타낼 때 사용된다. (표준용법 : 서법조동사의 기본적인 용법)

그러나 '늘 일어날 수 있는 일반적인 사건[의미]' 즉 '일반적인 능력이나 허가' 또는 '이론적인 가능성' 등을 나타낼 때는 일반동사와 같은 방식으로 '시간의 차이'를 표현한다. (예외용법 : '일반동사'처럼 사용되는 용법)

* '예외용법'은 '고유의 특성이나 성질'을 나타낼 수 있는 몇몇 서법조동사가 '직설법' 동사처럼 사용되는 경우이므로 이 책에서는 '표준용법'과 분리하여 따로 기술했음.

② **1차 용법과 2차 용법** → 5.6

서법조동사는 1차 용법(intrinsic modality)과 2차 용법(extrinsic modality)으로 구분된다. 1차 용법은 각각의 서법조동사 고유의 용법으로 '영향력 행사(human control over events)'를 나타내며, 2차 용법은 고유용법에서 파생한 용법으로 '확실성[가능성의 정도] 추측(human judgment of what is or is not likely to happen)'을 나타낸다.

* 그러나 때때로 두 가지 용법이 동시에 표현된 경우도 있다.

③ 표준용법으로 표현 시, '**기본적**'인 표현과 '**망설임**'을 담은 표현 → 5.4

서법조동사는 '주관적인 표현'을 나타내기 때문에 '직접적'인 표현뿐만 아니라, '망설임'의 표현에도 사용된다.

④ 표준용법으로 '과거시간' 표현 시, **'현재시점'에서의 판단**과 **'과거시점' 에서의 판단** → 5.5.2

서법조동사는 기본적으로는 '추측'을 나타내는 표현이기 때문에, 그 추측을 하는 '시점'에 따라서 '과거시간' 표현이 달라진다. '현재시점'에서 '과거시간의 일'을 추측할 때는 '서법조동사+have V-ed(완료형 원형부정사)' 형태를 사용하고, '과거시간'에 이루어진 추측일 때는 '서법조동사 과거형+V(단순형 원형부정사)' 형태를 사용하여 표현한다.

5.3 서법조동사의 표준용법과 예외용법

주관적인 표현을 나타내는 서법조동사는 시간표현상에서 3가지 특징이 있다.

① '공손한 표현' 등을 위한 '망설임'형이 있다.

② '이전시간의 일'을 추측하는 표현이 있다.

③ '일반동사'처럼, '현재시간의 일'은 '현재형'을 그리고 '과거시간의 일'은 '과거형'을 사용하는 '예외용법'이 있다.

5.3.1 표준용법 : 서법조동사의 정상적인 용법 (시간표현 등)

A. 현재시점에서의 판단을 나타낼 때

① 현재이후시간의 일을 표현할 때

→ 서법조동사(기본형/망설임형) + V (단순형 원형부정사)

- That **will/would be** Roland.

② 과거시간의 일을 표현할 때

→ 서법조동사(기본형/망설임형) + have V-ed (완료형 원형부정사)

- You **will/would have been** right.

B. 과거시점에서의 판단을 나타낼 때('과거사건 기술' : 시제일치, 소설 등)

① '과거시간의 일'을 기술할 때

→ 서법조동사 과거형 + V(단순형 원형부정사)

- You said that you would try again.(시제일치)
- You would think that he knew.(과거시점의 소설)

5.3.2 예외용법 : 일반동사처럼 사용되는 용법

① 현재이후시간 표현

→ 서법조동사 현재형 + V(단순형 원형부정사)

- **Can** you **speak** French?

② 과거시간 표현

→ 서법조동사 과거형 + V(단순형 원형부정사)

- He **could swim** five miles when he was a boy.

5.3.3 예외용법의 존재이유

① 서법의 특징은 "개별적·특정사건"을 표현하며, 주로 "1회적 사건"을 표현한다.(주관적 판단에 의한 영향력 행사나 확실성 추측)

② "일반적·고정적 사건"은 일반동사의 단순형으로 표현된다.

③ 예외용법이란, 각각의 서법조동사의 "의미"만을 이용하여, **일반동사의 단순형**(고정적, 완성적, 정적인 개념을 표현) 대신, **서법조동사로 "일반적·고정적사건"을 표현**하는 방법이다.

5.3.4 예외용법의 예

예외용법은 '고유의 특성이나 성질'을 나타내는 서법조동사만 가능하며, will/would의 1차 용법('의지'에서 비롯된 특징적인 습관), will의 2차 용법 (타고난 습성, 경향에 대한 추측), shall의 1차 용법(법률이나 의무규정), can/could의 1차 용법(일반적 능력/허가)과 2차 용법(이론적 가능성), may의 1차 용법(허가규정), may/might의 2차 용법(2차 용법으로 쓰인 can/could의 격식체용 대용어) 그리고 must의 1차 용법(필요성/게시문/공지 등)에만 해당된다.

5.3.4.1 will, would의   1차 용법

* 이 경우 will, would를 prediction(C.G.E/S.G)이나 special use((L.E.G/P.E.U)로 분류하기도 하지만, 논리의 일관성을 위해 1차 용법으로 분류했음

① 사람의 (특징 있는) 습관 : 주로 3인칭주어 (습관 will, 과거습관 would)

- She **will sit** on the floor quietly all day.(습관)

- She **would sit** for hours saying nothing.(과거습관)

- He **would** never **let** anybody know what he was doing.

- When I worked on a farm, I **would** always **get** up at 5 a.m.

- He **would leave** the house in a muddle.(=insistence)

will, would에 강세가 있으면 비난조의 비평(that's typical of you)

- You   **will**   keep forgetting things.

- He   **would** say a thing like that.

5.3.4.2 will의 2차 용법

① 타고난 습성, 경향을 말할 때 : 항상 틀림없이 예측할 수 있다.

(will에 강세, would는 사용 안 됨)

- Accidents **will** happen.

- A lion **will** attack a man only when they are hungry.

5.3.4.3 shall의 1차 용법

① 법률이나 의무의 규정

- Each competitor **shall** wear a number.

- Payment **shall** be made by cheque.

5.3.4.4 can, could의 1차 용법

① 일반적 능력(언제나 할 수 있는 능력)

- **Can** you speak French?(능력)

- He **could** swim five miles when he was a boy.(과거능력)

- But after I learnt how to get along through the London streets, we **could** go faster than most cabs.(과거능력)

② 규정에 의한 허가

ⓐ 일반적 허가(규정이나 상황 등에 의한 허가)에 대한 진술이나 질문 : can/could 사용, may/might는 불가능

- You **can** smoke here.

- You **can** park here.(=You have a right to park here.)

- You **can** take two books home with you.(=The library allows it)

- **Can** you park on the pavement in your country?

- **Can** we smoke in here?

- **Can** we borrow these books from the library?

- **Can** we park on both sides of the road here?

- **Can** everybody park here?

- Anybody who wants to **can** join the club.

- On Sundays we **could** stay up late.(과거)

- There were no rules : we **could** do just what we wanted.

- In those days only men **could** vote in elections.

- **Could** students choose what they wanted to study?

- When I lived at home, I **could** watch TV whenever I wanted to.

'비실현'에 사용된 경우

- If you were a student, you **could** travel at half-price.

ⓑ 허가규정(비격식체에서 can이 may 대신 사용된 경우)

- If convicted, an accused person **can** appeal.

- No letter **can** be moved after it has been played.

5.3.4.5 can, could의 2차 용법

① 이론적인 가능성(언제나 일어날 수 있는 가능성)

- One **can** travel to Holland by boat, by hovercraft, or by air.(가능성)
- You **can** ski on the hills. (There is enough snow.)(가능성)
- Even expert drivers **can** make mistakes.(가능성)
- We **can't** bathe here on account of the sharks.(It isn't safe.)(가능성)
- How many people **can** get into a telephone box?(가능성)
- **Can** you get to the top of the mountain in one day?(=Is it possible?)(가능성)
- In those days voyages **could** be dangerous.(과거가능성)
- In those days, a man **could** be sentenced to death for a small crime.
- In those days only men **could** vote in elections.(과거가능성)

'비실현'에 사용된 경우

- It **could** be quite frightening if you were alone in our big old house.

사람이나 사물의 특징적인 습성

- Gold **can't** be dissolved in hydrochloric acid.(경향)
- Scotland **can** be very warm in September.(경향)
- My grandmother **could** be very unpleasant at times.(과거습성)
- He **could** be very unreasonable.(과거습성)

5.3.4.6 may의 1차 용법

① 허가규정(may 사용, 비격식체에서는 can 사용; 부정을 강조할 때는 must not 사용)

- 'May' is chiefly used in impersonal statements concerning authority and permission. → P.E.G 129 C
  - Each player **may** choose five cards.

- Students **may** not stay out after midnight without written permission.
- Visitors **may** not feed the animals.

  cf. Visitors **must** not feed the animals.
- If convicted, an accused person **may** appeal.
- No letter **may** be moved after it has been moved.

② 사람에 의한 '일반적 허가'

- You **may** use my library whenever you want it.

can이 may/might 대신 '사람에 의한 허가'에 사용된 경우

- **Can** Tom use the car whenever he likes?
- I **can** take a day off whenever I want.

5.3.4.7 may, might의 2차 용법(can/could의 대용어)

① 언제나 일어날 수 있는 **이론적인 가능성**

과학적이고 학술적인 문체의 기술에서, 전형적으로 발생하는 일에 관해서 말할 때, 현재이후시간에는 may가 과거시간에는 might가 자주 사용된다.

- A female crocodile **may** lay 30~40 eggs.
- During the autumn, many rare birds **may** be observed on the rocky northern coasts of the island.
- In the 14th century, a peasant **might** have the right to graze pigs on common land.
- During the war, the police **might** arrest you for criticizing the king.

  * 여기에 사용되는 may/might는 단지 can/could의 격식체용 대용어일뿐 '실제적인 가능성'을 나타내는 may/might는 아니다. (In formal English, 'may/might' is sometimes used in the same possibility sense as 'can/could'. 'May/might here are more formal substitutes for 'can/could'; It is possible for~to~.) → S.G 4.23

5.3.4.8 must의 1차 용법

① 필요성/공지사항, 지시서, 게시문 등

* 약화시켜서 부드럽게(gently) 표현할 때는 should/ought to 사용

- Applicants **must** have experience for this job.

- Booking **must** be made at least seven days before departure.

- Staff **must** be at their desks by 9 : 00.

- A trailer **must** have two rear lamps.

- Productivity **must** be improved, if the nation is to be prosperous.

- To be healthy, a plant **must** receive a good supply of both sunshine and moisture.

- All students **should** submit their work by a given date - but some of them don't!

- People **should** drive more carefully.

- This form **should** be filled in ink.

- Applications **should** be sent by 31 January.

- People **ought to** vote even if they don't agree with any of the candidates.

---

* 서법조동사의 해석은 1 : 1 대응되는 고정적인 해석이 아닙니다. '기본개념'을 각각의 상황에 맞게, 자기 나름대로의 다양한 해석이 가능합니다.

예) 허가의 개념 → 제안, 제공, 요청, 명령 등으로 변화하고, 그 각각의 내용도 그 상황을 어떻게 받아들였느냐에 따라 또 변화가 가능합니다. 복잡해 보이지만, '기본개념'만 잘 알고 있으면 모든 것이 해결된다는 뜻이기도 합니다.

5.4 서법조동사의 실현표현과 비실현표현

서법조동사를 이용한 표현은 기본적으로, **명시된(stated) 또는 명시 되지 않은(implied), 어떤 조건을 전제로 하는 표현**이다. 그러므로 ① '그 조건이 실현되는 쪽으로 판단'한 상태에서, '시간과 시제를 일치' 시켜서 표현하는

'실현'표현과 ② '그 조건이 실현 안 되는 쪽으로 판단'한 상태에서, '선시제(back shifted form)'를 이용하여 표현하는 '비실현'표현으로 구분된다.

① 실현표현에서는 '**기본형**'과 '**망설임형**'이 사용된다.

- You **may** leave early.

- **Would** you come this way?

② 비실현표현 에서는 '**선시제형**'이 사용된다.

- If I **were** you, I **would** not give up.

★ 망설임형 과 선시제형 그리고 과거형

서법조동사 표현 시 가장 혼란을 일으키는 부분이 would, should, could, might의 사용인데, 이들은 문맥에 따라 망설임형, 선시제형 그리고 과거형으로 각각 사용될 수 있다.

- 망설임형(tentative form/less definite form) → 5.5.4

  '망설임'의 개념을 담기위해 사용되는 would, should, could, might

- 선시제형(unreal past tense/back shifted form)

  '비실현' 표현임을 나타내기 위해서 사용되는 would, should, could, might('현재이후시간의 일'은 '과거시제'로, '과거시간의 일'은 '과거완료시제'로 표현하기 위해서 사용되는 형태)

- 과거형(past form)

  '과거시간의 일'을 나타낼 때 사용되는, 과거시제인 would, should, could, might를 말한다.

5.5 서법조동사가 사용된 한정동사구의 시간표현

(1) 표준용법 : '1회적 사건'을 나타내는 '표준용법'에서는 서법조동사 뒤에 사용된 '원형부정사의 어형'에 의해 시간이 구분된다.

(2) 예외용법 : '늘 일어나는 일'을 나타내는 '예외용법'에서는 서법조동사가 직접 시간을 나타낸다. → 5.3.2

(3) 서법조동사의 형태구분

① '망설임'의 포함 여부에 따라 '기본형'과 '망설임형'으로 구분된다.

② '시간 표현'과 관련되어 '현재형'과 '과거형'으로 구분된다.

5.5.1 현재 또는 현재이후시간 표현(표준용법)

서법조동사 뒤에 '단순형 원형부정사'가 오면, '말하는 순간 또는 그 이후 시간의 일'을 나타낸다.

> **'서법조동사(현재형 또는 망설임형, 선시제형) + V' = 현재이후시간 표현**

- I **can come** any time except Thursday.
- **Could** I possibly **use** your phone?
- We **could do** it by midday if we had the tools.

* 서법조동사가 '완료시제'와 결합하여 현재이후시간을 나타내는 경우 → 5.5.3

- The letter **should have arrived** by now. (= I expect it has arrived.)

5.5.2 과거시간 표현(표준용법)

(1) **'현재시점'에서 '과거시간의 일'을 추측·판단하는 표현**(표준용법)

- 서법조동사 뒤에 '완료형 원형부정사'가 오면, '과거시간의 일'을 나타낸다.

> **"서법조동사(현재형 또는 망설임형, 선시제형) + have V-ed" = 과거시간**

- You **must have known** what she wanted.
- You **would have been** right.
- If I **could have stopped**, there **wouldn't have been** an accident.

⇒ '과거시간의 일'에 대해서 느끼는, "현재시간"의 주관적인 판단

(2) **'과거시간의 일'을 기술하는 표현**

① 시제일치/소설 등에서, '당시의 현재형 사건기술'을, '과거형'으로 바꾸어서 표현하는 형태(표준용법의 경우)

② 과거시간에 '늘 일어났던 일'을 표현하는 형태(예외용법의 경우)

- 서법조동사 과거형 뒤에 '단순형 원형부정사'가 사용되는 형태

"서법조동사 과거형" + V = 과거시간

- I <u>said</u> you **could** have it, but you didn't take it.(표준용법)

- Project Omega **would** rob them of their freedom.(표준용법)

- She **would** sit for hours saying nothing.(예외용법)

5.5.3 '서법조동사+have V-ed' 형태의 다양한 표현

(1) 이와 같은 형태는 주로 '과거시간의 일'을 나타내지만, 문맥에 따라 '현재완료, 과거, 과거완료시제'의 의미에 대한 추측을 모두 나타낼 수 있다. (모두 과거시간과 관련된 표현)

- You **must have seen** him.

- I assume (now) you have seen him.

- I assume (now) you saw him.

- I assume (now) you had seen him.

(2) '완료시제' 앞에 '서법조동사'가 붙어서, '과거[이전]부터 지금[말하는 순간]까지의 상황'을 주관적으로 표현하는 경우.

- I hope it may make you happy in the future, as I **would have tried** to do.

- If I am as clever as you think, I **should have been** rich by now.

- If he is in New York, he **may not have got** my letter yet.

- If you weren't so lazy, you**'d have finished** your work by now.(unreal)

- If Bob wasn't so lazy, he **would have passed** the exam easily.(unreal)

- The letter **should have arrived** by now.(=I expect it has arrived.)

- He **will have finished** by now.(=I'm sure he has finished.)

- If my grandfather was/were still alive, he **might have enjoyed** looking after our garden.

- George is behaving very strangely. I think he **must have been drinking**.

- He **should have arrived** by now ('- but I'm not sure').

  * We use 'by now' often when we are not certain that the event has happened. Otherwise we prefer to use 'already'. "He has arrived already." (즉 위의 문장의 should는 완료형인 have arrived 에 붙은 should; 그러나 I'm not sure의 의미는 by now 때문이 아니고 should의 의미 때문) → C.G.E 145

(3) **미래완료시제**로 쓰이는 경우

다음과 같은 형태는, 비록 기본적인 서법 표현규칙에는 어긋나지만, 'by+미래시간'의 표현이 함께 사용되어 '미래시간의 일'을 나타내는 경우도 있다. →P.E.U(N) 339.8; 403.5

- By the end of this year I **might have saved** some money.

- We **ought to have finished** painting the house by the end of next year.

  * 미래완료시제 표현 시, 'by+미래시간표현'이 있어서 그 문장이 '미래시간의 일'을 나타내는 것이 분명한 경우, 'perhaps 등+미래완료' 대신에 'might/ought to+have v-ed' 형태로 간략하게 표현하는 표현법도 등장하고 있다. → 4.3.2.1

5.5.4 망설임형으로 쓰이는 would, should, could, might

서법조동사 will, shall, can, may와 would, should, could, might는 '시간의 차이(이 경우는 현재형과 과거형으로 구분)'을 나타내기도 하지만, 말하는 사람의 '태도의 차이(이 경우는 기본형과 망설임형으로 구분)'를 나타내기 위해서도 사용된다. 즉, 망설임(tentative)의 개념을 담기 위해서도 would, should, could, might(과거형 형태의 '현재형' = 망설임형)를 사용한다.

  * 망설임의 개념을 담기 위해 사용된 **과거형 형태의 현재형** 즉 '망설임형'은, '시제일치 시'에도 '현재시제'와 일치되기 때문에, 이후에 기술되는 내용에서는, '과거형'과 구별하여 '망설임형'으로 따로 구분하였다.

★　From the point of view of meaning, "the past forms" are often merely more tentative or more polite **variants of "the present forms"**. → S.G 4.21

의미의 관점에서 볼 때, '과거형'인 would, should, could, might는 자주 단지, '좀 더 망설이거나 좀 더 공손한 표현'으로 변형되어 사용되는, **'현재형의 별 형(또 하나의 형태)'**이기도 하다.

★　In many structures, 'would' is like a 'less definite' form of 'will'. → P.E.U 636.2

> ▶ 5.5D [보충·심화 학습] → blog 5.12 의 5.5D
>
> (1) would, should, could, might(과거형 또는 망설임형)의 3가지 쓰임
>
> (2) 서법조동사를 이용한 독특한 형태와 용법의 두 가지 '제안' 표현
>
> (3) 서법조동사가, 과거형 주절 뒤에 종속절로 사용될 때의 주의할 점

5.5.5 서법조동사로 나타내는 시간 표시의 요약

(1) '표준용법' 즉 '1회적 사건'을 표현할 때는 '기본형인 will, shall, can, may'뿐만 아니라 '망설임형/선시제형인 would, should, could, might' 도 사용될 수 있다.

- 현재이후시간: **will, shall, can, may, would, should, could, might+V**

- 과거시간: **will, shall, can, may, would, should, could, might+have V-ed**

(2) '예외용법' 즉 '늘 일어날 수 있는 사건'을 표현할 때는 '일반동사'처럼 사용된다.

- 현재이후시간: **will, shall, can, may(현재형)+V**

- 과거시간: **would, should, could, might(과거형)+V**

(3) 과거시간의 일을 표현하는 두 가지 관점

① '현재시점'에서 '과거시간의 일'을 추측하는 경우

- **will, shall, can, may(기본형), would, should, could, might(망설임형)+have V-ed**

② '과거시점'으로 '과거시간의 일'을 기술하는 경우 즉 과거시점에서의 '현재형' 기술이, '과거형'으로 바뀐 형태와 '예외용법'으로 쓰일 때 등

- **would, should, could, might(과거형)+V**

5.6 서법조동사의 1차 용법과 2차 용법 및 그들의 기본개념

5.6.1 서법조동사는 두 가지 서로 다른 용법으로 사용된다.

이 두 가지 용법은 때때로, 서로 혼재된 상태로 경사도(gradient)를 이루어 (즉 1차 의미 80%, 2차 의미 20% 등) 사용되기도 한다. 그러나 많은 경우, 우리는 1차 용법과 2차 용법을 구분하여 접근함으로써 문장을 좀 더 정확히 이해하고, '표현범위' 등을 좀 더 정확히 구분할 수 있다. → 2.4.3 및 4.4.3.4

☞ L.E.G 11.1 Modals have two major functions which can be defined as primary and secondary. **In their primary function**, modal verbs closely reflect the meanings often given first in most dictionaries. The meanings of modal verbs are varied, and depend on the particular verb. Some of them are used to refer to obligation, others to permission, others to willingness, ability, etc. **In their secondary function**, nine of the modal auxiliaries(not shall) can be used to express the degree of certainty/uncertainty a speaker feels about a possibility.

서법조동사는 1차와 2차로 경계가 정해질 수 있는 중요한 두 가지의 용법이 있다. **1차 용법**에서 서법조동사들은, 대부분의 사전에서 자주 첫 번째로 표시되는 의미를 나타낸다[밀접하게 반영한다]. 서법조동사들의 의미는 각각의 조동사에 따라서 달라진다. 그들 중 어떤 것은 '의무'를 나타내기 위해 사용되고, 다른 것은 '허가'를 나타내기 위해 사용되고, 그 밖의 것은 '의지' '능력' 등을 나타내기 위해서 사용된다. **2차 용법**에서 9개의 서법조동사들(shall 제외)은 말하는 사람이 느끼는 어떤 가능성에 대한 확실성과

불확실성의 정도를 표현하는데 사용될 수 있다.

☞ S.G 4.21 We distinguish two main kinds of meanings for modal auxiliaries :

(a) **INTRINSIC modality** involves some intrinsic human control over events;

(b) **EXTRINSIC modality** involves human judgment of what is or is not likely to happen.

Each of the modals has both intrinsic and extrinsic uses. In some instances there is **an overlap of the two uses**.

우리는 서법조동사에 대해 의미상의 주요한 두 가지 종류를 구분한다.

   (a) '본질적인 서법성(1차 용법)'은 사건들에 대한 '어떤 일정한 인간의 내재적인 가치 판단'에 따른 '인간의 통제'에 관련된다.

   (b) '비본질적인 서법성(2차 용법)'은 일어날 것 같은 일 또는 일어나지 않을 것 같은 일에 관한 '인간의 판단'에 관련된다.

   (c) 각각의 서법조동사들은 '본질적인 용법'과 '비본질적인 용법'을 모두 가지고 있다. (그리고) 몇몇 경우에는 두 가지 용법의 겹침 부분이 존재한다.

5.6.2 1차 용법

현재형	과거형 또는 망설임형 (망설임형 = 공손한표현)	기본개념
will	would	의지
shall	should	의지 (should는 의지에서 비롯된 권고, 충고)
can	could	(능동적/수동적 자유)=능력/허가
may	might	(수동적 자유)=허가

must	(must)	의무강요, 강한권고
ought to	ought to	권고, 충고

5.6.3. 2차 용법

현재형	과거형 또는 망설임형 (망설임형=확실성 약화)	기본개념 (선택의 판단 기준)	가능성의 정도 (%표시는 참고용)
must	(must)	논리적인 결론(삼단논법)	99% 이상의 가장 강한가능성
will	would	자신 있는 추측(심증)	95% 이상/ 90% 이상의 가능성
*	should	가망성 또는 반신반의(에 의한 놀람, 두려움, 추정)	50% 또는 70~90%의 가능성
ought to	ought to	가망성	70~90%의 가능성
may	might	실제적인 가능성	(때때로 50% 미만의 가능성)
can	(could)	이론적인 가능성	(때때로 50% 미만의 약한 가능성)

* (must)는 시제일치 시 또는 예외용법 등에서 과거형으로 사용됨

* (could)는 미래시간의 '제안, 요구' 등을 나타내는 용법과 의문문, 부정문으로 쓰일 때 망설임형이 가능

5.6.4 서법조동사 종류 및 용법별 참고 표

① will, would의 1차 용법 : '문장주어'의 의지 → 5.11.1

② will, would의 2차 용법 : 자신 있는 추측 → 5.11.2

③ shall, should의 1차 용법 : 듣는[말하는] 사람의 의지 / 주절주어의 의지 등 → 5.11.3

④ should, ought to의 1차 용법 : 일반인의 양심/상식에 의한 판단 ; 필요성 → 5.11.3'

⑤ should, ought to의 2차 용법 : 70~90%의 가능성 추측 → 5.11.4

⑥ should의 2차 용법 : 50% 가능성 추측 → 5.11.4'

⑦ can, could의 1차 용법 : '문장주어'의 능력 → 5.11.5

⑧ can, could의 1차 용법 : '규정'에 의한 허가 → 5.11.5'

⑨ can, could의 2차 용법 : '이론적'인 가능성 추측 → 5.11.6

⑩ may, might의 1차 용법 : '사람'에 의한 허가 → 5.11.7

⑪ may, might의 2차 용법 : '실제적'인 가능성 추측 → 5.11.8

⑫ must의 1차 용법 : 주관적인 의무강요 ; 강한 충고 → 5.11.9

⑬ must의 2차 용법 : '논리적인 결론'에 의한 추측 → 5.11.10

⑭ need : → blog 5.11.11

⑮ dare : → blog 5.11.12

⑯ used to, would, be used to 등 : → blog 5.11.13

★ 2차 용법으로 쓰이는 서법조동사들의 의미 특성

① must : **물리적 증거**가 있는, 삼단논법에 의한 '강한 확신'으로, '미래 시간' 표현은 불가능하여 will로 대신 표현하며, 의문문과 부정문에서는 기본적으로 can으로 바꿔 표현됨. 단 최근에는 must not도 사용됨.

② will : **증거(심리적 증거)**가 존재하거나 심증이 굳을 때의 '자신 있는 추측'을 표현

③ would : will의 '망설임'형

④ ought to : should의 대용어로 **믿게 만드는 이유가 존재**할 때의 추론'을 표현

⑤ should : 기원이 다른 것으로 보이는 두 가지의 추측을 모두 표현

  - **믿게 만드는 이유가 존재**할 때의 추측'을 표현하며, 말하는 사람을

기분 나쁘게 만드는 쪽으로의 추측에는 사용되지 않음.

- putative 'should'의 용법 : **50%의 가능성**

⑥ shall : 2차 용법으로는 사용되지 않음

⑦ may : 실제적인 가능성(어떤 일이 실제로 발생할 '확률적'인 가능성으로 **1회적인 사건이나 상태**를 나타냄 단, 학술적 표현으로 '예외용법'에도 사용가능 그러나 이런 경우의 may는 단지 can의 대용어 → 5.3.4.7)

⑧ might : may의 '망설임'형

⑨ can : 이론적인 가능성(어떤 일이 발생할 수 있는 '상황이나 조건'에 관계되는 가능성으로 **언제든 일어날 수 있는 가능성**을 표현)

⑩ could : can의 '망설임'형(평서문에서는 미래시간의 '제안, 요청' 등을 나타낼 때만 이와 같은 망설임형이 가능하며 대부분의 경우에는 '예외용법'으로 사용되어 '과거시간의 일'을 나타냄. 단, 의문문과 부정문에서는 could의 의미가 50%의 should나 musn't의 의미로 바뀐 경우로 '망설임'형이 가능.) → 모두 1회적 사건 표현으로 바뀐 경우

* 그러나 2차 용법으로 쓰일 때의 could는 주로 might(실제적인 가능성)의 대용어

* 미국식 영어에서는 have (got) to가 2차 용법의 "확실성 추측"의 뜻으로 쓰이기도 하지만(주로 be동사와 함께), 학습자는 must만 사용하는 것이 바람직하다.

* 2차 용법으로 쓰인 must의 부정은 cannot이다. 그러나 미국식 영어 에서는 mustn't가 2차 용법에도 점점 받아들여지고 있다. 그러나 아직 학교문법에서는 사용하면 안 될 것으로 보임. → 5.11.10 들어가기

★ 2차 용법으로 쓰일 때의 적용 및 해석

- must : 증거를 근거로 한 '삼단논법'에 의한 결론에 사용됨 "...임에 틀림없다" → logical necessity, certainty; deduction

- will : 증거가 존재(주관적 판단)하거나 심증이 굳을 때 사용됨(예 : 늘 일어나는 일이니 이번에도 그럴 것이다) "...임에 (거의) 틀림없다" → near certainty; assumption

- would : will의 어감을 약화시켜 표현할 때 사용됨 "...임에 거의 틀림

없다"

- ought to : should의 대치어로 사용될 수 있지만, 약간 더 객관성을 포함한 표현 "...로 판단하는 것이 논리적일 것 같다, 정상적일 것 같다" "~이어야만 할 것 같다" → strong probability; assumption

- should:

① '믿게 만드는 이유가 존재'할 때 "...이어야(만) 할 것 같다[같은데]"→ strong probability; assumption

② putative 'should'로 쓰일 때 (순수한 추정의 개념으로 사용됨) "~인지 아닌지는 모르지만, 만약 ~라면" → possibility

- may : '실제적인 가능성'(어떤 일이 실제로 발생할 확률적인 가능성을 표현) "~일 수도 있다" 또는 "~일지도 모른다" → factual possibility, chance

- might : may의 어감을 약화시켜 표현할 때 사용되므로 해석은 may와 거의 동일

- can : '이론적인 가능성'(어떤 일이 발생할 수 있는 '상황이나 조건에 관계되는 가능성을 표현) "~일 수(도) 있다" → theoretical possibility

- could : can의 어감을 약화시켜 표현할 때 사용됨 "~일 수도 있다"

    * 그러나 2차 용법에서 could는 주로 might(실제적인 가능성)의 대용어로 사용됨

    * deduction ⇒ conclusion reached by reasoning from general laws to a particular case.

    * assumption ⇒ something supposed but not proved

★ 서법조동사의 다양한 의미는, 서법조동사의 '기본개념'이 각각의 상황에 따라 적용된 결과일 뿐이므로, '다양한 사전상의 의미'는 암기할 필요가 없고, 단지 1차 용법과 2차 용법에 따르는 **기본개념**만 정확히 암기하고 있으면, 모든 해석상의 문제가 해결될 수 있습니다.

5.7 서법조동사의 어형상의 특징 및 부정 표현

5.7.1 서법조동사의 어형상의 특징

① 주어가 3인칭, 단수이고 현재시제일 때도 동사에 's'를 붙이지 않는다.

② 한정동사로만 쓰이고, 비한정동사형인 to부정사, ing형, ed형이 없다.

③ 본동사로서 단독으로 쓰일 수가 없다.

* 이와 같이 서법조동사는 동사들이 일반적으로 가지고 있는 어형상의 특징 중에서 몇 가지를 결여하고 있기 때문에 **'결여동사(defective verbs)'**라고 부르기도 한다.

5.7.2 서법조동사의 부정

서법조동사는 서법조동사 개개의 주관성의 정도 차이에 따라, 부정어 'not'이 조동사를 부정하기도 하고 본동사를 부정하기도 한다. (내적부정과 외적부정) → K.D p129

① **조동사를 부정하는 경우**(외적부정 : auxiliary negation)

주관성이 낮은, 1차 용법의 can, could, may, might와 need(부정문, 의문문)는, 그 조동사 자체의 의미가 부정으로 변한다.

- He **cannot run** 100meters in 11 seconds. (능력을 부정 = 능력 없음)

- You **may not drink** here. (허가를 부정 = 불허가, 금지, 부정명령)

★ 2차 용법이 '외적부정'으로 사용되는 예외적인 경우

2차 용법의 cannot, could not은 must에 대응하는 강력한 부정의 의미(이론적인 가능성조차 부정)를 표현하기 위해서 '외적부정'으로 사용되며, 이때는 보통 can과 not을 붙여서 사용한다.

- He **can't be** thirsty. (이론적인 가능성을 부정 = ~일리가 없다)

② **본동사를 부정하는 경우**(내적부정 : main verb negation)

주관성이 강한, 1차 용법의 must, will, would, shall, should, ought

to 그리고 2차 용법으로 쓰인 모든 서법조동사(can, could 제외)는, 서법조동사의 의미를 그대로 지닌 채로 본동사가 부정된다.

- You **must not stand** there alone. ('not stand'의 의무를 부여)

- We **ought not to complain**. ('not to complain'의 충고를 나타냄)

- They **will not have received** the notice. ('not have received'를 95%의 확실성으로 예측) - 그들은 틀림없이 그 통보를 받지 못했을 것이다.

  * 서법조동사 will은 1, 2차 용법 모두 조동사부정과 본동사부정의 의미 차이가 없다.

  * 2차 용법으로 사용되는 must의 부정은 can't이다.

  * needn't와 don't have to가 1차 용법으로 쓰인 must의 '조동사' 부정으로 사용될 수 있다.

  * may not(=불허가)와 mustn't(=금지)는 같은 의미로 쓰일 수 있다.

드물게는, '동사' 부정이 아니라 '술어' 부정으로 사용되는 경우도 있고, 이런 경우에는 '조동사' 부정과 '술어' 부정이 합쳐진 2중 부정의 형태가 가능하다.

- I **cannot**, of course, **not obey** her.

★ must와 have to의 부정

'의무강요'를 나타내는 have to와 must가 '부정문'에서 그 뜻이 바뀌는 이유

① don't have to go에서 don't는 have to의 의미인 '~해야만 한다'를 부정한다. 그러므로 '의무강요'에서 '의무 불강요' 즉, '의무 없음'의 의미가 된다. 결과적으로 '갈 필요가 없다(need not go)'라는 뜻이 된다.(have to의 부정=외적부정)

  ⇒ don't have to go = need not go : 갈 필요가 없다 * have to는 직설법의 조동사구

② must not go에서는 not이 주관성이 강한 조동사인 must를 부정하지 못하고, 본동사인 go를 부정한다(내적부정). 즉 '의무강요'의 개념은 그대로 남아있어서 'not to'의 의무강요가 된다. 결과적으로 '안 가야만 한다'의 의미가 된다.

⇒ must not go : 안 가야만 된다.

5.8 서법조동사의 특성 및 그에 따른 표현 가능 범위

서법조동사 표현과 직설법 동사구 표현이 모두 가능한 경우에는 서법조동사 표현을 선호하며, '눈앞에 벌어지는 능력 발휘'와 같은 경우에는 서법조동사만 사용되기도 한다. 또한 **서법조동사는 '추측'이 포함된 내용을 표현하기 때문에, 보통은 '조건절과 주절'의 형태로 표현**되며, 그 주절의 내용에 대한 '조건'이나 '전제'를 가정해 볼 수 있다. (그 전제에 해당되는 내용은 조건절 등으로 **명시되어 있을 수도 있고, 명시되어 있지 않을 수도 있다.**) 그리고 이와 같은 전제는 **'실현'과 '비실현'으로 구분**될 수 있으며, 그 판단에 의해 서법조동사가 사용된 문장의 올바른 해석이 가능해진다. → 5.11

> ★ **실현** ⇒ 실현조건에 대한 표현
>
> : (명시된 또는 명시되지 않은) 어떤 조건이 '실현되는 쪽'으로 판단한 상태에서의, 서법조동사를 이용한 문장 표현
>
> ★ **비실현** ⇒ 비실현조건에 대한 표현
>
> : (명시된 또는 명시되지 않은) 어떤 조건이 '실현 안 되는 쪽'으로 판단한 상태에서의, 서법조동사를 이용한 문장 표현

◎ 서법조동사의 1차 용법

1차 용법은 어떤 사건에 대한 **'인간의 통제(영향력 행사)'**를 나타내기 때문에, 기본적으로 **'과거시간' 표현에 사용될 수 없다.**(과거시간에는 '영향력 행사' 불가 : 이와 같은 경우에는 직설법 동사구가 사용된다.)

단, ① '비실현'의 표현에서 **'영향력을 추측'**하거나 또는 ② **'과거사건 기술'** 표현 등에서, 단순히 '과거사건을 기술'하는 경우에는 '과거시간' 표현이 가능하다.(예 : 가정법 과거완료 등 또는 시제일치, 과거시간 배경의 소설 등)

(1) 비실현의 표현에서 '영향력을 추측'하는 경우(현재이후시간 및 과거시간 모두 포함) 그 영향력에 대한 불확실한 추측(1~49%)이나 반대상황 등

을 추측(0%)하는 경우

① 조동사가 **문장주어 자체의 특성**을 나타내서 영향력을 추측하는 것이
가능한 경우

⇒ 비실현 **0%와 1~49% 모두 가능**

- would : '문장 주어의 의지'를 표현하는 경우

- could : '문장 주어의 능력'을 표현하는 경우

② 조동사가 화용상의 특성(=상대방이 존재)을 나타내며, '간접적인 영향
력(=**이미 존재하는 영향력**)'을 행사하는 경우

⇒ 비실현 **0% 표현 가능**

(주어가 실행할 가능성이 1%라도 있는 사건에 대해, '실행되지 않는
쪽으로의 판단을 전제로 한 '나무람'의 표현이나, '아쉬움'의 표현 등
을 사용하는 것은 모순된 표현이므로 1~49%는 불가능하고, '실행되
지 않았던 일'(0%)만 표현 가능)

- should : '바람직한 일/권고, 충고' 등을 표현하는 경우
  * '이후시간의 일'을 표현 시는 1~49%도 가능

- ought to : '바람직한 일/권고, 충고' 등을 표현하는 경우
  * '이후시간의 일'을 표현 시는 1 ~ 49%도 가능

- could : '규정' 등 이미 주어져 있는 허가를 표현하는 경우 그리고
  might의 대용어로 쓰여 '허가에 대한 진술'을 표현하는 경우

- might : '사람에 의한 허가'이지만, '허가에 대한 진술' 즉 이미 주어져
  있는 허가를 표현하는 경우

③ 조동사가 화용상의 특성을 나타내며, '**직접적으로 영향력**'을 행사하는
경우(영향력을 추측하는 경우가 아님)

⇒ '비실현' **표현 불가능**(즉 비실현 0%와 1~49% 모두 불가능)

- should : '청자/화자/주절주어의 의지'를 나타내는 경우

- might : '사람에 의한 허가'를 주고받는 경우

- could : might의 대용으로 쓰여 '사람에 의한 허가'를 주고받는 경우

- must : '사람에 의한 의무강요'를 주고받는 경우

(2) **과거사건 기술 표현** → 각각의 조동사(5.11)

◎ **서법조동사의 2차 용법**

'확실성 추측'을 나타내는, 2차 용법은 '추측'의 특성상 **기본적으로는 그 표현 형식에 제한이 없다.** 즉 현재이후시간/과거시간 또는 실현/비실현 표현에 모두 사용될 수 있다. 그러나 각각의 서법조동사 특성에 따라 몇몇의 제한사항들이 있다.

(3) 각각의 서법조동사들의 표현 내용에 따른 몇 가지 특징적인 **제한사항**들은 다음과 같다.

　① must : **'단정적 추측'**을 나타내는 must는 **'미래시간' 표현**에는 사용될 수 없다. 아직 이루어지지 않은 일을 단정적으로 표현할 수는 없기 때문이다. 또한 '실현이 안 되는 쪽으로의 조건'을 전제로 하는 **'비실현'표현**에도 사용되지 않는다.

　② shall : shall은 '확실성 추측'을 나타내는 2차 용법으로는 사용되지 않는다.

　③ 추정의 should(50%) : **추정의 should**는, 그 문장의 내용이 '사실'을 말하는 것이 아니라 '생각이나 의견'을 말하는 표현으로 **이미 긍정적인 50%의 실현가능성**을 나타내고 있으므로, 현대영어에서 **'비실현'표현**에는 사용되지 않는다. → 7.4.3 의 ①

　④ can/could : 부정문에서 '이론적은 가능성'을 이용한, **must의 대용어**로 사용될 때만 **'비실현' 표현이 가능**하다.

(4) **2차 용법이 예외용법으로 쓰일 수 있는 경우**

예외용법으로 쓰일 때는 **'언제나 되풀이 될 수 있는 특성'**을 표현할 수 있어야 되기 때문에, 2차 용법에서는 오직 ①will(자신 있는 예측에서 비롯된 '습성/경향' 표현)과 ②can/could(이론적인 가능성)만이 사용가능하다. 단, ③can/could(이론적인 가능성)의 격식체 대용어로 쓰이는 may/might(이때는 이론적인 가능성 표현)도 예외용법에 사용 가능하다.

5.9 서법조동사 사용 시 일반적으로 주의할 사항

① 혜택을 **청하는 표현**에서는 '망설임'형을 사용하여 표현한다. 그러나 기본형 또한 사용 가능하다. 그러나 혜택을 **베푸는 표현**에서는 '기본형'만 가능하고 '망설임'형은 사용할 수 없다.

② **말하는 순간에 판단할 수 없는 '미래시간의 일'을 표현할 때**는 즉 '시간의 경과' 등 미래사건과 관련이 있는 상황을 표현할 때는, '서법조동사'로 표현하는 것이 아니라 '미래시제조동사'인 will/shall을 이용하여 표현한다. 즉 will be able to 또는 will have to 등과 같이 표현한다.

5.10 서법조동사구의 형태에 의한 분류 및 특징

많은 경우 '서법조동사구'는, 조건이 생략되거나 함축된 조건문에서의 형태이다.

Conditions are often introduced by "if", but can be introduced by other words. They can also be implied. → L.E.G 14.1

- I **wouldn't** go that way.(if I were you)

    * '비실현'의 내용을 나타내는 문장을 2가지로 구분한 것은, '선시제' 표현이 반드시 '0%의 실현가능성의 가정법'은 아니라는 것을 강조하기 위함으로, 그 구분이 절대적인 것은 아님 (즉 동일한 문장을 각자의 상황판단에 따라 1~49%로 볼 수도 있고 또는 0%로 볼 수 있는 경우도 가능)

※ 각 항목의 **예문**은 5.10의 분류에 따른 구체적인 내용을 담은 **5.11** 참조

5.10.1 1차 용법

1차 용법은 현재이후의 시간과 과거시간으로 구분될 수 있으며, 총 5가지 형태로 표현할 수 있다.

A. 현재이후시간

(1) 서법조동사 현재형 + V :

① 현재이후시간의 '기본형' ('실현'의 의미를 표현)

 * 예외용법(늘 일어날 수 있는 사건을 표현)에서도 '서법조동사 현재형+V' 형태로 '현재이후시간의 일'을 표현한다. → 5.3.2

(2) 서법조동사 망설임형 또는 선시제형 + V :

 * '망설임'형이란 '망설임'의 개념을 담기 위해 would, should, could, might가 '현재형'으로 사용되는 것을 말한다.(less definite form) → 5.5.4

 * '선시제'형이란 '가정법' 등에 사용되는, 실제시간 보다 한 단계 뒤쪽으로 표현되는 시제를 말한다.(back shifted form) → 5.4

① 현재이후시간의 **'망설임'형**으로 '공손함' 등의 의미를 표현하며 '실현'의 의미를 포함

② 현재이후시간의 **'선시제'형**으로 '비실현'의 의미를 표현

★ 비실현(조건문)의 2가지 구분 :

① **1~49%의 실현가능성** 또는 ② **0%의 실현가능성**

　현재이후시간의 '비실현'표현에서, '가능성 1~49%'와 '가능성 0%의 가정법과거'의 차이는 '상황을 어떻게 판단하느냐'에 의한 주관적인 판단일뿐, 절대적인 것은 아니다. 그러나 보통 '현재 상황'을 나타낼 때는 '가정법'으로, '미래상황'을 나타낼 때는 '1~49%의 가능성'으로 판단할 수 있다. 이때 '1~49%의 가능성'은 조건절의 내용이 '반대사실'을 나타내는 표현이 아닌 경우이다.

B. 과거시간

(3) (서법조동사 현재형 + have V-ed) : 과거시간의 기본형이지만 **'표현 불가능'** (1차 용법은 영향력을 주고받는 관계를 표현하므로, 과거시간에는 영향력을 미칠 수가 없기 때문에 불가능)

(4) 서법조동사 선시제형 + have V-ed :

→ 직접 영향력을 행사하는 표현이 아닐 경우 즉 '영향력에 대한 추측' 표현일 때는 이 형태의 표현이 가능하다.

  * 과거시간의 '망설임'형은 불가능 : **'현재형'이 불가능한 경우**는 당연히 그 **'망설임'형도 불가능**

  ① 과거시간의 **'선시제'**형으로 **'비실현'**의 의미를 표현

  ★ '비실현'표현의 2가지 구분 :

  ① **1~49%의 실현가능성** 또는 ② **0%의 실현가능성**

  : 그 영향력에 대한 불확실한 추측(1~49%)이나 반대상황을 추측 (0%)하는 것이 가능할 때 'would/should/could/might+have V-ed' 형태가 과거시간 표현에 가능하다.

---

(5) 서법조동사 과거형 + V : '과거사건' 기술(made in the past)

→ 시제일치/소설 등에서, '당시의 현재형 사건기술'을, '시제일치' 등의 이유로 '과거형'으로 변경시켜서 표현하는 형태(즉 판단 자체는 과거시점)

  ① 시제일치

  ② 소설 등

  * 예외용법(과거에 늘 일어날 수 있었던 사건을 표현)에서도 '서법조동사 과거 형+V' 형태로 '과거시간의 일'을 표현한다. → 5.3.2

5.10.2 2차 용법

A. 현재이후시간

(1) 서법조동사 현재형 + V :

  ① 현재이후시간의 '기본형' ('실현'의 의미를 표현)

  * 예외용법(늘 일어날 수 있는 사건을 표현)에서도 '서법조동사 현재형+V'

형태로 '현재이후시간의 일'을 표현한다. → 5.3.2

(2) 서법조동사 망설임형 또는 선시제형 + V :

① 현재이후시간의 **'망설임'형**으로 '확실성에 대한 자신감 감소'를 표현
하며 '실현'의 의미를 표현

② 현재이후시간의 **'선시제'형**으로 '비실현'의 의미를 표현

★ '비실현'표현의 2가지 구분 :

① **1~49%의 실현가능성** 또는 ② **0%의 실현가능성**

현재이후시간의 '비실현'표현에서, '가능성 1~49%'와 '가능성 0%의 가정법
과거'의 차이는 '상황을 어떻게 판단하느냐'에 의한 주관적인 판단일 뿐, 절
대적인 것은 아니다. 그러나 보통 '현재 상황'을 나타낼 때는 '가정법'으로,
미래상황'을 나타낼 때는 '1~49%의 가능성'으로 판단할 수 있다. 이때
'1~49%의 가능성'은 조건절의 내용이 '반대사실'을 나타내는 표현이 아닌
경우이다.

B. 과거시간 : 2차 용법은 확실성추측이기 때문에 과거시간도 표현가능

(3) 서법조동사 현재형 + have V-ed :

① **과거시간의 '기본형'**으로 '실현'의 의미를 표현

(4) 서법조동사 망설임형 또는 선시제형 + have V-ed :

① 과거시간의 **'망설임'형**으로 '확실성에 대한 자신감 감소'를 표현하며
'실현'의 의미를 표현

② 과거시간의 **'선시제'형**으로 '비실현'의 의미를 표현

★ '비실현'표현의 2가지 구분 :

① **1~49%의 실현가능성** 또는 ② **0%의 실현가능성**

과거시간의 '비실현' 표현에서, '가능성 1~49%'와 '가능성 0%의 가정법과거
완료'의 차이는 주로, '과거시간'과 '과거이후시간' 또는 '1, 2인칭'과 '3인칭'
의 차이 등에 의한 '상황의 차이'에 의해서 판단할 수 있다. 이 경우 조건절

의 내용이 '반대사실'을 나타내는 표현이 아닌 경우가 '가능성 1~49%'에 해당된다.

(5) 서법조동사 과거형 + V : '과거사건' 기술

→ 시제일치/소설 등에서, '당시의 현재형 사건기술'을, '시제일치' 등의 이유로 '과거형'으로 변경시켜서 표현하는 형태(즉 판단 자체는 과거시점)

① 시제일치

② 소설 등

*예외용법(과거에 늘 일어날 수 있었던 사건을 표현)에서도 '서법조동사 과거형+V' 형태로 '과거시간의 일'을 표현한다. → 5.3.2

▶ 망설임형

망설임형은 '말하는 사람'과 관련된 표현으로, '베푸는 입장' 또는 '직설적인 표현'에서는 사용되지 않고, '청하는 입장' 또는 '상대를 배려하는 표현'에서 사용될 수 있다. (즉 1차 용법으로 쓰여 '직접적인 영향력을 행사'할 때는 '문장주어의 고유의 특성'을 나타내는 would<문장주어의 의지>와 could<문장주어의 능력>의 경우, '청하는 입장'이나 '상대를 배려하는 표현'이 되는, 평서문 1인칭 주어 표현 또는 의문문 2인칭 표현 주어일 때 사용가능하다. 그리고 '상황대응 표현'인 might<사람에 의한 허가>는 '베푸는 입장'이 되는 '평서문'으로는 사용되지 않고 '청하는 입장'이 되는 '의문문'의 형태로만 사용 가능하다. can<규정에 의한 허가>는 '망설임형(could)'으로는 사용되지 않는다. 반면에, 1차 용법에서 '영향력을 추측'할 때<종속절 등에 쓰일 때>와 2차 용법<확실성 추측 용법>으로 쓰일 때는, 주어에 관계없이 '추측'이 가능하므로, 인칭 구별 없이 모두 사용될 수 있다.)

5.10.3 한 가지 어형의 서법조동사(remainder)의 경우 : must등

   (1) must, need(조동사), ought to 그리고 had better는 현재형과 과거형의 구분이 없다. → 본문 참조

   (2) 1차 용법의 '공손함의 표현'과 2차 용법의 '확실성 예측의 감소'표현은 remainder에는 없다.

★ 이상 서법조동사의 형태를 구분해 보았다. 이후 장에서는 개별 서법 조동사들의 구체적인 표현 내용을 살펴볼 것이다.

5.11 개별 서법조동사들의 구체적인 표현 내용

개개의 조동사별로 시간, 형태 그리고 용법에 의해 구분하였으며,

① '실현'의 의미를 나타내는 용법 ② '비실현'의 의미를 나타내는 용법 ③ 직접 '과거사건 기술' 용법으로 나누어 기술하였다.

※ 기본 형태에 의한 분류 중 **해당되는 세부사항이 없는 부분**은 **번호를 표기하지 않았다**.(그리고 참고서적의 내용은 관련 있는 부분만 발췌하여 기술하였다.)

5.11.1 will, would(1차 용법) : 문장주어의 의지

   - will/would가 사용된 절[문장]의 주어의 의지
   - 평서문의 2인칭, 3인칭 표현에서는 주로 '부정문'의 형태가 사용된다.
   - 조동사가 '문장주어 자체'의 특성을 나타내므로, 5.10.1에서 제시된 모든 형태의 표현이 가능하다. 단, 1차 용법의 공통적인 특징인 '과거시간의 실재했던 사실'에 대한 표현은 직설법 동사구가 사용된다.

5.11.1.1 현재이후시간

<1> **will + V** 형태 :

 (1) 현재이후시간의 '기본형' ('실현'의 의미를 표현)

  ① 주어의 의지

- I will see you tomorrow evening, then.

- If I can afford it, I will buy it.

- Can somebody help me? - I will.

- I will call you every hour, just to see that you're OK.

Will you~?는 거의 명령조. 좀 더 공손하게 please나 would의 사용이 바람직함

- Will you come this way, please?

  (Would you come this way?)

주어의 의지 will은 순간적인 결정. → 4.3.5.1; 4.3.5.2

- I promise I'll phone you as soon as I arrive.

- If you will be kind enough to wait, I'll have your luggage brought in.

will에 강세가 올 때는 '고집'을 나타냄

- If you **will** go to bed so late, no wonder you're tired.

- I **will** stop smoking - I really **will** !

'주어의 의지' 표현의 상황에 따른 적용(문장주어의 의지를 묻는 표현)

 - 때때로 '제공'의 의미가 됨

- Will you have some coffee?

 - 때때로 '제안'이나 '초대'의 의미가 됨

- Won't you come in?

 - 때때로 '요청'의 의미가 됨

- Will you help me with my homework?

- Will anyone who saw the accident please phone this number? ⇒ 3 인칭 주어도 가능

② 무생물 주어의 의지(성향) ; ~하려고 하냐?; ~하려고 한다.

  (1회적 사건을 표현; 시도의 반복성을 표현: 동적 표현)

- Will the window open? - Yes, it will.

- The car is giving trouble. It won't start.

③ 사람의 특징 있는 습관 ☞ 예외용법 → 5.3.4.1 의 ①

<2> **would + V** 형태 :

(1) 현재이후시간의 '망설임'형으로 '공손함' 등의 의미를 표현 ('실현'의 의 미를 표현) → 5.11.1.1D

* 'would' does not always have a past meaning. In many cases, it is like a 'less definite' form of 'will'. → P.E.U 636.2

* 'would' is found with verbs such as 'like, prefer' to make polite requests and offers. → P.E.U 151.2

- But I wouldn't try to stop him.

- I would like a cup of tea.

- Would you prefer beer or wine?

- Do to others as you would be done by.

- How I would love to sleep here.

- I would hate to spend Christmas alone.

- I think I'd like to be poor here in the sun.

- Would Mrs Jones, passenger to Leeds, please come to the Enquiry Desk? (제3자에게 하는 말이 아니고, 직접 2인칭인 상대방에게 하는 말)

  '문장주어의 의지'를 '추측'하는 경우

- I don't think the people of London would say that.

(2) 현재이후시간의 '선시제'형으로 '비실현'의 의미를 표현

① 조건의 실현가능성을 1~49%로 판단했을 때의 표현(improbable)

→ 보통 if절이 이후시간(미래)을 표현할 때 가능

- What would you do if you had a free year?

- We would pay you on time.

- I would be grateful if you would make the arrangement for me.

② 가정법과거(실현가능성 0%, 조건을 반대로)

- If I were in your position, I would accept their offer.

- Would you like cats if you were me?

- If I were you, I would not give up.

- I wouldn't go there if I didn't have to.

- If I were better qualified, I'd apply for the job.

비실현 상황 (I wish~ If only~ 등)

- I wish you would be quiet.

- I can help you with that box. - If only you would !

▶ 5.11.1.1D [보충·심화 학습]

1. conditional 'would/should'

공손함이나 망설임 등을 나타내기 위해 사용되는 모든 would, should를 말한다. 즉 서법조동사로서의 고유의 뜻을 유지하고 있는 would(ⓐused to indicate a 'wish' ⓑpast habit) 또는 should(ⓐobligation)을 제외한 모든 would와 should를 conditional 'would/ should'라고 부른다. 다음은 그들 중 **'바람'**이나 **'의견'**을 나타내는 경우이다.

① '바람(a wish)'을 표현하는 경우 : would는 문장주어의 의지 (5.11.1); should는 기타 의지(5.11.3') - 1인칭에 사용된 should는 '말하는 사람의 의지'

- We should be out in the garden in this weather.

- I should like a bath.

- I should/would hope so.

- I should/would like to think so

- I would hate to spend Christmas alone.

② '의견'을 표현하는 경우 : would는 90%의 가능성 추측(5.11.2); should는 70~90%의 가능성 추측(5.11.4)

- He weighs, I should say, about 140 pounds.

- Can you come? - Yes, I should think so.

- Will it be expensive? - I should/would think so.

- She is beautiful, I should say.

- She is over thirty, I should think.

could나 might가 conditional처럼 사용되기도 한다.(망설임/선시제 형)

- I could have a really good time, if I had a flat of my own.⇒ could=would be able to

- If you asked me nicely, I might take you out to lunch.⇒ might=would perhaps

conditional이 사용된 문장에서 그 종속절에는 자주 직설법의 '과거시제'가 사용된다.('선시제'가 사용된 경우)

- If I had a lot of money, I would do what I liked.

  ☞ P.E.U 151 : conditional

  S.G 4.33 : mood marker

  L.D.E : for adding politeness to what you are saying

2. would가 I wish의 의미로 기원문(optative sentence)에 쓰이는 경우도 있다.

- (I) Would (to God) that I were a child again!

5.11.1.2 과거시간

<1> will + have V-ed 형태 : 과거시간의 기본형이지만 표현 불가능

→ 과거시간에 실재[존]했던 '의지'는 직설법 동사구로 표현

<2> would + have V-ed 형태 :

* 문장 해석 시에는 문맥에 의해 1~49%와 0%가 구별될 수 있다. 즉 이 형태로 쓰인 문장이 모두 가정법(0%) 표현은 아니고, 특히 3인칭 주어인 문장의 경우에는, 1~49%인 경우도 있다. 즉 '반대사실'을 나타내는 표현이 아닌 경우도 있다.

(1) 과거시간의 '선시제'형으로 '비실현'의 의미를 표현

* To talk about an unreal past situation, that is, an imaginary situation or a situation that might have happened in the past but didn't, we use 'would have+past participle'. → A.G.U 16 E ☞ imaginary=existing only in the mind; unreal

① 조건의 실현가능성을 1~49%로 판단했을 때의 표현(improbable)

- Would he have wasted time putting the great rock back?
- He wouldn't have told you what it was about.
- My grandmother wouldn't have approved of the exhibition.

② 가정법과거완료(실현가능성 0%, 조건을 반대로)

- I would have told you if I'd realized you didn't know.
- I would have done anything if you had offered some money.
- What a pity, I would have loved to come.
- If I **would**'ve had a gun, somebody might have got hurt.(고집)
- If you **would**n't have phoned her, we'd never have found out what was happening.(의지에서 비롯된 '고집'을 표현 → 7.1.4 의 <3>)

비실현상황(I wish, would like 등)

→ would like 뒤에 완료형to부정사가 쓰일 경우, would like은 that절
을 목적어로 하는 wish의 의미

- I wish I had seen his face when he opened the letter.

  = I'd like **to have seen** his face when he opened the letter.

  = I'd have liked to see his face when he opened the letter.

  = I'd have liked to have seen his face when he opened the letter.

- He would have liked to go after him in a taxi.

  = He would like **to have gone** after him in a taxi.

  = He wishes he had gone after him in a taxi.

would가 I wish의 의미로 기원문에 쓰이는 (구식)용법

- (I) Would (to God) I had had more intelligence!

- Would(=I wish) that I had never seen it!

- Would(=I wish) that father had been alive and taken me there!

<3> **would + V** 형태 : '과거사건' 기술

시제일치/소설 등에서, '당시의 현재형 사건기술'을, '과거형'으로 바꾸어서
표현하는 형태(즉 판단 자체는 과거시점)

① 시제일치 : 종속절에 사용된 would

- You said that you would try again.

- I was afraid you wouldn't take the case.

- We said that we would make his action known everywhere.

② 소설 등

소설 등에서, '과거당시의 입장'에서 '현재형'으로 기술한 내용을, 마
치 시제일치처럼, '과거형'으로 바꾸어서 표현하는 형태

- I offered Jimmy some milk. but he wouldn't drink it.

- He would not allow her to go with them.

- But Dantes would not let rules be broken for him.

- Would they believe her story of a wild man whom nobody had ever seen before?

- But Justine would not save herself.

- I would try human company once more.

- But Rodrigo would never let a poor, fatherless fisherman marry his great jewel, Anita.

③ 무생물 주어의 의지[성향] : '단순과거시제' 대신 '시도'의 반복성 개념을 덧붙이기 위해 쓰인 would로 '특정사건'에 관련된 용법

- The car wouldn't start, so we had to take a taxi.

- I tried to open the door, but the key wouldn't turn.

- He wanted to hit the detective, but his arms and legs would not obey him.

- I planted a vine last year but it wouldn't grow because it didn't get enough sun.

- At last she put her arms round the top, as far as they would go.

- Then, as soon as the wind would take us towards the east, we sailed with the Khalif's letter.

5.11.2 will, would(2차 용법) : 자신 있는 추측

5.11.2 들어가기

① when we are almost certain of our evidence(= anything that gives reason for believing something), we may use 'will, won't' → L.E.G 11.33 (will = near certainty 즉 95% 이상의 가능성, would는 90% 이상)

② In many structures, 'would' is like a 'less definite' form of 'will'

③ L.E.G 11.3 Secondary function of modal verbs(가능성의 정도 추측용법)

- 확실성의 정도 - might<may<could<can<should<would<will<must

> * 그러나 C.G.E293에서는 'Theoretical possibility(can) is 'weaker' than factual possibility(may)'로 기술되어 있음. (실현가능성으로 보아 이것이 올바른 판단으로 보임.)
>
> ④ will이 '현재시간의 일'을 나타낼 때는 '고의적이거나 계획적이지 않은 표현'에만 사용될 수 있다. 그러므로 1인칭이 주어인 문장에는, 1차 용법과의 혼란 가능성 때문에, 2차 용법의 will은 거의 사용되지 않는다.
>
> ⑤ 'will' and 'should' can also express assumptions about the future. → P.E.G 160 C
>
> will과 should는 '미래시간' 표현도 가능; 그러나 must는 현재/과거 시간만 가능.(표현가능 범위는 5.8 참조)

5.11.2.1 현재이후시간

<1> **will + V** 형태 :

(1) 현재이후시간의 '기본형' ('실현'의 의미를 표현)

- That will be Roland. I can hear him at the door.

- This will be the book you're looking for.

- There's somebody coming up the stairs. - That'll be Mary.

  * 업무상의 지시 : Predictions can be used as a way of giving orders. (instead of telling somebody to do something, you just say firmly that it will happen) → P.E.U 630.1

  The person giving the order is quite certain that he will be obeyed. → P.E.G 282 B

- You'll start work at six o'clock.

- All staff will leave the building at once.

- You will do exactly as I say.

- You will do exactly what I tell you.

  * 타고난 습성, 경향을 나타내는 경우: 예외용법 → 5.3.4.2

<2> **would + V** 형태 :

(1) 현재이후시간의 '망설임'형으로 '확실성에 대한 자신감 감소' 표현

('실현'의 의미를 표현) → 5.11.1.1D

- That would seem the best solution.

- Would your name be Smith, by any chance?

- He wouldn't catch cold without them, would he?

- When would you be able to start?

- Will it be expensive? - I would think so.

(2) 현재이후시간의 '선시제'형으로 '비실현'의 의미를 표현

① 조건의 실현가능성을 1~49%로 판단했을 때의 표현(improbable)

→ 보통 if절이 이후시간(미래)을 표현할 때 가능

- If we had enough time, things would be easy.

- You would never find your way there without help.

were to구문(0~49%) → 7.4.5

- If I were to pay you fifteen pence less for that wasted day, you would think that I was being unjust to you.

② 가정법과거(실현가능성 0%, 조건을 반대로)

- If I had long legs, I'd be able to run faster.

- It would be nice to be somewhere warm.

기타 가정법 표현

- If it weren't for your help, I would still be homeless.

- But for his pension, he would be starve.

③ 현재완료에 붙은 서법조동사 (would + have V-ed)

- If you weren't so lazy, you'd have finished your work by now.

☞ 비실현 조건문 ; 현재(이후)시간을 표현

- Man would have continued a savage, but for the results of the useful labors of those who preceded him.

  ☞ 비실현 조건문 ; 현재(이후)시간을 표현

현재완료시제뿐만 아니라 다양한 상황에서 '완료형' 앞에 '서법조동사'가 사용되어, 주관적인 표현을 나타낼 수 있다.

- The count was a quiet walker, and could have entered the room unheard. ☞ 과거사건 기술(완료형에 붙은 could)

  ⇒ ~ 들어와 있을 수 있었다.(실현조건문의 의미)

- Arthur, so pale that he might have been dead himself, wept openly as he bent over the coffin. ☞ 과거사건 기술(완료형에 붙은 might)

  ⇒ ~죽어 있을지도 모를 것 같이 창백한

- If they were really English, they could not have come here for any good. ☞ 과거사건 기술(완료형에 붙은 could)

  ⇒ ~와 있는 것 일리가 없었다.(실현조건문)

- Philip knew that she could not have been home to Canada.

  ☞ 과거사건 기술(현재완료형에 붙은 could) ⇒ 갔다 올 수 없었다.

5.11.2.2 과거시간

<1> **will + have V-ed** 형태 :

(1) 과거시간의 '기본형' ('실현'의 의미를 표현)

- You will have been right.

- He won't have told you much about me.

* will이 '미래시제조동사'로 쓰였을 때는 'will+have V-ed' 형태가 '미래완료시제'를 나타낸다.

- I'll have been here for seven years next February.

<2> **would + have v-ed** 형태 :

* 문장 해석 시에는 문맥에 의해 실현(51~99%)의 의미인지, 비실현

(1~49% 또는 0%)의 의미 인지가 구별된다. 즉 이 형태가 모두 '가정법'은 아니다.

(1) 과거시간의 '망설임'형으로 '확실성에 대한 자신감 감소' 표현

('실현'의 의미를 표현)

- You would have been right.

- If he parked his car there, the police would have removed it.

- If you didn't explain it carefully, he wouldn't have understood properly.

- If she was better-qualified, she would have got the job.

(2) 과거시간의 '선시제'형으로 '비실현'의 의미를 표현

① 조건의 실현가능성을 1~49%로 판단했을 때의 표현(improbable)

→ 보통 3인칭 주어인 문장에서 가능

- He would have done it yesterday.

- If he had tried to leave the country. he would have been stopped at the frontier.

② 가정법과거완료(실현가능성 0%, 조건을 반대로)

- If you had worked harder last year, you would probably have passed your exam.

- It would have seemed very strange if David had gone only to Orton.

- If Peter hadn't phoned, I'd have been sitting in the house watching TV when the bomb went off.

기타 가정법 표현

- I never would have succeeded without your help.

<3> **would + V** 형태 : '과거사건' 기술

시제일치/소설 등에서, '당시의 현재형 사건기술'을 '과거형'으로 바꾸어서

표현하는 형태(즉 판단 자체는 과거시점)

① 시제일치

- I told you that you wouldn't be able to do it.

- So she thought you wouldn't miss the drawings.

② 소설 등

소설 등에서, '과거당시의 입장'에서 '현재형'으로 기술한 내용을, 마치 시제일치처럼, '과거형'으로 바꾸어서 표현하는 형태

- You would think that he knew.

- Now that girl would have to go away.

- My mass would then be 1728 times that of a man of Lilliput.

- Project Omega would rob them of their freedom.

- He would be safe inside if it was safe to be with Mina herself.

- Would the power of the circle hold?

- There was no sound of people moving about the streets as there would be at midday.

- If I did not help, I would be leaving the Frankensteins to face certain death.

- He didn't feel that the man would have shot him.(조건의 의미 포함)

5.11.3 shall, should(1차 용법) : 문장주어 이외의 의지(1) ☞ 듣는 사람/말하는 사람/주절주어의 의지

① shall/should가 사용된 절[문장]의 주어의 의지가 아닌 그 밖의 의지

② shall : volition(S.G)/the speaker's intention(P.E.G; C.G.E)

③ Another way to consult someone's wishes is to use a question with 'shall', or more <tentatively>, with 'should'. → C.G.E 337

'듣는 사람(청자)/말하는 사람(화자)/주절 주어의 의지' 등은 '직접적인 영향

력'을 주고받기 때문에, '현재이후시간의 일'에 대한 '실현' 표현에만 사용된다.(표현가능 범위는 5.8 참조)

5.11.3.1 현재이후시간

<1> **shall + V** 형태 :

(1) 현재이후시간의 '기본형' ('실현'의 의미를 표현)

① 청자, 화자 등의 의지

- Shall my son take you to the airport?
- Shall I write my address here?

shall은 때때로 제안이나 제공의 의미로 쓰임

- Shall we go out for a drink?
- Shall I open the window for you?
- Shall I pick up your shopping for you?

    * 법률이나 의무의 규정을 나타내는 경우: 예외용법 → 5.3.4.3

평서문의 shall은 구식표현으로 건방진 태도

- You shall have an answer by tomorrow.
- They shall go home when they finish the work.
- You shall sing just when it pleases you.

보통 평서문의 shall은 will 또는 다른 방식으로 바꾸어서 표현

- You shall have it. → I will give it to you.
- He shall go home. → I promise I will send him home.

평서문에서 shall에 강세가 있으면 남에게 하는 결의

- You **shall** pay for this.
- They **shall** not pass.

평서문에서 문장주어가 1인칭일 때는 강한결심 ('의지'의 개념을 더 강한 어조로 바꾸기 위해서, '말하는 사람의 의지'로 바꾼 표현)

- I **shall** return.

- We **shall** fight and we **shall** win.

  ☞ P.E.G 208 First person 'will' and 'shall'

  We have already noted that determination is normally expressed by 'will'. But sometimes public speakers feel that to express determination they need a 'heavier' word, a ward not normally used much, and so they say 'shall'.

② 주절주어의 의지(that절의 shall)

- He demands that I shall tell him everything.

<2> **should + V** 형태 :

(1) 현재이후시간의 '망설임'형으로, '공손함' 등의 의미를 표현 ('실현'의 의미를 표현)하며, 단문에서 사용되는 경우와 복문에서 사용되는 경우로 구분된다.

[1] 단문에서 사용되는 경우

① 청자, 화자 등의 의지

- You should read this. It's very good.

- You shouldn't go around with them.

- Should I help you with the washing-up?

- Should I phone for a taxi for you?

- Should we tell him that he's not wanted?

- Who should I pass the message to?

[2] 복문에 사용되는 경우

① that절의 should(의지 표현)

주절 주어의 의지나 말하는 사람의 의지 등을 종속절의 should가 나타낸다. 이 경우 특히 미국식 영어에서는 should가 생략되고 원형부정사만 사용되기도 한다.

* 'that~should' implies less direct contact between the advisers/organizers etc. and the people who are to carry out the action. → P.E.G 235

ⓐ 명령, 제안, 요청 등을 나타내는 동사 뒤의 that절에 사용되는 should

- I suggest that he should apply for the job.

- I recommend that you should reduce your expenditure.

- My wife insists that you should stay for dinner.

- What do you think I should do?

이와 같은 동사들이 사용될 경우에도 that절에 반드시 should가 사용되는 것은 아니다.

* 이 구문에서 주의할 것은 소위 '명령, 제안, 요청 등을 나타내는 동사'라고 무조건 "(that)+S+(should)+V"의 형태로 사용되는 것이 아니라, 해당 동사의 그 문장 내에서의 '의미'에 의해서 '(should)+V'의 사용 여부가 결정된다는 것이다. 즉 '주절주어의 의지' 등을 표현해야 하는 경우에만 '(should)+V' 형태가 사용된다.

- 다른 동사 형태가 사용된 경우의 예

  - We are all agreed that the proposal is a good one.

  - They insist that she is innocent.

  - He asked that he might get up. (ask=허락을 청하다)

  - He promised that he would be here at 6 o'clock.

  - I recommend that you do not disobey your officers.

ⓑ 이성적 판단을 나타내는 형용사(essential, important 등)나 바람 등을 나타내는 명사 뒤의 that절에 사용되는 should

  - It is important that he should apply for the job.

- It is most desirable that he should attend the conference.

- It is our wish that he should do as he pleases.

- They expressed the wish that she accept the award.(should 생략)

ⓒ 목적을 나타내는 종속절에 should가 사용되는 경우(so that절, in order that절 또는 lest가 'in order that ... not'의 의미로 쓰여 '주절주어 등의 의지'를 나타낼 때)

* lest가 for fear that의 의미로 쓰이는 경우는 2차 용법 참조

- We carved their names on the stone in order that future generations should know what they had done.

- He left early so that he should not miss the last train.

- Lest anyone should think it strange, let me assure you that it is quite true.(=In order that anyone should think it strange, ~)

(2) 현재이후시간의 '선시제'형으로 '비실현'의 의미를 표현 불가능

* '직접적인 영향력 행사 표현'이므로 '비실현'에는 사용되지 않는다.

5.11.3.2 과거시간

<1> **shall + have V-ed** 형태 : 과거시간의 '기본형'이지만 표현 불가능

→ 과거시간에 실재[존]했던 '의지'는 직설법 동사구로 표현

<2> **should + have V-ed** 형태 : 직접적인 영향력 행사 표현이므로 과거시간 표현은 불가능

<3> **should + V** 형태 : '과거사건' 기술

시제일치/소설 등에서, '당시의 현재형 사건기술'을, '과거형'으로 바꾸어서 표현하는 형태(즉 판단 자체는 과거시점)

① 시제일치 : 종속절에 사용된 should

- He asked if he should help me.

- He told me that I should have all I wanted.

- He insisted that the contract should be read aloud.

- He advised that the meeting should be cancelled.

② 소설 등

소설 등에서, '과거당시의 입장'에서 '현재형'으로 기술한 내용을, 마치 시제일치처럼, '과거형'으로 바꾸어서 표현하는 형태

- It was her boss's order and she should do it. But she insisted not to do it.

5.11.3' should/ought to(1차 용법) : 문장주어 이외의 의지(2)

서법조동사의 1차 용법상 should 두 번째 설명, ought to의 첫 번째 설명에 해당함. 즉, 문장주어 이외의 의지를 표현할 때 사용되는 것으로 **일반인의 양심/상식에 의한 판단/필요성을 표현**할 때 사용됨.

5.11.3 들어가기

① should/ought to가 사용된 절[문장]의 주어의 의지가 아닌 그 밖의 의지로 바람직한 일, 합리적인 일, 권고, 충고 또는 필요성 등을 나타낸다.

- should : obligation and duty(☞our own subjective opinion)

- ought to : obligation and duty(☞a rather more objective force)

- We ought to go and see Mary, but I don't think we will. ('Should' doesn't sound right here, It would be strange to give oneself advice and say that one was not going to follow it.) → P.E.U 550

* 바람직한 일 등 : a correct or sensible action(It is more a matter of conscience or good sense, not the speaker's authority nor external authority. → P.E.G 141 A

- 'Should' and 'ought to' are used to express obligation and duty, to give advice, and in general to say what we think is right or good for people to do. → P.E.U 550

- 'Should' and 'ought to' express advisability. They generally mean 'in my opinion, it is advisable to' or 'it is (your) duty'.

- 'should/ought to' is used to express the subjects obligation or duty or to indicate a correct or sensible action. Here there is neither the speaker's authority or external authority. It is more a matter of conscience or good sense. With 'should/ought to' we do not necessarily feel that the obligation is being or will be fulfilled. Quite often, especially in the person, the reverse is the case. → P.E.G 141

② ought to는 should와 유사한 의미로 사용되며, 대부분의 경우 거의 같은 의미로 사용될 수 있다. 약간의 차이점은 1. should는 "우리 자신의 주관적인 의견에 의해서 판단된 일"을 표현하는 데 비해 2. ought to는 좀 더 "객관적인 강요" 즉 "법, 의무, 규정 등에 의해서 판단된 일"임을 말할 때나, 우리의 의견을 '법이나 의무만큼' 강하게 들리게 만들기를 원할 때 사용된다는 것이다. 이들 둘은 많은 경우 이와 같은 구분 없이 사용되기도 하지만, 이와 같은 이유 때문에 ought to는 that절에 사용되는 should용법(주절 주어의 의지 등을 표현)과 '합리성을 의심하는 표현'이나 '개인적인 판단을 나타내는 표현'에서는 should 대신으로는 사용되지 않는다.

③ 강화시켜서 강조해서(emphatic) 표현할 때는 must 사용 가능

④ shall이 법률/규정에 사용될 수 있다.(일반인의 의지 : 합리적인 일을 표현)

⑤ '일반인의 양심이나 상식 등에 의한 의지' 표현인 '바람직한 일'에 대한 표현은, 누구나 그리고 언제나 그렇게 판단할 수 있는 '고유의 특성'이 있기 때문에 그 '영향력에 대한 추측'이 가능하므로, 과거에 실행되지 않았던 일에 대한 아쉬움을 표현하는 비실현조건문(0%=가정법 과거완료)에는 사용될 수 있다.(표현가능 범위는 5.8 참조)

5.11.3'.1 현재이후시간

<1> should/ought to+V 형태

(1) 현재이후시간의 기본형으로 '실현'의 의미를 표현 → 5.11.1.1D

　* '의지' 표현에서 비롯된 '바람직한 일' 표현으로 보면, '망설임'형

　① 바람직한 일/ 권고, 충고 등을 표현

- You should stop smoking.

- You should send in accurate income tax returns.

- Should I lie on my face like the gardeners?

- You ought to do as you are told.

- Perhaps you ought to think about yourself.

- Somebody ought to do something about it.

- We ought to go and see Marry tomorrow, but I don't think we will.

- The different sides of my character ought to be in different bodies.

- I ought to phone my parents tonight (but I probably won't have time).

- Ought I to show it to the police?

권고나 충고는 미래시간의 일에 대한 언급이므로, should/ought to가 현재시간 또는 현재진행 중인 일을 표현할 때는, 현재 행해지지 않고 있는 일에 대한 아쉬움(바람직한 일의 불이행에 대한 아쉬움)을 표현한다.

- A young girl like you should have friends of the same age.

- We should be wearing seat belts.

- He ought to be studying for his exam.

(2) 현재이후시간의 '선시제'형으로 '비실현'의 의미를 표현

　① 조건의 실현가능성을 1~49%로 판단했을 때의 표현(improbable)

- If he failed, he should/ought to try again.(duty): 이후시간의 일

② 가정법과거(실현가능성 0%, 조건을 반대로)

- If I were you, I should/ought to get that car serviced.

- I shouldn't worry if I were you.

5.11.3'.2 과거시간

<1> should/ought to+have V-ed 형태

과거시간에 이루어지지 않았던 '바람직한 일'을 표현하는 경우(즉 가정법 과거완료 형태)는 과거시간 표현이 가능하다.

(1) 과거시간의 '기본형' : '실현'의 의미는 표현 불가능

→ 필요시 직설법 동사구 등으로 바꾸어 표현

cf. by와 함께 미래완료에 쓰인 ought to → 4.3.2.1

(2) 과거시간의 '선시제'형으로 '비실현'의 의미를 표현

→ 바람직하지만 이루어지지 않았던 일을 표현

* 1~49%의 improbable 조건문이 없는 것은, '실행했을 가능성이 1%라도 있는 사건'에 대해서 '...했어야만 했는데'라고 충고하는 하는 것은 어색하기[이상하게 들리기] 때문으로 보임

① 가정법 과거완료 (실현가능성 0%, 조건을 반대로)

- She shouldn't have opened the letter.

- I should have been nicer to Annie.

- You should have come with us. ~ I wish I had!

- I shouldn't have thought that it was possible to do that.

- I should not have listened to them.

- You shouldn't have done all this.

- They should/ought to have met her at the station.

- The plant's dead. Maybe I should have given it more water.

- I ought to have stopped smoking.

- The boy who brought it said it ought to have arrived the evening before.

- I ought to have remembered that cupboard.
- The day has caught us in a place where we ought never to have been (if it had been possible).
- We ought to have got there earlier : the train's packed.
- I ought to have phoned Ed this morning, but I forgot.

<2> should/ought to+V 형태 : '과거사건' 기술

시제일치/소설 등에서, '당시의 현재형 사건기술'을, '과거형'으로 바꾸어서 표현하는 형태(즉 판단 자체는 과거시점)

① 시제일치 : 종속절에 사용된 should

- He asked me if he should stop smoking.
- He said that I ought to see a doctor.
- Mother told me that I ought to go home.
- He told me that if my brakes were bad I shouldn't drive so fast.

② 소설 등

소설 등에서, '과거당시의 입장'에서 '현재형'으로 기술한 내용을, 마치 시제일치처럼, '과거형'으로 바꾸어서 표현하는 형태

- Why should he burn the body so carefully, but be careless and leave his stick behind in the room?

5.11.4 should/ought to(2차 용법) : 가망성

① '강한 가망성'을 나타내는 should/ought to(70~90%):

그렇게 판단하는 것이 논리적이다, 정상적이다. 또는 강한 가망성 (strong probability)이 있다. cf. will, would는 near certainty

② shall은 2차 용법으로는 쓰이지 않는다.

5.11.4 들어가기

<1> 가망성을 나타내는 should : 70~90%의 가능성(매우 일어남 직함)

☞ P.E.U 550 'should' and 'ought to' can also be used to talk about strong probability.(probable: reasonably so, as on the basis of evidence, but not proved)

☞ C.G.E 301 'should' can express 'probability', and can be regarded as a weaker equivalent of 'must'.

☞ S.G 4.26 should/ought to = tentative inference

☞ C.C should=I expect~=You think that what you are saying is likely to be proved correct.

cf. when we are almost certain of our evidence, we may use 'will' and 'won't' → L.E.G 11.33 : (will=near certainty, 95% 이상의 가능성 ; I'm sure~)

should는 기분 좋은 긍정적인(agreeable) 추측이므로, 말하는 사람을 불쾌하게 하는 부정적인 추측에는 사용되지 않는 경향이 있다. → P.E.G 160 B (표현가능 범위는 5.8 참조)

- The shops will be very crowded. ('should' would not be used here.)
- The shops won't be/shouldn't be too crowded.

☞ C.C   I should think[say]~ : with verbs expressing opinions to show that you are not absolutely certain about something but are guessing

5.11.4.1 현재이후시간

<1> **should/ought to + V** 형태 :

(1) 현재이후시간의 '기본형'으로 '실현'의 의미를 표현 → 5.11.1.1D

  * shall이 사용되지 않기 때문에 '기본형' ; 형태적으로는 '망설임'형

  ① 가망성(70~90%) : 매우 일어남직 함

   - 믿게 만드는 이유가 존재할 때

- It shouldn't be difficult to get there.

- It should be a beautiful crossing.

- Let me get you some hot lemon tea. That should help.

- They should all have a good evening.

- He should be back anytime now.

- We should be there by dinner time.

- It should be in the fridge.

- He ought to be here by now.

- She ought to **have arrived** at her office by now.(현재완료)

- That ought to be Henry.

- It oughtn't to be difficult to get there.

- I have found a box of fish hooks and string - line, I ought to say - for catching fish.

- She is beautiful, I should say.

- She is over thirty, I should think.

▶5.11.4.1D[보충·심화학습]

종속절에 사용된 should(2차 용법 : 확실성 추측/가망성)

 * shall에는 2차 용법이 없기 때문에 주절의 동사가 현재시제, 과거시제 관계 없이 종속절에는 모두 should가 사용된다.

  ① so that절 또는 in order that절에 should가 2차 용법으로 사용되어 would/could 대신 쓰일 때는 70~90%의 확실성추측으로 해석될 수 있다.

- He wore a mask so that no one should recognize him.

- Let your dog loose so that[in order that] he should run about for a while.

② should/would think + that절 또는 so/not 구문

(개인적인 느낌에 의한 판단으로 가망성 있음을 나타내는 표현)
→ 5.11.1.1D 의 1 의 ②

- Will it be expensive? ~ I should/would think so./I should think it would. 또는 I should/would think not./I shouldn't think it would./I shouldn't/wouldn't think so.

  * 이런 종류의 대답에서는, 말하는 사람이 '그가 정말로 알고 있는 것이 아니라 그것이 자기의 인상/느낌(impression)이다'라는 것을 의미하고 있는 것이다. 그러므로 I should/would think는 I think보다 확신이 덜한 표현이다. 그리고 should/would think 뒤에 논평이나 설명(a comment)이 뒤따를 때는 보통 so/not 형태는 가능하지 않고 that절이 사용되어져만 한다. ex) He's an astrologer, looking for work. ~ I shouldn't/wouldn't think that he'd find it easy to get work.

③ why ~ should 구문(전제의 합리성이나 정당성을 의심하는 표현)

말하는 사람이 어떤 전제(assumption)의 온당[분별]성이나 정당성에 의문을 제기할 때 'can't think why, don't know why, see no reason why' 등의 뒤에 should를 사용하여 표현한다.

- I don't know why you should think that I did it.

- I see no reason why you should interfere in their quarrel.

(2) 현재이후시간의 '선시제'형으로 '비실현'의 의미를 표현

① 조건의 실현가능성을 1~49%로 판단했을 때의 표현(improbable)

- He ought to have arrived by now.(현재완료와 쓰인 서법조동사)

- If children grew up according to early indications, we should

> have nothing but geniuses.
>
> ② 가정법과거(실현가능성 0%, 조건을 반대로)
>
> - If we were at the amusement park, we should be excited.

5.11.4.2 과거시간

<1> should/ought to + have V-ed 형태

(1) 과거시간의 '기본형' ('실현'의 의미를 포함)

① 가망성(70~90%)

- You should/ought to have been right.

- He should have arrived yesterday.

- When the ship should have arrived at Varma, there was a thick mist.

- Mr Paskar didn't tell you about the burglary because he shouldn't have had those jewels at all.

- There oughtn't to have been any difficulty about it.

- Bill ought to have got back home yesterday. Has anybody seen him?

- should/would have expected + to부정사 구문/that절 → 5.11.1.1D

  일반주어인 you가 때때로 I 대신에 사용될 수도 있다.

- She has emigrated. - Has she? You'd/I'd have expected her to stay in this country.

② 종속절에 사용된 should(가망성 : 70~90%의 확실성 예측)

ⓐ 목적을 나타내는 절인 so that절 in order that절은 '가망성'의 의미로 해석한다. 그러나 종속절에는 '완료형'은 불가능.

ⓑ should/would have thought + that절 (가망성)

(개인적인 느낌에 의한 판단으로 '가망성' 있음을 나타내는 표현으로 과거사건에 대한 논평을 할 때는 이와 같은 형태를 사용한다.)

- He actually got a job as an astrologer. ~ I shouldn't/wouldn't have thought that it was possible to do that.

ⓒ 'why ~ should' 구문(전제의 합리성이나 정당성을 의심하는 표현)

- I can't think why he should have said that it was my fault.

ⓓ 직접 '과거시간의 일'을 나타내기 위해서 사용되는 'should+have V-ed'

서법조동사 should는 '과거형'이 따로 없기 때문에, 주절이 현재형인 문장에서 should가 종속절에 사용될 때는, 마치 비한정동사의 용법처럼 'should + have V-ed' 형태가, '종속절의 내용'이 '주절의 내용'보다 '이전시간에 이루어진 일'이라는 것을 표현한다. 즉 이 경우의 'should+have V-ed' 형태는 일반적으로 해석되는 '현재시점에서 과거시간의 일을 추측'하는 표현이 아니라, 직접 '과거시간의 일'을 나타내는 표현이 된다. → blog 5.5D 의 3

(In this case,) the perfect infinitive is usual when the assumption was in the past. → P.E.G 237 A

(2) 과거시간의 '선시제'형으로 '비실현'의 의미를 표현

① 조건의 실현가능성을 1~49%로 판단했을 때의 표현(improbable)

- Muskie should have won by a huge margin.
- The taxi ought to have arrived at 8 : 30.

② 가정법과거완료(실현가능성 0%, 조건을 반대로)

- I should have felt annoyed with her for interrupting.
- We should/ought to have heard from her last week.

<2> **should + V** 형태 : '과거사건' 기술

시제일치/소설 등에서, '당시의 현재형 사건기술'을, '과거형'으로 바꾸어서 표현하는 형태(즉 판단 자체는 과거시점)

① 시제일치

- He came in quietly in order that he shouldn't wake his wife.
- I travelled by night so that I should not meet anybody.

5.11.4' should(2차 용법) : 50% 추정의 should(5.11.4 와는 다른 용법)

* 추정을 나타내는 putative should(50%의 실현 가능성을 추측)

C.G.E 289 Putative 'should' 요약

"If you should hear the news, Jane, please let me know." (☞This sentence is NEUTRAL with regard to truth and falsehood.) In other dependent clauses, too, 'should' is used neutrally, to represent something as a neutral 'idea' rather than as a 'fact'. We call this use of 'should' PUTATIVE. Putative 'should' occurs quite widely in 'that-clauses'. In some of these sentences with 'that~should' clauses, there is no neutrality.

요약하면, 기본적인 putative 'should'의 의미는 50%의 확실성 추측이다. 다른 종속절들에도 'should'가 중립적인 개념으로 사용된다. 우리는 should 의 이런 용법을 'putative'라고 부른다. Putative 'should'는 that절에 꽤 광범위하게 사용된다. (하지만) 'that ~ should' 절이 사용된 문장들 중에 몇몇은 중립(50%)의 개념이 없다.(표현가능 범위는 5.8 참조)

⇒ 'that~should'절 중에서 50%의 개념을 나타내지 않는 것까지 putative should에 포함시키는 것으로 기술되었지만, 이는 잘못된 설명으로 보임. 문장의 기술을 3가지로 나누면, '확정사실'에 대한 기술과 '추정사실'에 대한 기술 그리고 '가정사실'에 대한 기술로 구분된다. 그리고 that절에 서법조동사가 사용된 모든 문장은 '추정사실'을 나타낸다. 즉 putative 'should' 나 정상적인 1차, 2차 용법으로 쓰인 should 모두 '추정사실'을 나타내는 것은 동일하다. 여기에서 착각이 일어나 이들 모두를 putative로 기술한 것으로 보인다. 그러나 정상적으로 50%의 개념을 나타내는 should만 putative 'should'(50% 추정의 should)로 취급하고 나머지는 1차 용법이나 2차 용법의 의미로 해석하는 것이 올바른 구별법으로 보인다.

즉, 모든 서법조동사가 '추정사실'을 나타내는데, should만 putative라고 따로 구분하는 경우가 있는 이유는, should가 50%의 개념을 표현하는 경우가 있기 때문이다. 그러므로 50%의 should만 putative로 구분하는 것이 올바를 것으로 생각된다.

- It's a good thing that he should recognize his faults.(추정)

≒ It's a good thing for him to recognize his faults.(to부정사절)

⇒ In this sentence whether he recognizes his faults or not is an another matter. It's only an "idea".

* idea(assumed fact) : 서법조동사가 사용된 that절, wh절, to부정사절

* fact(actual fact) : 직설법의 동사가 사용된 that절, ing절, 전치사+ing형

* hypothesis(hypothetical fact) : '선시제(hypothetical past tense/back shifted tense)'가 사용된 절

★ putative 'should'란, ① if절에 쓰인 should ② 의문문/감탄문에서 '의심, 짜증, 분노' 등을 나타내기 위해서 쓰인 should ③ 감정적 판단을 나타내는 표현 뒤의 that절에 쓰인 should(주절이 나타내는 사실적 경향이 강해서 that절의 should가 나타내는 '의심' 등의 개념을 무효화시키는 경우는 정상적인 2차 용법으로 쓰인 70~90%의 가능성을 나타내는 should로 판단) 등 50%의 개념을 나타내는 should를 말한다.

5.11.4'.1 현재이후시간

<1> **should+V** 형태

(1) 현재이후시간의 '기본형'으로 '실현'의 의미를 표현

① 50% 추정의 should(50%의 가능성 추측)

- what, who, where, why, how등과 함께 쓰일 때

(50%의 개념에서 오는 반신반의, 놀라움, 당황, 화남, 짜증 등)

- Give me a cigarette. - Why should I?

- What's Susan's phone number? - How should I know?

- What should I find but an enormous spider !

- Who should come in but his first wife!

- if절에 쓰일 때(50% : 미래에 일어날 일이면서, 판단의 근거가 없는 상태에서의 긍정적인 추측)

- If the report should be true, I will employ him.

- If I should see him, I'll ask him to ring you.

- Should you see him, what would/will you do?

▶ 5.11.4'.1D[보충·심화학습]

종속절에 사용된 추정의 should

* shall에는 2차 용법이 없기 때문에 주절의 동사가 현재시제, 과거시제 관계없이 종속절에는 모두 should가 사용된다.

<1> 50% 추정의 should

① 두려움, 걱정 등을 표현할 때 :

in case절, for fear that절 또는 lest가 for fear that의 의미일 때 그리고 lest 앞에 두려움(fear)나 걱정(anxiety)의 의미를 나타내는 표현이 있어서 lest가 that의 의미로 쓰일 때는 보통 그 절에 사용된 should는 50%인 '추정'의 의미로 해석될 수 있다.

- I'll get some beer in case Aunt Mary should come.(=She might come.)

- He doesn't dare to leave the house lest[for fear that] someone should recognize him.

- He was terrified lest he should slip on the icy rocks.

- I did maths in case I should fail in one of the other subjects.

★ if절과 in case절의 차이

- if절의 내용은, 주절보다 '먼저' 일어난 일을 표현

- in case절의 내용은, 주절보다 '나중에' 일어날 일을 표현, 즉 주절의 내용이 '무엇에 대한 예방책, 대비책'인지를 설명하는 절

② 감정적 판단을 나타내는 형용사(amazing, sorry 등)나 명사(a pity, a shame) 뒤의 that절에 쓰인 should는 문맥에 의해 50% 또는 70~90%의 의미로 해석 될 수 있다.

⇒ '해석'상 두 가지로 분류됨('과거시간' 표현에도 같은 방식)

'주절의 내용 및 문맥에 의한 판단'에 의해서 둘 중 하나로 해석이 가능하다. 그러나 단일 문장으로는 절대적인 구분은 불가능하며 아래의 예문들은 참고 자료일 뿐 그 문장이 반드시 50% 또는 70~90%으로 구분되는 것은 아니다.

* 주절이 나타내는 "사실적인 성향"이 강할 때(the factual bias of the matrix clause overrides the doubt otherwise implicit in the 'should-construction ☞ S.G 14.14)는, 즉 that절의 내용을, 증명되지는 않았지만 '사실'로 여길 때는, 70~90%로 해석한다.

- It's astonishing that she should say that sort of thing to you.
- I'm surprised that your wife should object.

* 주절이 나타내는 "사실적 성향"이 약할 때는, that절의 should에 의한 비사실성(nonfactuality)이 좀 더 명확히 나타난다. 이와 같은 경우는 50%의 개념 즉, "~인지 아닌지는 모르지만, 만약 ~라면"으로 해석한다.

- It's unthinkable that he should resign.
- I'm sorry you should think I did it on purpose.

(2) 현재이후시간의 '선시제'형으로 '비실현'의 의미를 표현 불가능(추정의 의미로는 '비실현'에 사용될 수 없다.)

5.11.4'.2 과거시간

<1> **should+have V-ed** 형태

(1) 과거시간의 '기본형'으로 '실현'의 의미를 표현

① 50% 추정의 should

ⓐ what, who, why, how등과 함께 쓰일 때 :

(50%의 개념에서 오는 반신반의, 놀라움, 당황, 화남, 짜증 등)

- How should I have known?
- Why should you have thought that?
- Why should they have destroyed those paintings?

ⓑ 그 밖의 종속절에 사용된 should :

두려움, 걱정 등을 표현하는 in case절 for fear that절 등의 should
는 '50% 추정'의 의미로 그리고 감정적 판단을 나타내는 형용사나
명사 뒤의 that절에 사용된 should는 문맥에 의해 '50%' 또는
'70~90%'의 '확실성 추측' 의미로 해석한다.

- I was surprised that he should have made the same mistake.
- I was shocked that she shouldn't have invited Phyllis.
  ≒ I was shocked that she hadn't invited Phyllis.
- It is amazing that she should have said nothing about it.

(2) 과거시간의 '선시제'형으로 '비실현'의 의미를 표현: 불가능(추정의 의
미로는 '비실현'에 사용될 수 없다.)

<2> **should+V** 형태 : '과거사건' 기술

시제일치/소설 등에서, '당시의 현재형 사건기술'을, '과거형'으로 바꾸어서
표현하는 형태(즉 판단 자체는 과거시점)

① 시제일치

- I was astonished that she should do a thing like that.
- I was surprised that he should feel lonely.
- I took a couple of notebooks, in case I should have time to do some writing.
- I avoided mentioning the subject lest he should be offended.
- Who should I meet on the plane but Colin Harper.

5.11.5 can, could(1차 용법①) : 문장 주어의 '능력'

5.11.5 들어가기

'능력' 표현은 can/could 또는 be able to 형태를 모두 사용할 수 있다. 그
러나 두 가지 형태가 모두 가능한 경우에는, 더 짧은 형태이며 비격식의

표현인 can/could의 사용을 선호하는 경향이 있다. 단, 말하는 순간에 발생하고 있는 사건은 can만 사용될 수 있다.

이곳에서 **표준용법**으로 사용되는 '**특정 능력**'은 be able to의 대용어로 쓰이거나 진행의 의미를 포함하는, can/could 형태가 사용된다.(표현가능 범위는 5.8 참조)

   * **일반적인 능력**은 예외용법 → 5.3.4.4 의 ①

5.11.5.1 현재이후시간

<1> **can + V**형태 :

 (1) 현재이후시간의 '기본형' ('실현'의 의미를 표현)

  ① 능력(개별적·특정능력)

   be able to의 대용어로 쓰이는 경우(조건문, 부정문이나 말하고 있는 순간에 발생하고 있는 사건을 나타낼 때)

   ▪ If you can pass your driving test at the first attempt, I'll be surprised

   ▪ I'm afraid I can't come to your party on Friday.

   ▪ I can't go to the lecture on Friday.

   ▪ Look! I can stand on my hands!

   ▪ Watch me, Mum; I can stand on one leg.

  ② 미래시간의 능력을 나타내는 경우에는 'will be able to'의 형태가 사용된다.

   ▪ You will be able to speak English in another few months.

   ▪ One day people will be able to run a kilometer in two minutes.

   ▪ If I have a good sleep, I'll be able to work out the problem.

  ③ 인식·지각동사(능력표현 시)

   이런 동사들이, 그들의 본래 의미인 "인식이나 지각(감각)을 통해서 정보를 얻다."라는 뜻으로 쓰일 때, 이들 동사들은 진행형으로는 쓰이지 못한다. 이런 경우는 'can+V' 형태가 사용된다. 그러므로 이 형태는 문맥에 따라 '진행'의 의미로 사용될 수 있다.

- 그 순간에 진행 중인 감각경험에 관해 말할 때는, 현재진행시제 대신에 can을, 과거진행시제 대신에 could를 이용해서 표현한다.

- 인식·지각동사 : see, hear, taste, smell, feel, find, notice, perceive 등

  ▪ I can smell something burning.

  ▪ I can see quite clearly what you are doing.

  ▪ I can notice his hand shaking.(=I notice~.)

\<2\> could + V 형태

(1) 현재이후시간의 '망설임'형으로 '공손함' 등의 의미를 표현

  * 불가능: 이 형태는 예외용법으로 사용되어 과거시간의 일을 표현

(2) 현재이후시간의 '선시제'형으로 '비실현'의 의미를 표현(would be able to의 의미)

① 조건의 실현가능성을 1~49%로 판단했을 때의 표현(improbable)

  → 보통 if절이 이후시간(미래)을 표현할 때 가능

  ▪ I'm sure you could get into university if you applied.

  ▪ If United could win this game, they might become league champions.

② 가정법과거(실현가능성 0%, 조건을 반대로)

  ▪ We could do it by midday if we had the tools.

  ▪ If I had another £500, I could buy a car.

  ▪ I could marry him if I wanted to.(I would be able to..)

  ▪ Your mother would be furious if she could see you now.

비실현상황

  ▪ If only we could be together.

  ▪ I wish he could come tomorrow.

5.11.5.2 과거시간

<1> **can + have V-ed** 형태 : 과거시간의 '기본형'이지만 표현 불가능

→ 과거시간에 실재[존]했던 특정사건은 직설법 동사구로 표현 (was able to, managed to, succeeded in)

<2> **could + have V-ed** 형태(would have been able to의 의미)

- This form is used for past ability when the action was not performed or when we don't know whether it was performed or not. → P.E.G 138

> * 문장 해석 시에는 문맥에 의해 1~49%와 0%가 구별될 수 있다. 즉 이 형태로 쓰인 모든 문장이 가정법(0%) 표현은 아니고, 특히 3인칭 주어인 경우에는, 1~49%인 경우도 있다. 즉 '반대사실'을 나타내는 표현이 아닌 경우도 있다.

(1) 망설임형은 없음

(2) 과거시간의 '선시제'형으로 '비실현'의 의미를 표현

① 조건의 실현가능성을 1~49%로 판단했을 때의 표현 (improbable)

- He could have sent a message.

- Twenty men couldn't have done it.

- How could Prince Spade have lifted a rock of such weight into this place?

② 가정법과거완료(의 의미) (실현가능성 0%, 조건을 반대로)

- If I could have stopped, there wouldn't have been an accident.

- I couldn't have won, so I didn't go in for the race.

- You could have helped me.

- I could have lent you the money. Why didn't you ask me?

- Even if they had believed me, I could not have proved that it was the Monster that had killed William.

비실현상황

- I wish I could have been with you.

- I wish Tessa could have come to my party.

- I wish you could have gone.

<3> could + V 형태 : '과거사건' 기술(was/were able to의 의미)

시제일치/소설 등에서, '당시의 현재형 사건기술'을, '과거형'으로 바꾸어서 표현하는 형태(즉 판단 자체는 과거시점)

① 시제일치 : 종속절에 사용된 could

- I tried again and found I could swim.

- Everything that could be moved was pushed to one side.

  * P.E.U(N) 123.2에서는 "주절의 동사가 현재시제인 경우에도, 그 종속절에 could로 '과거시간'을 표현하기도 한다."라고 기술되어 있지만, 이와 같은 문장은 '현재사건'을 표현한 것으로, could가 can의 망설임형으로 쓰인 것으로 판단하는 것이 올바를 것으로 보임. 그렇지 않다면 어법상으로는 잘못되었지만, 구어체적인 표현으로 managed to 대신에 짧고 어감이 좋은 could를 사용한 표현으로 문법적으로는 잘못된 표현으로 보임. ex) I'm so glad that you could come.

② 소설 등

소설 등에서, '과거당시의 입장'에서 '현재형'으로 기술한 내용을, 마치 시제일치처럼, '과거형'으로 바꾸어서 표현한 형태

- I was the stronger man, and I could go nearer to the top of the tree than my friend.

- I put them on, and after that I felt safe, and could go on with my work.

- Could I really join Frankenstein in an act that was against anture, God and man?

③ 부정문 등

그 동작이 일어나지 않았음을 나타내는 부정문 표현과 almost, hardly, just, nearly 등과 함께 쓰여 결국은 '부정'의 표현이 되는 문장에서는, 'couldn't+V' 형태가 직접 '과거시간의 일'을 나타낼 수 있

다.(L.E.G에서는 '의문문'을 표현할 때도 could가 과거형으로 쓰일 수 있는 것으로 기술되어 있지만, 그에 대한 긍정의 대답을 could로 표현할 수 없고, 또한 실제 상황을 물어 보는 표현이므로 잘못된 기술로 보임. ex) Could they rescue the cat on the roof?) → L.E.G 11.12.3

- They tried for hours, but they couldn't rescue the cat.

- I tried to get up but I couldn't move.

- I could nearly touch the ceiling.

- Emil could hardly carry his case any farther.

- If she could not break out, others could not break in.

- I couldn't go home by bus, so I took a taxi.

  * the only thing/place/time 과 the only thing의 의미를 나타내는 all 뒤에 쓰일 때도 'could+V' 형태가 직접 과거시간의 일을 나타낼 수 있고, be able to 표현 보다 더 자연스럽다. ex) All we could see were his feet.

④ 감각, 지각이나 정신활동 등 인간의 sense에 관련된 동사들(능력)

(can=현재이후시간; could=과거시간 : **당시 사건을 기술하는 표현**으로, '늘 일어날 수 있는 일'을 표현하는 '예외용법'에는 해당되지 않는다.) '과거시간의 능력'을 표현할 때, '실제적인 능력 발휘(could+did)'를 나타내지 않는 부정 표현의 couldn't가 직접 '과거형'으로 사용되듯이, '실제적인 능력 발휘'가 아니고 **능력을 가진 상태**를 **표현**하는 하는 이들 동사들도 could가 직접 '과거형'으로 사용될 수 있다.

ⓐ 인식, 지각, 생각에 관련된 동사들인 see, remember, understand, believe, decide등이 could와 함께 쓰일 때, could는 '과거형' 조동사이다. 즉 'could+V' 형태가 직접 '과거시간'을 나타낸다.

- I **could understand** what he meant.

- We had a lovely room in the hotel. We **could see** the lake.

- The mushroom was as big as she was, but she **could** just **see** over the top.

- With the blinkers on I **could see** things in front of me, not to the side.

- He **could not hear** what was said.

- No one **could think** about lessons now.

ⓑ 인식과 지각을 나타내는 동사들이, 그들의 본래 의미인 "인식이나 지각(감각)을 통해서 정보를 얻다."라는 뜻으로 쓰일 때, 이들 동사들은 진행형으로는 쓰이지 못한다. 이런 경우에는 'can+V' 형태가 대신 사용된다. 그러므로 인식/지각동사와 함께 사용되는 'can+V' 형태는 **문맥에 따라서 '진행'의 의미**도 포함될 수 있다.

- 그 순간에 진행 중인 감각경험에 관해 말할 때는, 현재진행시제 대신에 can을, 과거진행시제 대신에 could를 이용해서 표현한다.

  (인식·지각동사: see, hear, taste, smell, feel, find, notice, perceive 등)

- I listened carefully, but I **couldn't hear** anything.

- He **could feel** Mina's growing excitement.

- When I got off the train, I **could smell** the sea.

- Scrooge **could hear** the people outside in the street.

- It was this love that I thought I **could sense** in her face.

- He **could feel** her cold arm against his.

- By now Tim **could** also **smell** the sweet perfume that Maria seemed to be following.

- I wanted to say, but I **could see** from Frankenstein's look that he wanted to be left alone.

5.11.5' can, could(1차 용법②) : 규정에 의한 '허가'

☞ P.E.U(N) 124.2 'Can' and 'could' are also used to talk about permission that has already been given or refused, and things that are (not) allowed by rules and laws.

① **규정에 의한 허가**는 '일반적인 허가'를 나타내며, **'예외용법'으로 사용**

된다. → 5.3.4.4 의 ②

② **'비격식체'**에서는 모든 경우의 '허가' 표현(특정의 허가, 허가규정 포함)에 **may/might 대신에 can/could가 사용**될 수 있다.

⇒ may/might가 나타낼 수 있는 '권위'를 제거

- You can park here. = I allow it.(may대용으로 사용되어 '사람에 의한 허가'를 나타내는 경우: '사람에 의한 허가'에 쓰인 경우)

  = You have a right to park here.(규정에 의해 내려진 허가를 나타내는 경우: 예외용법으로 쓰인 경우)

③ '허가'는 asking for and giving permission(허가 청하기나 허가 주기)와 talking about permission(허가에 대한 진술)로 구분될 수 있다. '규정에 의한 허가'는 이들 중 '허가에 대한 진술'을 나타낸다.

④ '허가 청하기'나 '허가 주기' 표현에서, **may/might의 대용어**로 쓰인 **can/could** → 5.11.7

⑤ '허가 규정' → 예외용법(5.3.4.4 의 ②)

5.11.6 can, could(2차 용법) : 이론적인 가능성

5.11.6 들어가기

<1> 이론적인 가능성과 실제적인 가능성

① 이론적인 가능성 : 어떤 일이 발생할 수 있는 '상황'에 관계되는 가능성을 표현한다.

- can/could : it is possible for~to~

(상황이 허용하면 언제든지 발생할 수 있는 가능성 즉 '~이 이론적으로 가능하다'라는 의미.)

② 실제적인 가능성 : 실제로 일어날 '확률적인' 가능성으로, 조건과 결과가 1:1로 대응하는 1회적 사건을 표현한다.

- may/might : it is possible that~

* 어떤 관점에서 그 가능성을 말하는가에 따라 can과 may중 선택가능

  ▪ The road may be blocked by snow (as it snowed last night).

  ▪ The road can be blocked by snow (if it snows heavily).

- C.G.E 293

(A) possibility of the fact(factual) = may

(B) possibility of the idea(theoretical) = can

- theoretical possibility(이론적인 가능성)

'Can' is used to say that events and situations are possible (without talking about the chances of them actually happening). To talk about the past, 'could' is used. → P.E.U 130.1

- chances(실제적인 가능성)

We usually use may or might to say that there is a chance that something will happen. → P.E.U 130.2

- A general possibility(일반적인 가능성 = 이론적인 가능성

'Subject+can' can mean 'it is possible', i.e. circumstances permit (this is quite different from the kind of possibility expressed by "may"). → P.E.G 135

<2> 2차 용법으로 쓰인 can/could가 '표준용법'으로 사용되는 경우 : 1회적 사건 표현(표현가능 범위는 5.8 참조)

* can과 could는 '이론적인 가능성'을 나타낸다. 즉 '언제든지 발생할 수 있는 가능성'을 나타내기 때문에 대부분 '예외용법'으로 사용된다. 이런 용법은 '사람이나 사물의 특징적인 습성'을 나타낼 때도 사용된다. 이때는 마치 직설법 동사의 '단순시제'처럼, can은 '현재시제'로 could는 '과거시제'로 사용된다. → 5.3.4.5

[1] '이론적인 가능성'을 나타내는 can/could가 표준용법으로 사용되는 경우 (could는 can의 망설임형 즉 could도 '현재형')

ⓐ 어떤 문제에 대한 **'이론적으로 가능한 해결책'으로서의 '제안'** 등을 나타낼 때(미래시간 표현) 평서문이나 의문문의 형태로 사용되거나, ⓑ must의 대용어(50% should의 의미)로 의문문에 쓰여 **'불신, 의혹, 놀람'** 등을 나타내거나 ⓒ must의 대용어로 부정문에 쓰여 **'확증에 의한 부정'**을 나타낸다.

(1) 긍정문

① 미래시간 표현 : 'can/could+V' 형태로 사용되어, '제안, 요구, 명령' 등을 나타낼 때 사용된다. (제안 등은 미래시간에 대한 표현)

(2) 의문문

① 미래시간 표현 : 'can/could+V' 형태로 사용되어, '제안, 문의, 초대' 등을 나타낼 때 사용된다. (제안 등은 미래시간에 대한 표현)

② 현재이후시간 표현 : 'can/could+V' 형태로 사용되어, '불신, 의혹, 놀람' 등을 나타낼 때 사용된다.

③ 과거시간 표현 : 'can/could+have V-ed' 형태로 사용되어, '불신, 의혹, 놀람' 등을 나타낼 때 사용된다.

(3) 부정문

① 현재시간 표현 : 'can/could+V' 형태로 사용되어, '확증에 의한 부정'을 나타낼 때 사용된다.(deduction의 의미를 포함)

* '미래시간의 일'을 단정할 수는 없기 때문에, 미래시간 표현은 없다.

② 과거시간 표현 : 'can/could+have V-ed' 형태로 사용되어, '확증에 의한 부정'을 나타낼 때 사용된다.(deduction의 의미를 포함)

- Theoretical possibility(이론적인 가능성: 제안) → P.E.U 130.1

We often use 'can' to make 'suggestions' about possible solutions to a problem, or possible actions. In order to make suggestions more 'tentative' - less strong or definite - we use "could". Suggestions are sometimes really 'requests' or 'orders'.

- Must(의문, 부정) → S.G 4.24

  'Must' cannot normally be used in interrogative or negative clause. 'Can' is generally used in place of 'must' in questions. The negative of 'can' fills the negative gap.

- Must(의문, 부정) → P.E.U 394.2

  'Must' is only used in this way in affirmative sentences. In questions and negatives, we use 'can' and 'can't' instead.

- Can(현재시간: 의문, 부정) → P.E.U 130.2

  'Can is sometimes used to talk about present possibility, but only in questions and negative sentences.

  * 부정문에서 can't는 deduction을 나타낸다.

    ■ He can't be working at this time!(=It is impossible that he is working at this time.)

    ■ It can't be true.(- She must be mistaken.)

  * 의문문에서 can은 possibility를 나타낸다.

    ■ Can he be working?(=Is it possible that he is working?)

      * 이 경우 'may'는 사용되지 않는다. 그러므로 이 표현은 '이론적인 가능성'을 이용한 '불신, 의혹, 놀람'의 표현이다.

★ can/could가 '미래시간의 제안, 요구' 등을 나타낼 때 사용되는 표현은, 'might'로 표현되기도 한다. 그러나 '실제적인 가능성'을 나타내는 표현으로, '미래-제안'을 나타낼 수는 없으므로 이 경우의 might는 '이론적인 가능성'을 나타내는 could의 대용어로 쓰인 것이다. → 5.11.8.1 의 <2>

★ 이와 같은 표현이 '현재시간'이나 '과거시간'에 적용되어 사용될 수도 있는데, 이때는 could/might(망설임형)가 사용되어 비판, 비난이나 비평의 의미가 된다. 왜냐하면, '이미 이루어진 일'에 대한 '제안이나 요구' 등의 표현은, 그 일이 잘못되었다는 뉘앙스를 줄 수 있기 때문이다. → 5.11.6.1 의 <2>

[2] '표준용법'에서 could가 may/might의 대용어로 사용되어 '실제적인

가능성'을 나타내는 경우 : could가 단지 may/might의 대용으로 사용되는 경우로 '긍정문' 과 '의문문'에서만 가능하다. 즉 부정문에서는 불가능. * can에는 이와 같은 용법이 없다.

① 현재이후시간 표현 : 'could+V' 형태로 '현재이후시간의 일'을 나타낸다.

⇒ P.E.G 와 P.E.U에서는, 미래시간 표현에는 제약 없이 'could+V' 형태가 사용되지만, 현재시간 표현에서는 'could+be' 형태만 가능하다고 되어 있다. 그러나 G.B와 L.E.G에서는 모든 'could+V' 형태가 가능한 것으로 되어 있음.

② 과거시간 표현 : 'could+have V-ed' 형태로 '과거시간의 일'을 나타낸다.

- 'May, might/could + verb' → L.E.G 11.27

  If we are referring to a possibility, we can use combinations of 'may, might or could' + verb.

  ▪ Jane may/might/could be(or work) at home.

- Could as an alternative to may/might → P.E.G 134

  ▪ He may/might/could have heard it from Jack.

    =Perhaps he heard it from Jack.)

5.11.6.1 현재이후시간

<1> **can + V** 형태 : 이론적인 가능성

(1) 현재이후시간의 '기본형' ('실현'의 의미를 표현)

① 평서문 : 평서문에 사용되는 can은 대부분 '이론적인 가능성'을 나타낸다. 즉 '예외용법(='늘 일어날 수 있는 일'을 표현)'으로 사용된다. 그러나 '이론적인 가능성'을 구체화시켜, **미래시간의 '제안'** 등 나타낼 때는 '표준용법'으로도 사용될 수 있다. 이런 경우 could는 '망설임'형이다.

  ▪ We've got three choices : we can go to the police, we can talk to Peter ourselves, or we can forget all about it.

  ▪ You can start by doing the washing up, and then you can clean the car.

- Celia can do the shopping, and I'll do the cooking. Harold can do the washing-up.

- We can try asking Lucy for help.

- We can go for a swim.

- We can talk about that later.

- We are too busy today, but we can repair your car tomorrow.

- We can meet the professor at noon tomorrow.

- I can lend you a pound till Wednesday, it that will help.

- I can come and help you tomorrow.

- If it's raining tomorrow, the sports can take place indoors.

- If you get here before eight, we can catch the early train.

- You can read these two chapters before tomorrow (if you like).

- You can go and jump in the water.(명령)

  *'명령'의 의미로 부정문이 사용된 경우('망설임'형은 사용되지 않는다.)

- You cannot believe all that you hear.(명령)

- You can't be late tomorrow.(명령)

- You can do it, can' you?(명령)

② 부정문(부정문에 사용되는 can이 '현재시간의 일'을 나타낼 때)

* 부정문의 can't와 couldn't는 must not 대신 쓰여, 현재와 과거시간의 **확증에 의한 부정**'을 나타내는데 사용될 수 있다.

 - 미래시간의 일을 '단정'할 수는 없기 때문에 "확증에 의한 부정"은 '미래시간'에는 사용되지 않는다.

- It can't be true.

- His father can't still be alive. = It is impossible that his father is still alive.

- I can hardly believe it!

- He can hardly be at home yet. It's only 6.

- I don't think he can be right.

- There can't be anyone waiting outside.

- It can't make me bigger, so it must make me smaller.

  (현재 상황에 대한 판단으로 그 약의 일반적인 용도를 말하고 있다. 즉 '~하면, 미래에 ~할 것이다'라는 '미래시간의 일'에 대한 표현이 아니다. 그래서 can't와 must가 사용가능하다.)

- You can't be too careful what you say about these dead people.

- But there can't be many busts of Napoleon in this part of London, so we can't be very sure.

③ 의문문(의문문에 사용되는 can은 ⓐ'이론적인 가능성'이 '미래시간의 **제안, 초대**' 등 구체적인 개념으로 바뀌어 사용되는 경우와, ⓑ'현재이후시간의 일'을 나타낼 때 can이 **'불신'**을 나타내거나, 특히 의문사와 함께 사용되어 **'의혹, 놀람'** 등을 나타내는 경우이다.)

- Can we meet again tomorrow?(제안)

- Can you come to a party on Saturday?(제안)

- Can you come and see me tomorrow?(제안)

- What can we do this afternoon?

- What can we do about it?

- Who can that be at the door?

- What do you think this letter can mean?

- What can she possibly want?

- What can I do but obey?

- Do you think he can be right?

- Can this be true? ⇒ disbelief

- Can he still be working?

- Can he be working?

- Can the news be true?

- Can she be the one you mean?

<2> **could + V형태** :

(1) 현재이후시간의 '망설임'형으로 '확실성에 대한 '자신감 감소' 표현
   ('실현'의 의미를 표현)

① 평서문

평서문에 사용되는 could는 대부분 '예외용법'으로 사용된다. 그러나 could가 미래시간의 **'제안, 요구'** 등을 나타낼 때는 '표준용법'으로 쓰여 **'망설임'형**으로 사용될 수도 있다.

- We could try asking Lucy, if you think it's a good idea.
- We could go for a swim.
- You could give me a hand with the cooking.
- You could phone Alice and see what time she's coming.
- I could do the shopping for you, if you are tired.
- You could be cleaning the office while I'm away.
- I am quite sure we could build a small hut among the branches.
- I could get you a copy.

- '현재시간'에 적용되어 '비평, 비난'을 나타내는 경우

  - You could ask before you borrow my car.

- '과거시간'에 적용되어 '비평, 비난'을 나타내는 경우('과거시간의 일'에 대한 현재시점의 비난)

  * 'Could have+V-ed' is used for criticisms about the past. →
    P.E.U(n) 124.7

  - You could have told me you were getting married.
  - You could have told me you had invited people to dinner.
  - He could have told me! = I am annoyed that he didn't tell me.

could가 may, might의 대용어로 사용되어 '실제적인 가능성'을 나타내는 경우도 있다.

- 미래

- We could go climbing this summer, but I doubt if we'll have time.

- It could rain later on this evening.

- It may/might/could be delayed by fog. (=Perhaps it will be delayed by fog.)

- It could be quite cold when you get to Cairo.

- The person could burn the house down.

- I could do this. But would it not be better for the one she loved best to do?

- There is no one left who could remember you.

- If you could wait a moment, I'll fetch the money.

- 현재

- You could be right, but I don't think you are.

- This could be your big chance.

- He could still be waiting for a bus. (=Perhaps he is still waiting for a bus.)

- He could like ice-cream.

- Good antivirus software could cost a lot.

- I could have a virus on my computer because it isn't working normally.

- There could be something wrong with the light switch.

- There could be something blocking the pipe.

- There is no one left who could remember you.

② 부정문(부정문에 사용되어 '현재시간의 일'을 나타내는 경우)

부정문의 couldn't는 must not 대신 쓰여, 현재와 과거시간의 **확증에 의한 부정**'을 나타내는데 사용될 수 있다. (미래시간의 일을 '단정'할 수는 없기 때문에 '확증에 의한 부정'은 '미래시간' 표현에는 사용되지 않는다.

- He couldn't be at home.

- That couldn't be true.

- He couldn't be driving the car himself.

- If that happens, I couldn't live here in some tiny house.

- No one could believe how much I have suffered.

- Couldn't he know the answer?

  * 부정문에 사용될 때는 may/might의 대용어 용법이 없다.

③ 의문문(의문문에 사용되는 could는 '이론적인 가능성'이 '**제안, 초대**' 등 구체적인 개념으로 바뀐 경우(미래시간의 일을 표현)와 could가 '현재 이후시간의 일'을 나타내어 보통 **불신**'을 나타내거나, 특히 의문사와 함께 사용되어 '**의혹, 놀람**' 등을 나타내는 경우이다.)

- Could we meet again tomorrow?(제안)

- Could I see you tomorrow evening?(제안)

- Could you show me the way?(요청)

- Could you have lunch with me tomorrow?(제안)

- What could we do this afternoon?

- How could you be so unkind to us?

- How could a new hill come in a place where there was no hill before?

- What could that reason be?

could가 may, might(실제적인 가능성)의 대용어로 사용되는 경우

- Could he be leaving soon?

- Could he be waiting for us at the station?(=Do you think he is waiting for us at the station?)

(2) 현재이후시간의 '선시제'형으로 '비실현'의 의미를 표현
① 조건의 실현가능성을 1~49%로 판단했을 때의 표현(improbable)

→ 보통 if절이 이후시간(미래)를 표현할 때 가능

- If John came, we could all go home.(might 대용어)

- If someone were to make a mistake, the whole plan could be ruined.(might의 대용어)

- And even if we weren't ready, we **couldn't find** anyone more merciless than he was.(mustn't의 대용어)

- Ashken **couldn't tell** anybody if he climbed the Rock if he stole Mr Vitalis' paintings.(mustn't의 대용어)

② 가정법과거(실현가능성 0%, 조건을 반대로)

- If he were here, he could help us.(might대용어)

- I **couldn't do** anything without your help.(mustn't의 대용어)

- I **couldn't be** angry with him if I tried.(mustn't의 대용어)

- I **could never put up** with such inefficiency if I were running an office.(mustn't의 대용어)

5.11.6.2 과거시간

* can/could를 이용한 '제안, 요구' 등은 과거시간에는 사용되지 못한다.

<1> **can + have V-ed** 형태 :

(1) 과거시간의 '기본형' ('실현'의 의미를 표현)

① 긍정문

이와 같은 형태에서는 can은 긍정문에는 사용되지 않는다.

② 부정문

Can't는 must not 대신 쓰인 **'확증에 의한 부정'**에 사용될 수 있다.

- He can't have told you anything I don't already know.

- She can't have gone to school - it's Saturday.

- I don't think he can have left home yet.

- I can't have slept through a whole day and far into another night.

- There can't have been any doubt about it.

③ 의문문

의문문에 쓰인 can은 자주 **불신**을 나타내고, 특히 의문사와 쓰일 때는 **의혹, 놀람** 등을 나타낼 수 있다.

- Where can John have put the matches?

- Where can she have gone?

- Can she have been waiting long?

- I wonder where he can have left the key?

- What can have happened?

<2> **could + have V-ed** 형태 :

* 문장 해석 시에는 문맥에 의해 실현(51~99%)의 의미인지, 비실현(1~49% 또는 0%)의 의미인지가 구별된다. 즉 이 형태가 모두 '가정법'은 아니다.

(1) 과거시간의 '망설임'형으로 '확실성에 대한 '자신감 감소' 표현 ('실현'의 의미를 표현)

① 긍정문

이 경우의 could는 may, might(실제적인가능성)의 대용어

- She could have gone off with some friends.

- He could have been at home yesterday.

- He could have heard it from Jack.

- The marks of an animal's feet could have been made by a dog.

- If he was in New York, he could have met my sister.

- Only one person could have made such good copies of that painting and the others.

- There could have been someone crossing the road.

② 부정문

couldn't 는 must not 대신 쓰인 **확증에 의한 부정**'에 사용될 수 있다.

- He couldn't have left early.

- She couldn't have received it.

- Ann couldn't have seen Tom yesterday.

- It couldn't possibly have fallen out by itself.

- My parents wanted me to be a doctor, but I couldn't have put up with all those years of study.

- I couldn't have enjoyed myself more, it was perfect.

- Perhaps Scrooge could not have told anybody why he had a wish to see the spirit in its cap.

    * 부정문에 사용될 때는 may/might의 대용어 용법이 없다.

③ 의문문

의문문에 쓰인 could는 자주 **불신**을 나타내고, 특히 의문사와 쓰일 때는 '**놀람, 의혹**' 등을 나타낼 수 있다.

- Couldn't there have been an accident?

- Why couldn't there have been a mistake?

- How could you ever have thought it was Justine?

- The money has disappeared! Who could have taken it? - Tom could have taken it, he was here alone yesterday.

    * P.E.G 138에서는 1차 용법으로 분류하였다. 그러나 앞뒤 문장에 따른 전체 문맥상 '능력'을 표현한 것이 아니라 '가능성'을 표현한 것으로 판단됨. 즉 '혼자 있었기 때문에 능력이 있었다'라는 표현이 아니라, '혼자 있었기 때문에 가능성이 있었다'란 뜻.

의문문에 사용될 때 could는 may/might의 대용어로 사용될 수도 있다.

- Could there have been any doubt?

- Could you have left your purse in the bus?

- Could the bank have made a mistake? (=Do you think it is possible that the bank made a mistake?)

- Isn't that more than a poor seaman like me could have hoped for?

(2) 과거시간의 '선시제'형으로 '비실현'의 의미를 표현

① 조건의 실현가능성을 1~49%로 판단했을 때의 표현 (improbable)

→ 보통 3인칭 주어인 문장에서 가능

- Could he have done more to avoid the fall?(might의 대용어)

- He could have broken his leg.(might의 대용어)

② 가정법과거완료 (실현가능성 0%, 조건을 반대로)

- We could have gone there together.(might의 대용어)

- You could have broken your leg.(might의 대용어)

- The car nearly hit me. I could have been killed.(might의 대용어)

<3> **could + V** 형태 : '과거사건' 기술

시제일치/소설 등에서, '당시의 현재형 사건기술'을, '과거형'으로 바꿔서 표현하는 형태(즉 판단 자체는 과거시점)

① 시제일치

- I knew it **couldn't be** John.

- He waited so they could go in first.(might의 대용어)

- She did not know whether he could keep the secret.(might의 대용어)

- He said it **couldn't be** an aeroplane.

- She said I **couldn't have come** on the Circle Line.

② 소설 등

소설 등에서, '과거당시의 입장'에서 '현재형'으로 기술한 내용을, 마치 시제일치처럼, '과거형'으로 바꾸어서 표현하는 형태

- We **couldn't kill** the man, even if we wanted to.

- I **couldn't go** home by bus, so I took a taxi.

- He could only be on the road ahead.(might의 대용어)

- They could only be the women of the castle who had drunk

Jonathan's blood!(might의 대용어)

- Where could he find the nightingale?(might의 대용어)

- They could only be going to Plainpalais.(might의 대용어)

- Could it be that I had not been born, but made already fully grown?(might의 대용어)

5.11.7 may, might(1차 용법) : 사람에 의한 허가

직접적인 허가 주고받기(asking for, giving and refusing permission)

- 'May' and 'might' are used to ask for and give permission (especially in a more formal style). → P.E.U(N) 338.2

- 'May' is chiefly used when the speaker is giving permission. → P.E.G 129 B

- 'You may/may not' carries the authority of the speaker and is the equivalent of 'I (personally) give you permission. → L.E.G 11.23

5.11.7 들어가기

① 허가 주고받기 : '사람'에 의한 당시의 1회적 허가'를 나타내며, may/might는 존중이나 존경을 나타내는 격식체의 표현에서 주로 사용된다. 비격식체에서는 보통 may 대신 can을 사용한다. '허가 주고받기'의 경우는 직접적인 영향력을 주고받기 때문에 '현재이후시간' 표현과 '과거사건 기술'에만 사용될 수 있다.(표현가능범위: 5.8)

- You may park here. = I give you permission to park.

② 허가에 대한 진술 : '이미 주어져 있는 허가'에 대해 말할 때는 보통 may는 사용되지 않는다.(P.E.U)

- When we talk about permission that has already been given, 'may' is not usually used. → P.E.U 131.3

* 그러나 '1인칭 주어' 표현에서는 may가 사용되기도 한다.(P.E.G) : (Using 'may' with the first person subject) is not a very common construction but it is a little more usual in indirect speech. → P.E.G 129 A

* '허가에 대한 진술'은 보통 can으로 바꾸어서 표현한다. → 5.11.7.1

★ 실제 사용 시 can/could와 may/might의 구별

may/might는 '격식체'에서 '존중이나 존경'을 표현할 때만 사용하면 된다. 그 외의 대부분의 표현에서는 may/might 대신 can/could를 사용할 수 있고, 특히 '비격식체'의 표현에서는 can/could의 사용을 더 좋아한다. 단, can/could의 '고유의 의미'를 나타내는 경우에는 격식체 표현에서도 may/might를 사용할 수 없으며, 그 예는 다음과 같다.

ⓐ '규정에 의한 허가'를 나타내는 can/could를 may/might로 바꾸어 사용할 수 없다.

ⓑ '이론적인 가능성'을 나타내는 경우에도 바꾸어 사용할 수 없다. 단, 격식체인 '학술적 기술' 등에서 may/might가 '이론적 가능성'의 의미로 can/could 대신 사용되는 경우가 있다. → 5.3.4.7

ⓒ must 대신 부정문, 의문문에 사용된 can/could도 바꿀 수 없다.

5.11.7.1 현재이후시간

<1> **may + V** 형태 :

(1) 현재이후시간의 '기본형'('실현'의 의미를 표현)

① 허가(개별적, 특정허가)

㉠ 허가 청하기 혹은 허가 주기

ⓐ 허가 주기(평서문) : may(비격식체에서는 can사용)

- 2인칭, 3인칭 주어가 사용되며, '망설임'형은 사용되지 않는다.

  * 1인칭 주어는 '허가에 대한 진술'이 된다.

- You may park here.(=I give you permission to park here.)

- You may borrow my bicycle if you wish.(=I permit you to borrow my bicycle if you wish.)

- You may leave early.

- You may leave when you've finished.

- You may stay out late.

- Johnny may stay up late.

- He may take my car.(=I give him permission to take it.)
- They may phone the office and reverse the charges.

'허가 주기'는 때때로 제공, 명령 등의 의미

- 제공

- You may watch TV for as long as you like.
- You may speak to the patient for just a few minutes now.
- You may smoke now ma'am, if you wish.

- 명령

- You may not stay out late.
- Johnny may not stay up late.

may/might 대신 can이 '사람에 의한 허가'에 사용된 경우

- You can park here.(=I allow it.)
- You can use my phone.
- You can take the car.
- You can stay out late.
- Johnny can stay up late.
- I can see him tomorrow.
- He says you can leave early.
- He says we can leave when we've finished.
- You can watch TV for as long as you like.

ⓑ 허가 요청하기(의문문) : may(비격식체에서는 can 사용)

- 1인칭, 3인칭(?) 주어가 사용되며, '망설임'형도 사용된다.

  * can 사용 시, 2인칭 주어는 '능력' 등의 표현이 된다.

  * 3인칭 주어는 가능할 것으로 보이나, 아직 직접화법으로 된 예문은 발견하지 못함.(I asked him if you might come home.이라는 '간접화법'의 문장이 존재하는 것으로 보아, 3인칭 주어인 May/Might he

come home?이라는 표현도 가능할 것으로 보임)

- When may we leave?

- May I borrow your umbrella (please)?

- May I speak to you for a moment?

- May I stay out late?

- May I put the TV on?

- Excuse me, may I look at your newspaper for a moment?

'허가 요청하가'는 때때로 '제안' 등의 의미

- 제안

- May I buy you a drink?

- May I make a saddle for you?

- May I make a suggestion?

  * 상대방이 불쾌할 수 있는 질문(an indiscreet question)을 할 때, 관용표현으로 if I may/might ask를 덧붙일 수 있다.

- How much did you pay for this house if I may/might ask?

may/might 대신 can이 '사람에 의한 허가'에 사용된 경우

- Can I stay out late ?

- Can I have a drop of whisky?

- Can I buy you a drink?

- Can I carry your bag?

- Can I borrow your umbrella?

- Can I light the fire? I'm cold.

- Can we meet again tomorrow?

  * P.E.U에서는 이론적가능성으로 구분하였으나 '허가'도 가능할 것으로 보임

- Can't I stay out till midnight (please)?

- Can't I stay up till the end of the program?

* 부정 의문문의 형태는 긍정의 대답을 압박하면서 허가를 요청하는 표현으로, 이 경우 may/might는 거의 사용되지 않는다.(구식표현)

ⓛ 허가에 대한 진술

* 사람에 의해 '이미 주어져 있는 허가'를 표현할 때는 보통 may는 사용되지 않는다. 그러나 간접화법에서는 may/might가 사용가능하고, 직접화법의 1인칭 주어가 사용된 예문이 있기 때문에 이 항목을 마련하였다. → 5.11.7 들어가기 ②

ⓐ 사람에 의한 허가(평서문): may/can(비격식체 에서는 can사용)

- may 사용 시: 1인칭 주어 단, 간접화법에서는 '허가 청하기나 허가 주기'의 표현이 인칭에 관계없이 가능.

▪ I may leave the office as soon as I have finished. → P.E.G 129 A

▪ He says you may leave early.

▪ He says we may leave when we've finished.

- may의 대용어로 can 사용 시: 1인칭, 3인칭 주어 단, 간접화법에서는 '허가 청하기나 허가 주기'의 표현이 2인칭도 가능

▪ I can see him tomorrow.

▪ Johnny can stay up late.

▪ He says you can leave early.

▪ I can leave the office as soon as I have finished.

▪ He says we can leave when we've finished.

▪ It's not fair. Joey can stay up till ten and I have to go to bed at eight. → P.E.U 131.3

ⓑ 허가규정 ☞ 예외용법 → 5.3.4.6 의 ①

② 허가(기원문 등)

- 기원문

▪ May God be with you!

- May there never be a nuclear war!

- May you be more happy than the others have been.

  * 기원(신에 의한 허가)

- I hope it may make you happy in the future, as I would have tried to do.

<2> might + V 형태 :

(1) 현재이후시간의 '망설임'형으로 '공손함' 등의 의미를 표현 ('실현'의 의미를 표현)

　㉠ 허가 청하기 혹은 허가 주기

　　ⓐ 허가 주기

　　　* '망설임'의 표현인 might는 허가를 주는 표현에는 사용되지 않는다.

　　ⓑ 허가 요청하기(의문문): might(비격식체에서는 could)

- 1인칭, 3인칭(?) 주어가 사용되며, '망설임'형도 사용된다.

　　* could 사용 시 2인칭 주어는 '능력'등의 표현이 된다.

　　* 3인칭 주어는 가능할 것으로 보이나, 아직 예문은 발견하지 못함.

- I wonder if I might ask you a favor?

- Do you think I might use your phone?

- Might I borrow your umbrella?

- Might I stay out late?

- Might I take the liberty of pointing out that you have made a small mistake?

- Might I trouble you for a light?

may/might 대신 could가 '사람에 의한 허가'에 사용된 경우

- 1인칭, 3인칭 주어가 사용되며, '망설임'형도 사용된다.

　　* 2인칭 주어는 '능력'이나 '가능성'의 표현이 된다.

- Could I borrow your umbrella, please?

- Could I give you dinner one of these days?

- Could I possibly use your phone?

- Could we put this fire on?

- Could I speak to Sue, please?

- I wonder if I could use your phone?

- Could I have a cup of tea?

- Could I have two tickets, please?

- Could I use your phone?

- Could I ask you something, if you're not too busy?

- Could I stay out late?

- Could we meet again tomorrow?(P.E.U에서는 이론적가능성으로 구분하였으나 '허가'도 가능할 것으로 보임)

- Couldn't I stay out till midnight?

- Couldn't I pay by cheque?

   * 부정 의문문의 형태는, 긍정의 대답을 압박하면서 허가는 요청하는 표현으로, 이 경우 may/might는 거의 사용되지 않는다.(구식표현)

ⓛ 허가에 대한 진술

   * 간접적인 허가 표현이므로 '망설임'형은 사용되지 않는다.

(2) 현재이후시간의 '선시제'형으로 '비실현'의 의미를 표현

: 표현 불가능 ☞ would be allowed to의 의미로 could가 사용됨

 * might의 대용어로 could가 사용된 경우

- He could borrow my car if he asked.

- I could have an extra weeks holiday if I asked for it.

- I could see him tomorrow.

- You could use my phone.

5.11.7.2 과거시간

<1> **may + have V-ed** 형태 : 과거시간의 '기본형'이지만 표현 불가능

→ 과거시간에 실재[존]했던 '허가'는 직설법 동사구로 표현

<2> **might + have V-ed** 형태 :

(1) 과거시간의 '선시제'형으로 '비실현'의 의미를 표현

: 표현불가능 ☞ would have been allowed to의 의미로 could have 가 사용됨

* might have의 대용어로 could have가 사용된 경우

  ▪ I could have kissed her if I'd wanted to.

  ▪ You could have had an extra week's holiday.

<3> **might + V** 형태 : 과거사건 기술

시제일치/소설 등에서, '당시의 현재형 사건기술'을 '과거형'으로 바꾸어서 표현 하는 형태(즉 판단 자체는 과거시점)

① 시제일치 : 간접화법의 종속절에 사용된 might

  ▪ The manager said that I might look around.

  ▪ I said that they might do what they wished.

  ▪ Mary said that I might borrow her car.

  ▪ She asked if she might go.

  ▪ Mary said that I might borrow her car.

  ▪ The manager[Peter] said that I might look round.

  ▪ He said that we might leave when we'd finished.

  ▪ He said you might leave early.

  ▪ He said I might leave the office.

* might 대신 could가 '사람에 의한 허가'에 사용된 경우

- He said that I could park here.

- Mary said that I could borrow her car.

- He said I could use his phone.

- He said we could leave when we'd finished.

- I said you could have it, but you didn't take it.

- She said that I could come as often as I liked.

- He said that I could take a day off whenever I wanted.

② 소설 등

소설 등에서, '과거당시의 입장'에서 '현재형'으로 기술한 내용을, 마치 시제일치처럼, '과거형'으로 바꾸어서 표현하는 형태

- I was not afraid to ask him once more if you might come home.

* might 대신 could가 '사람에 의한 허가'에 사용된 경우

- We couldn't bring our dog into the restaurant.

5.11.8 may, might(2차 용법) : 실제적인 가능성

5.11.8 들어가기

실제적인 가능성(factual possibility, possibility of the fact) : 어떤 일이 실제로 발생할 확률적인 가능성으로, 조건과 결과가 1:1로 대응하는 1회적 사건을 표현한다. (표현가능 범위는 5.8 참조)

즉, 어떤 일을, 실제로 '일어날 수 있는 일[상태]' 또는 '일어날 수 있었던 일[상태]로 표현할 때 사용된다.

 * 단, '과학적이고 학술적인 문체의 기술'에서 may를 이용하여, '전형적으로 발생하는 사건'을 표현하여 '언제든 일어날 수 있는 가능성' 즉 '예외용법'으로 사용되기도 한다. 그러나 이와 같은 '예외용법'으로 사용되는 may는 단지 can의 격식체용 대용어일 뿐 '실제적인 가능성'을 나타내는 may의 용법은 아니다. → 5.3.4.7

5.11.8.1 현재이후시간

<1> **may + V** 형태 :

(1) 현재이후시간의 '기본형' ('실현'의 의미를 표현)

① 가능성 : 실제로 일어날 확률적인 가능성(어떤 일이 실제로 발생할 가능성에 관해서 말하고 있을 때 사용됨)

- I may come tomorrow if I have time.

- He may ask Ashken to try to stop me climbing.

- He may not believe your story.

- We may be having some turbulence.

may로 시작하는 의문문은 거의 사용되지 않는다. 이때는 be likely to 나 do you think 등을 사용하여 표현한다.

(Not : May it rain?) → Is it likely to rain, do you think?

- Do you think it will rain?

단, may가 중간에 쓰인 의문문은 가능하다.(허가를 나타내는 may 또는 '불신, 의혹, 놀람'과의 혼란 때문으로 보임)

- When may we expect you?

- Do you think he may not be able to pay?

2차 용법으로 쓰인 may와 can의 비교

- The road may be blocked by snow now (as it snowed last night).

  = It is possible that the road is blocked by snow now.

- The road can be blocked by snow (if it snows heavily).

  = It is possible for the road to be blocked.

---

② may/might as well (= had better) → P.E.G 288

This construction can express very unemphatic advice.

- Shall we walk or take a bus? - We may as well walk.

- You may/might as well ask him.(=It would do no harm to ask him.)

③ may/might/could well (=have good reason to, it is extremely likely) → L.E.G 11.72.2

* 'well' can be placed after 'may/might/could' to emphasize the probability of an action. → P.E.G 35 F

- He may/might/could well find that the course is too difficult.

- He may well refuse.(=It is quite likely that he will refuse.)

<2> might + V 형태 :

(1) 현재이후시간의 '망설임'형으로 '확실성에 대한 자신감 감소' 표현 ('실현'의 의미를 표현)

① 실제적인 가능성 : 실제로 일어날 확률적인 가능성 (어떤 일이 실제로 발생할 가능성에 관해서 말하고 있을 때 사용됨)

- The things that have happened to that unhappy man might happen to me.

- Things might not be so bad as they seem.

- He might not believe your story.

- Might this be true?

- Might they be waiting outside the station?

- When might there be an answer?

② could 대신 **might**가 '이론적인 가능성'으로 사용되어 미래시간의 '**제안이나 요구/요청** 등에 쓰이는 경우 → 5.11.6 들어가기 의 ★

* '실제적으로 일어날 가능성'을 말하고 있는 것이 아니고 '일어날 수도 있는 가능성' 즉 '이론적인 가능성'을 표현하고 있다. may는 이와 같은 용법이 없다. ('You might~' 표현은 친한 관계에서만 사용될 수 있는 요청이며, 그렇지 않은 경우는 건방지게 들릴 수도 있다.)

- You might see if John's free this evening.

- You might try asking your uncle for a job.

- If you're going to the shops, you might bring me back some potatoes.

- You might give me a hand with the cooking.

- While you are out, you might post this letter for me.

- I think it might possibly be advisable for you to see a doctor.

- 이와 같은 표현이 '현재시간'에 적용되어 '비평/비난' 등을 나타내는 경우

  - You might ask before you borrow my car.

  - You might at least clean the bathtub after you've used it!

- 이와 같은 표현이 '과거시간'에 적용되어 '비평/비난' 등을 나타내는 경우 (과거시간의 일에 대한 현재시점의 비난)

  * 'Might have V-ed' is often used to suggest to people what they should have done. → P.E.U 383

  - She might have told me she was going to stay out all night.

  - I might have guessed he'd fail to read the instructions.

  - He might have told me! = I am annoyed that he didn't tell me.

  - You might have told me. = I am annoyed/disappointed that you didn't tell me. You should have told me.

  - You might have told us. = You should have told us.

★ '이론적인 가능성'을 나타내는 might

'미래시간의 제안이나 요청'에는 'can, could, might'가 사용되고, 현재/과거시간의 '비난이나 비평'에는 'could, might'가 사용된다. 즉 '비난이나 비평'은 '가능성'이 아니고 '제안이나 요청'에서 직접 파생된 표현이고, may는 '제안이나 요청'에 사용되지 않으므로, '제안, 요청, 비난, 비평'에 쓰이는 might는 '이론적인 가능성'을 나타내는 could의 대용어이다.('You might' is possible instead of 'you could'. → P.E.U 132:

requests and orders)

③ might as well(=had better)

- It's not very far, so we might as well go on foot.

④ might well(=have good reason to)

- He might well find that the course is too difficult.

⑤ may/might을 이용한 가능성 표현은 때때로 'may~but' 형태를 이용하여 '양보'의 의미로 쓰여 '토론이나 논쟁'에 사용될 수 있다.

- Your typewriter may/might be a wonderful machine, but it's still old-fashioned compared with a word-processor.

- He may be clever, but he hasn't got much common sense.

(2) 현재이후시간의 '선시제'형으로 '비실현'의 의미를 표현

① 조건의 실현가능성을 1~49%로 판단했을 때의 표현(improbable)

→ 보통 if절이 이후시간(미래)을 표현할 때 가능

- If you asked me nicely, I might take you out to lunch.

- If you were to ask him, he might help you.

- If someone were to make a mistake, the whole plan might be ruined.

- If United could win the game, they might become league champions.

② 가정법과거 (실현가능성 0%, 조건을 반대로)

- If he were here, he might help us.

- If you took some exercise, you might not be so fat.

5.11.8.2 과거시간

<1> **may + have V-ed** 형태 :

(1) 과거시간의 '기본형' ('실현'의 의미를 표현)

- He may have been at home yesterday.

- Meg may have been phoning her fiance.

- I think Jack's fall may have been like that.

- That may have been going to happen anyway, as these things do.

- Some of the stories may not have been entirely true.

- He may have left. = It is possible that he (has) left.

- You shouldn't have drunk the wine : it may have been drugged. (=We are still uncertain whether it was drugged or not.)

  * may로 시작되는 의문문은 거의 사용되지 않는다.

<2> **might + have V-ed** 형태 :

(1) 과거시간의 '망설임'형으로 '확실성에 대한 자신감 감소' 표현 ('실현'의 의미를 표현)

- He might have been at home yesterday.

- A hacker might have found a way to break into it.

- There might have been someone waiting outside.

- What do you think that noise was? - It might have been a cat.

- He might have left. = It is possible that he (has) left.

- He might not have seen Tom yesterday.(=Perhaps he didn't see him yesterday.)

- You shouldn't have drunk the wine : it might have been drugged. (=We are still uncertain whether it was drugged or not.의 의미도 될 수 있고, 또한 비실현조건문의 의미도 될 수 있다.)

- Might there have been someone waiting?

(2) 과거시간의 '선시제'형으로 '비실현'의 의미를 표현

① 조건의 실현가능성을 1~49%로 판단했을 때의 표현(improbable)

- The wine might have been drugged.(=We know it wasn't drugged. :

0% or We are still uncertain whether it was drugged or not. : 1~49%)

- (If he had come home alone,) he might have got lost.

- It's a good thing you didn't lend him the money. (If you/someone had lent him money,) you/he might never have got it back.

② 가정법과거완료(실현가능성 0%, 조건을 반대로)

- You were crazy to ski down there - you might have killed yourself.

- I might not have guessed his intention without your hint.

- If United could have won that game, they might have become league champions.

- With the mind of Jekyll, I might have been beaten by this terrible change.

- If she hadn't been so bad-tempered, I might have married her.

- If the illness had been diagnosed a day earlier it might have made all the difference.

<3> **might + V** 형태 : 과거사건 기술

시제일치/소설 등에서, '당시의 현재형 사건기술'을, '과거형'으로 바꾸어서 표현하는 형태(즉 판단 자체는 과거시점)

① 시제일치

- He spoke clearly so that everyone might understand.

- He spoke as a father might speak to a bad child.

- Builders worked day and night in order that the cathedral might be finished in time.

② 소설 등

소설 등에서, '과거당시의 입장'에서 '현재형'으로 기술한 내용을, 마치 시제일치처럼, '과거형'으로 바꾸어서 표현하는 형태

- Having made the first monster, might Frankenstein not be right to make another?

- If I could take a child like this, too young to have fixed ideas, it might grow up to love me and be my friend.

5.11.9 must(1차 용법) : 주관적인 의무강요, 강한충고; 필요성/게시문, 공고문등 (obligation, emphatic advice and necessity)

5.11.9 들어가기

① 표준용법

ⓐ "직접적인 영향력 주고받기"인 의무강요 나 강한충고는, "현재·당시에 주고받는 표현" 외에는, 보통 직설법 have to를 이용하여 표현된다. 즉 '현재이후시간의 일'에 대한 '실현' 표현에 must가 사용된다. (표현가능 범위는 5.8 참조)

- 'Must' typically suggests that the speaker is exercising his authority. → S.G 24 B

ⓑ 과거시간의 '실현되지 않았던 의무' 표현은 'should/ought to+have V-ed' 형태로 표현된다. 이 경우는 must가 사용되지 않는다.

- 'should/ought to have V-ed' can be used to talk about an unfulfilled obligation (or a sensible action that was neglected) in the past. 'Must' is not used like this. → P.E.U(N) 520.3; P.E.G 143

② 예외용법

'사물'에 적용되거나 또는 주로 3인칭 주어인 수동태 문장으로 사용되어, must가 necessity의 의미(주관성을 드러내지 않는 표현)도 나타낼 수 있다.(it is necessary for~ to~)

* must가 사물 등에 적용되어, **필요성/게시문, 공고문등'을 표현**할 때는 **'예외 용법'**으로 사용된다. (게시판 등에 '공지사항'을 알려 줄 때 보통은 must를 사용하여 표현하지만, 그 의무의 개념을 좀 더 부드럽게 표현하기 위해서 should를 사용하여 표현하기도 한다.) → 5.3.4.8

- Besides the 'logical necessity' meaning of must, there is another necessity meaning of 'must. 'Must' in this sense means that 'it is necessary for sb/sth to-V'. → S.G 4.24

- 'Must' can be used in formal notices and an information sheets etc. → P.E.G 141 B

③ must와 have to의 구분

　ⓐ must는 '말하는 사람에 의한 주관적인 의무강요'를 나타내고, have to는 '환경에 의한 객관적인 의무강요'를 나타낸다.

　ⓑ 그러나 평서문의 1인칭 주어인 경우에는 객관적, 주관적 구별이 덜 중요하고 자주 두 가지 모두 사용 가능하다. 하지만 습관적인 일을 나타낼 때(객관적)는 have to의 사용이 더 바람직하고, 그 의무강요가 긴급하거나 말하는 사람에게 중요한 것처럼 보일 때(주관적)는 must의 사용이 더 바람직하다. (스스로에게 부과하는 의무강요이기 때문에, 그 경계가 모호하므로 둘 다 사용가능하지만, 기본적인 구분은 유효)

　ⓒ 3인칭 주어를 이용한 표현에서는 '직접적인 의무강요'가 불가능하므로, 보통 주관적, 객관적 구분이 중요하지 않고 주로 must는 명령서·지시서 등에 사용되고, have to는 단지 다른 사람의 의무에 대해 진술하거나 의견을 말할 때 사용된다. 그러나 이때도 명령을 내릴 수 있는 사람이 '의무강요'를 하고 있다는 의미를 나타내는 경우나, 강한 감정을 나타내는 경우 등에는 must를 사용한다.(공지사항, 지시서, 게시문 등에는 must를 사용하고, 그 외의 경우에는 기본적 구분인 '사람에 의한 의무강요' 와 '환경에 의한 의무강요'가 구분된다.)

　ⓓ 2인칭에서는 '사람에 의한 의무강요'와 '환경에 의한 의무강요'가 정확히 구분된다.

④ 1차 용법으로 쓰인 must와 should의 차이점

　ⓐ 기본적으로 must는 '의무강요'를 나타내고, should는 '권고·충고'를 나타낸다. 즉 must를 사용하여 표현한 경우는 그것을 받아들이는 사람의 '선택권'이 없다는 느낌의 '일방적인 의무강요'를 나타내고, should가 나타내는 '권고·충고'는 그것을 받아들이는 사람의 '선택권'이 있는 경우에 사용될 수 있다. 즉 받아들이는 사람에 따라 '그것이

바람직하다'고 느낄 수도 있고 그렇지 않다고 느낄 수도 있다.

ⓑ 문장주어의 '의무·책임'을 나타내기 위해서 should나 ought to가 사용되는 경우도 있다. 그러나 should나 ought to의 경우에는 must가 나타내는 '말하는 사람의 권위'나 have to가 나타내는 '외부 환경적인 강요'의 개념이 아니라, '양심이나 상식'에 의해서 '그렇게 해야 한다'라는 의미를 나타낸다. 또한 must나 have to가 나타내는 '의무 강요'는 보통 그 의무가 충족될 거라는 느낌을 갖게 하는 '일방적인 강요'의 의미가 있지만, should나 ought to가 나타내는 '의무·책임'은 반드시 그 의무가 충족될 거라는 느낌을 갖게 하지는 않는다. 특히 '1인칭 주어'인 경우에는 매우 자주 그 반대의 경우를 나타낸다.

ⓒ 게시판 등에 '공지사항'을 알려 줄 때 보통은 must를 사용하여 표현하지만, 그 의무의 개념을 좀 더 부드럽게 표현하기 위해서 should를 사용하여 표현하기도 하고, 반대로 '충고'를 좀 더 강하게 나타내기 위해서 should 대신 must를 사용하여 표현하기도 한다.

5.11.9.1 현재이후시간

<1> **must + V** 형태 :

(1) 현재이후시간의 '기본형' ('실현'의 의미를 표현)

① 의무강요

- You really must come and see us sometime.

- You must try to get to work on time.

- You must get to know me better.

- Nobody must know what has happened.

- I must tell you about a dream I had last night.

  cf. I have to take two of these pills a day.

- Staff must be at their desks by 9.

  cf. In this office even the senior staff have to be at their desks by 9.

- Something must be done to stop these accidents.

의무강요가 미래의 어떤 다른 사건에 의존적일 때는 보통 'will have to-V' 형태가 사용된다. (현재시간의 판단/결정이 아닌 경우 즉 '서법용법'이 아닌 직설법 have to의 미래형)

- If you miss the last bus, you will have to walk.

- You will have to get up earlier when you start work, won't you?

- They'll have to send a diver to examine the hull.

- I will have to sell all that I have.

Must는 때때로 부정의 대답을 기대하는 의문문에서 발견된다.

  * Must you~ (Can't you stop yourself~) ; 비꼬는 소리

- Must you always interrupt me when I'm speaking?

- Why must you always leave your dirty clothes in the bathroom?

- Why must you try to make me angry?

- Must you leave early?(=Surely you don't have to!)

(2) '비실현'의 의미는 표현 불가능

5.11.9.2 과거시간

<1> **must + have V-ed** 형태 :

(1) 과거시간의 '기본형'이지만 표현 불가능

→ 과거시간에 실재[존]했던 '의무강요'는 직설법 동사구로 표현 (had to, be not allowed to, be prohibited to, be forced not to 등)

(2) '비실현'의 의미를 표현 : 표현 불가능

→ 필요성은 'should/ought to have V-ed' 형태로 표현

'Should/ought to have V-ed' can be used to talk about an unfulfilled obligation or a sensible action that was neglected in the past. 'Must' is not used like this. → P.E.U(N) 520.3 ; P.E.G 143

- The Emergency Exit doors shouldn't have been blocked.

- You should have been nicer to Annie.

- They ought to have stopped at the traffic light.

<2> must는 망설임 형이 없음

<3> **must + V 형태 : 과거사건 기술**

시제일치/소설 등에서, '당시의 현재형 사건기술'을, '과거형'으로 바꾸어서 표현하는 형태(즉 판단 자체는 과거시점)

① 시제일치 : 종속절에 사용된 must

- He told us we must wait until we were called.

- I decided that I must stop smoking.

- She said that they must go.

- The doctor said that I must stop smoking.

- He said he must go.

② 소설 등

소설 등에서, '과거당시의 입장'에서 '현재형'으로 기술한 내용을, 마치 시제일치처럼, '과거형'으로 바꾸어서 표현하는 형태

- He must hide his thoughts and try to learn more.

- But she must be his wife or she would die.

- He must stop smoking but he was too young to understand the emergency.

5.11.10 must(2차 용법) : 논리적인 결론(logical deduction[conclusion])

5.11.10 들어가기

① must는 2차 용법으로는 미래사건을 표현할 수 없다. 미래에 일어날 일을 단정할 수는 없기 때문이다. must 대신 'I'm sure that~' 구문 등을 사용한다. (logical=based on true, true=based on facts; 즉 물리적 증거에 의한 단정적 추측) * 표현가능 범위는 5.8 참조

② must는 보통 상대가 must로 표현했을 때의 대응 질문 이외에는 의

문문에 사용되지 않는다.

- It must be Tom. - Why must it be Tom?

③ 보통 must를 의문문으로 사용하여야 하는 경우, 일반적으로 can으로 대치하여 표현한다.

- Can she be the one you mean? ← She must be the one you mean.

④ must는 부정문에는 쓰이지 못한다. ☞ can't로 대치 (S.G, P.E.U, L.E.G, P.E.G)

* 그러나 언어 체계상 '이론적인 가능성' 자체를 부정하여 '...일리가 없다(can't)'라는 표현도 필요하지만, '부정의 내용'에 대한 '단정적 추측' 즉 '...이 아님이 틀림없다'라는 표현도 필요할 것으로 보입니다. 그래서 인지 미국식 영어에서는 must not이 '확실성 예측'에 사용되기 시작했고, 드디어 2012년에 발행된 G.B에서는 '확실성 예측(서법조동사 2차 용법)'으로 쓰이는 must (not)의 용법이 정상적인 어법으로 자리 잡고 있습니다.

G.B Unit8 2.1

b. Use can't and couldn't when you are almost certain something is not likely or not possible.

- He can't be online now. His computer is broken.

c. Use have to and must (not) when you are mostly certain or when you think there is only one logical conclusion.

- As a lawyer, he has to know that hacking into computers is illegal!

- Your password must not be secure. (2.1 a)

- He must not be worried about data security. (2)

- I must not have turned off my phone. (4.1)

---

* 미국식 영어에서 had to가 '확실성 예측'에 사용된 예

- I wonder who took the money. - It had to be Tom. (=It must have been Tom.) → P.E.G 158

5.11.10.1 현재시간

<1> **must + V** 형태 :

(1) 현재시간의 '기본형' ('실현'의 의미를 표현)

① 논리적 결론

- You must be joking!

- Jane's light is on. She must be at home.

- You must feel tired after your long walk.

- You must have to know a password.

- If I could fold this paper an infinite number of times, how many times must I fold it to reach the moon?

(2) '비실현'의 의미를 표현

'실현 안 되는 쪽으로의 가정'을 조건으로 하는 '비실현'의 특성상 '논리적인 결론'을 나타내는 must의 사용은 어울리지 않으므로 보통 사용되지 않는다.

5.11.10.2 과거시간

<1> **must + have V-ed** 형태 :

(1) 과거시간의 '기본형' ('실현'의 의미를 표현)

① 논리적결론

- You must have been right.

- There must have been something blocking the pipe.

- Think how the poor girl must have felt.

- If he was given a place in the university, he must have improved his English.

- He must have had to go out unexpectedly.

(2) '비실현'의 의미를 표현

must로 표현 시 논리에 맞지 않는 어색한 표현이 됨

<2> must는 망설임형이나 선시제형이 없음

<3> **must + V** 형태 : 과거사건 기술

시제일치/소설 등에서, '당시의 현재형 사건기술'을, '과거형으로 바꾸어서 표현하는 형태(즉 판단 자체는 과거시점)

① 시제일치

- I felt there must be something wrong.

- He suddenly seemed to remember that Holmes and I must be surprised to see him come in like that.

- She remembered that she must soon die.

② 소설 등

소설 등에서, '과거당시의 입장'에서 '현재형'으로 기술한 내용을, 마치 시제일치처럼, '과거형'으로 바꾸어서 표현하는 형태

- But it was past two when he went to bed : the clock must be wrong.

- Just as I was getting better, what must I do but break my leg?

- But for the Monster to let him go at all must mean that they had reached an understanding of some kind.

▶ need, dare, used to등 → blog 5.11.11; 5.11.12; 5.11.13

★ 이제 '서법조동사'는 더 이상 이해 불가능한 대상이 아닙니다. 논리적이고, 과학적으로 접근하고 정확히 이해하여, 올바르게 사용할 수 있는 "영어표현의 유용한 도구"입니다.

★ 저의 연구물로 공부하시는 분들은 "**서법조동사**"라는 용어로 통일해 사용해 주시기 바랍니다. 뒤에 배우는 사람들의 혼동을 줄이기 위함입니다.

6장 수동태(한정동사구의 완결)

한정동사구 연구의 마지막 단계로 수동태를 배운다. 수동태 구문을 알기 위해서는 12시제를 알고 있어야 한다. 그리고 서법조동사의 변화와 비한정 동사 구문을 포함한 동사문형도 알아야 하고, 불규칙 동사도 암기하고 있 어야 한다. 수동형은 영어에서 매우 자주 사용된다. 그리고 수동형은 단지 능동형의 대치어가 아니라 그 자신의 독특한 용법이 있기 때문에 수동태 구문을 자기 것으로 소화했을 때 비로소 영어를 유창하게 구사할 수 있는 기초가 완성되는 것이다.

> * 수동태 문장의 5형식 구분은, 능동태일 때의 5형식 구분과 동일하다.
> * 수동태 문장의 4/5는 행위의 주체자(by+noun)가 표시되지 않은 상태로 사용된다.

6.1 수동태란?

영어 문장은 능동태와 수동태 둘 중 하나로 구성된다. 수동태는 특히 **비개 인적인 진술**에 사용되는 형태이다. 즉 누가 행위의 주체자인지가 중요하지 않고, 종종은 그 언급이 부적절할 때 사용되는 표현법이다. 일반적으로 능 동태와 수동태 표현이 둘 다 가능한 경우에는 능동태의 사용이 우선한다.

능동태 : 주어+타동사+목적어(명사구)

수동태 : 주어(명사구)+be+타동사의 과거분사형+(by+능동태의 주어)

6.1.1 수동태의 의미

수동태란 능동태 동사의 목적어 즉 동작을 받는 대상(명사구)을 주어로 하 는 문장으로 말하는 사람의 관심이 타동사의 대상(능동태의 목적어 = 수 동태의 주어)에 맞추어진 문장을 말한다.

6.1.2

능동태와 수동태는 "타동사의 동작의 대상"의 위치에 따라 구분된다. 즉 타동사가 그 대상을 뒤에 두면 능동태이고, 그 대상을 앞에 두면 수동태이다.

> * 비한정동사가 포함된 문장의 경우에도 그 대상을 앞으로 보낸 동사만이 "be

+ 과거분사"형의 수동태 동사어형으로 변하며, 이것이 수동태 문장을
이해하는 핵심이다.

6.1.3

자동사의 경우에도 자동사에 붙은 전치사를 거쳐서 목적어를 두는 경우가
있다. 이때는 자동사도 수동태로 바뀔 수 있다.

6.1.4

수동태의 주어는 사람일 수도 있고, 사물일 수도 있다.

6.1.5

한 가지 주의할 점은 능동태와 수동태가 언제든지 서로 바꿔 쓸 수 있는
"상당어구"가 아니라는 것이다. 능동태는 있으나 수동태는 없는 경우도 있
고, 수동태는 있으나 능동태는 없는 경우도 있다.

6.1.6

능동태의 주어는 수동태의 "행위의 주체자"가 된다. 행위의 주체자는 자주
표현되지 않는다. 그것이 언급될 때는 그 앞에 by를 붙이고 그 문장의 뒤
쪽에 위치시킨다.

6.2 수동태의 동사어형

수동태의 동사어형은 "be + V-ed"형으로 이루어진다. 즉 능동태의 12시제
와 그 변화형에 따라서 또는 비한정동사의 종류와 형태에 따라서 be동사
의 어형이 변화되고, 그것이 본동사인 V-ed형과 결합하여 수동태의 동사
어형이 이루어진다.

6.2.1 타동사 give를 이용하여 보기를 들면 다음과 같다.(12시제)

시 제	be동사변화형 + 과거분사형
1) 단순현재시제의 수동형	am / is / are + given

2) 현재진행시제의 수동형	am / is / are + being + given
3) 현재완료시제의 수동형	have / has + been + given
4) 현재완료진행시제의 수동형*	have / has + been + being + given
5) 단순과거시제의 수동형	was / were + given
6) 과거진행시제의 수동형	was / were + being + given
7) 과거완료시제의 수동형	had + been + given
8) 과거완료진행시제의 수동형*	had + been + being + given
9) 단순미래시제의 수동형	will + be + given
10) 미래진행시제의 수동형*	will + be + being + given
11) 미래완료시제의 수동형	will + have + been + given
12) 미래완료진행시제의 수동형*	will + have + been + being + given

영어에서는 보통 "be being"이나 "been being"과 같이, 같은 조동사가 겹치는 구문은 사용하기를 피한다. 그러므로 "완료진행시제"나 "미래진행시제"의 수동형은 영어에서 거의 사용되지 않는다. 이때는 보통 진행의 뜻이 될 수 있는 부사구(under 등)나 수동의 뜻을 지닌 능동태를 사용한다. 또는 상황이 허용하는 경우 "진행형"을 제외한 "완료시제"나 "미래시제"를 사용하거나 아니면 아예 능동태로 표현한다.

◎ "**진행형 + 수동형**"의 동사 결합

  ⇒ 진행형이 진행수동형으로 바뀌는 경우

```
     진행형:  be  +  V-ing
 +  수동형:            be  +  V-ed
 →             be  +  being  +  V-ed
```

◎ "**완료형 + 수동형**"의 동사 결합

　⇒ 완료형이 완료수동형으로 바뀌는 경우

```
     완료형:  have  +  V-ed
 +  수동형:            be  +  V-ed
 →             have  +  been  +  V-ed
```

◎ "**미래완료형 + 수동형**"의 동사 결합

　⇒ 미래완료형이 미래완료수동형으로 바뀌는 경우

```
     미래형:  will  +  V
 +  완료형:          have  +  V-ed
 +  수동형:                    be  +  V-ed
 →             will  +  have  +  been  +  V-ed
```

★ 영어 한정동사구는 서법(또는 미래), 완료, 진행, 수동의 4가지 개념
　중 최대 3개까지가 서로 결합하여 만들어진다. 서로 결합 시 중복되
　는 부분, 즉 더해지는 부분은 "동사의 형태 + 동사의 종류"의 결합
　으로 이루어진다. 그리고 "미래완료진행수동" 시제는 4개의 개념이
　한꺼번에 결합되어야 하므로 영어에서는 사용되지 않는다.

* 능동태를 수동태로 전환 시에 '서법조동사'는 변화되지 않는다. → 6.5.7

6.2.2 비한정동사의 수동형

(1) 단순형 원형부정사의 수동형: be + given

(2) 완료형 원형부정사의 수동형: have been + given

(3) 단순형 to부정사의 수동형: to be + given

(4) 완료형 to부정사의 수동형: to have been + given

(5) 단순형 ing형의 수동형: being + given

(6) 완료형 ing형의 수동형: having been + given

6.2.3 기타동사의 수동형

(1) be going to 구문의 수동형: be going to be + given

(2) 서법조동사 구문의 수동형: 서법조동사 + be + given

 *"미래진행수동" 시제와는 다르게 "서법진행수동" 시제는 때때로 사용된다.

(3) be to구문의 수동형(be + to부정사의 수동형): be + to be given

6.3 능동태와 수동태의 용법

능동태와 수동태는 다음과 같이 각각의 경우에 따라 선택되어 사용된다. (유창한 영어사용자들은 능동에서 수동으로의 의식적인 전환 없이, 수동태가 자연스럽게 무의식적으로 사용된다. 즉, 능동과 수동은 "상황에 따른 각각 다른 표현 영역"이다.)

6.3.1 구정보와 신정보

우리는 보통 우리가 이미 알고 있는 사실 즉, 이미 언급되었거나 듣는 사람이 이미 알고 있는 것으로부터 문장을 시작하기를 좋아한다. 그리고 새로운 정보는 문장 뒷부분에 위치시킨다.

   ① What did the dog chase?

   ② What was the mouse chased by?

문장 ①에서 말하는 사람은 개의 존재는 알지만, 그 개가 무엇을 쫓는지는 모른다. 그래서 구정보인 the dog을 동사 앞 주어 자리에 위치시키고, 신정보인 목적어를 동사 뒤에 두었다. 이 질문에 대한 대답도 구정보인 The dog을 주어로 사용하고, 신정보인 a mouse를 뒤에 위치시킨 "It chased a mouse."가 되어야 한다.

문장 ②에서 말하는 사람은 그 쥐의 존재는 알지만, 그 쥐가 무엇에 쫓기는지는 모른다. 역시 이 질문에 대한 대답도 구정보인 the mouse를 주어로 한 "It was chased by a dog."이 되어야 한다.

또 다른 예를 보면

   ① Your little boy broke my kitchen window this morning.

   ② That window was broken by your little boy.

문장 ①에서 듣는 사람은 "깨어진 유리창"에 대해서는 모른다. 그러므로 말하는 사람은 이 사실을 문장의 목적어로 하여 뒤쪽에 위치시킨다.

문장 ②에서 듣는 사람은 그 창문에 대해서 안다. 즉, 지금 그는 그 창문을 보고 있다. 그렇기 때문에 말하는 사람은 수동형을 사용하여 구정보를 문장 앞쪽에 위치시키고 누가 그것을 깨뜨렸는지를 뒤쪽에 위치시킬 수 있다.

* 구정보와 신정보의 차이에 의해 능동태와 수동태의 의미가 다른 경우도 있다.

   ① John can't teach Mary. (John이 무능하다.)

      Mary can't be taught. (Mary가 무능하다.)

   ② The earthquake didn't cause the collapse of the bridge.

The collapse of the bridge was not caused by the earthquake.

(첫 번째 문장은 "다리가 무너지지 않았다.")

(두 번째 문장은 "다리붕괴는 지진 탓이 아니다.")

6.3.2 관점의 선택

말하는 사람이 어떤 관점에서 그 문장을 표현하느냐에 따라 능동태와 수동태가 각각 선택되어 그 내용을 표현할 수 있다.

① 한국인의 관점에서 보았을 때의 표현

- Korea beat Japan in yesterday's football match.

- Korea was beaten by Japan in yesterday's football match.

② 동일한 상황에 대한 고양이와 쥐 각각의 관점에서의 표현

- The cat chased the mouse. (고양이 편에서의 표현)

- The mouse was chased by the cat. (쥐 편에서의 표현)

6.3.3 관심의 초점

"이루어진 일"에 관심이 있고, "누가 그 일을 했는지"에는 관심이 덜하거나 관심이 없거나, 누가 했는지 모르거나, 정확히는 모르거나, 자명하여 언급할 필요가 없거나 또는 그 언급이 실례가 되거나, 일부러 감추려는 경우 또는 행위자의 식별이 대화상 크게 적절하지 않다고 생각될 때 수동형이 사용된다.

- The house next door has been bought(by a Mr. Jones).

- Those pyramids were built ground 400 A.D.

- The streets are swept every day.

- Something has been said here tonight that ought not to have been spoken.

6.3.4 심리적인 이유

수동태는 때때로 심리적인 이유 때문에 선택되기도 한다.

① 좋은 일을 발표할 때는 능동태로 주어를 밝히나, 좋지 않은 일을 발

표할 때는 보통 수태로 표현한다.

- We are going to increase overtime rates.
- Overtime rates are being reduced.

② 어떤 좋지 못한 일을 한 사람의 이름을 직접 밝히기를 원하지 않을 때도 수동태로 표현한다.

- This letter has been opened!

 cf) You've opened this letter.

③ 지시나 게시의 내용이 사적이 아니고 공적임을 나타내고자 할 때도 수동태로 표현한다.

- This instruction should be read carefully.
- This medicine is to be taken twice a day.

6.3.5 사물주어

사물을 주어로 하여 "간접으로 정중한 요청"을 나타나거나, 그들이 완전히 확신하지 못하는 어떤 사실에 대한 "의견이나 진술 또는 행동"에 대해 책임지기를 원하지 않을 때도 수동태를 사용한다.

- This room must be tidied up.
- This matter will be dealt with as soon as possible.

6.3.6 일반주어, 부정대명사, a person 등 막연한 주어 피하기

막연한 단어를 주어로 사용하는 것을 피하기를 원할 때 수동태를 사용한다.

- They are supposed to be living in New York.
- This sort of advertisement is seen everywhere.
- After my talk, I was asked to explain a point I had made.

그러나 특히 비공식적인 회화체 표현에서는 "행위의 주체자"를 모를 때라도 자주 "막연한 주어"를 그대로 이용한 능동태 문장이 사용되기도 한다.

- They are installing the new computer system next month.

6.3.7 재귀대명사의 경우

재귀대명사 사용을 피하기 위해서 영어에서는 다른 유럽 언어들이 재귀대명사를 사용하는 표현에도 자주 재귀대명사 대신 수동태를 사용하여 표현한다.

- She was dressed in white.

cf) She dressed herself in white.

- I was hurt in a car crash last summer.

그러나 '무의식적으로 반응'할 때는 보통 수동태로 바꿔 표현하지 않는다.

- What's the matter? - I've curt myself.

또한 목적어가 상호대명사이거나 주어의 신체의 일부를 나타낼 때도 수동태는 사용되지 않는다.

6.3.8 문장의 첫 의미단락이 길고 복잡해지는 것 피하기

우리는 자주 길거나 복잡한 표현은 문장 뒤로 돌리기를 좋아한다. 이러한 경우도 수동태가 사용될 수 있다.

- I was annoyed by Mary wanting to tell anybody else what to do.

6.3.9 주어통일

전후 두 문장의 주어를 같게 하여 어색하거나 비문법적인 문장을 피하고자 할 때 수동태가 사용된다.

- When he arrived home, a detective arrested him.

  ⇒ When he arrived home, he was arrested(by a detective)

6.3.10 유정성

우리는 물건보다는 사람 또는 동물에 종종 더 많은 흥미를 갖기 때문에 사람주어가 사물주어보다 더 자주 쓰이는 경향이 있다.

- He was disturbed by a report in the paper.

- I was given this pen(by her).

6.3.11 일반적으로 수동태로 사용되는 동사

be born, be married, be obliged 등

- I'm not obliged to work overtime if I don't want to.

6.3.12 수동태가 사용되는 몇몇 전형적인 상황

(1) 수동태문장은 과학서적 등 우리가 어떤 결과나 과정에 더 흥미를 가지고 있는 표현에서 매우 자주 사용되며, 글이 객관적이라는 느낌을 주는 데 도움이 된다.

- The mixture is placed in a crucible and is heated to a temperature of 300℃.

  * 능동태는 소설 등 상상력을 발휘하는 글에서 어떤 일을 일으키는 '사람'에 관해서 기술할 때 자주 사용된다.

(2) 공식적인 게시물, 공고, 예고

- Passengers are requested to remain seated until the aircraft comes to a complete stop.

(3) 언론보도

종종 행위의 주체자는 알려지지 않았거나 언급할 필요가 없다.

- Meanwhile, many people have been questioned and the owner of the stolen getaway car has been traced.

(4) 표제, 광고, 게시물 등

- KENNEDY ASSASSINATED!

- ALL GOODS GREATLY REDUCED!

- PETROL COUPONS ACCEPTED.

6.4 능동태를 수동태로 바꾸는 방법

목적어를 가지고 있는 한정동사구는 거의 모두 수동태로 전환될 수가 있다. 또한 비한정동사구도 그 주어가 막연하거나(일반주어 등), 문장의 의미로 보아 자명할 때에는 즉 비한정동사의 "행위의 주체자"를 나타낼 필요가 없을 때는 수동태로 바꾸어 쓸 수가 있다.

동사구의 수동태 전환의 요점은 목적어를 그(동사) 앞으로 보낸 동사만 ed형으로 바뀐다는 것이다. 능동태문장을 수동태문장으로 바꾸기 위해서는 ①동사구에 있어서도 변화가 있고, ②문장 자체에도 변화가 생긴다.

첫째로, 동사구에 있어서는 본동사가 ed형으로 변화하고, 그 앞에 be동사의 여러 가지 어형이 한정동사구의 시제에 따라 또는 비한정동사의 종류와 형태에 따라 구별되어 결합된다.

둘째로, 문장은 다음과 같이 변화된다.

① 능동태의 주어는 만약 필요하다면 수동태의 "행위의 주체자"가 된다.

② 능동태의 목적어는 수동태의 주어가 된다.

③ 전치사 by 등이 "행위의 주체자(agent)" 앞에 붙는다.

능동태의 주어	능동태의 동사	능동태의 목적어
Many critics	praised	the play
수동태의 주어	수동태의 동사	행위의 주체자
The play	was praised	by many critics

6.4.1 한정동사구를 이용한 수동태 전환

6.4.1.1 목적어(명사구 또는 비한정동사절)이 하나인 한정동사구

(1) 주어 + 타동사 + 목적어

- The butler murdered the detective.

⇒ The detective was murdered by the butler.

* be to 구문에 사용된 동사 see, find, congratulate도 자주 수동형 구문으로 사용된다.(비한정동사의 수동태)

- They are to congratulate you.

⇒ You are to be congratulated.

(2) 주어 + 타동사 + 목적어 + 형용사인 목적 보어

- We painted the walls white.

⇒ The walls were planted white by us.

(3) 주어 + 타동사 + 목적어 + 명사인 목적 보어

- They elected John captain of the team.

⇒ John was elected captain of the team by them.

(4) 주어 + 타동사 + 목적어("명사구 + to부정사"가 목적어)

이 구문은 목적어 내의 명사구를 이용하여 수동태로 전환될 수 있다. (이 구문은 '목적어로 사용된 절'이 줄여진 형태로 볼 수 있고, 이때 목적어 내의 '명사구+to부정사'의 관계가 '주어+동사'의 역할을 할 경우, 목적어 내의 명사구인 주어를 이용하여 수동태로 바뀔 수 있다.)

* 수동태 전환에서 종속절의 주어가 주절의 주어로 사용되는 예 → 6.4.1.4D 의 4

① 동사 ask, tell, allow, advise, expect, forbid, mean, order, request, require, teach 등 이 구문에 쓰이는 많은 동사들이 목적어 내의 "명사구"를 이용하여 수동태로 전환될 수 있다.(의미단락으로 구분한 개념)

- They told her not to come back.

⇒ She was told not to come back(by them).

② 동사 consider, know, believe, feel, presume, report, say, understand 등도 같은 방식으로 수동태에서 사용될 수 있다. (의미상 주어에게 미치는 심리적 영향이 존재할 때)

- They consider him to be dangerous.

    ⇒ He is considered to be dangerous.

동사 say는 to부정사 구문으로 쓰일 때는 "수동형"만 가능하다.

- They say that he is famous in his own country.

  ⇒ He´s said to be famous in his own country.

* 위에 사용되는 동사들은 능동형 문장으로 쓰일 때는 to부정사 구문보다는 that절 구문이 더 흔히 사용된다.

③ 이 구문에서 상태 동사인 hate, like, love, need, prefer, want, wish 와 동사 decide, help, (can't) bear 등은 수동태로 사용되지 않는다. (의미상 주어에게 미치는 심리적 영향이 미약할 때)

(5) 주어 + 타동사 + 목적어("명사구 + ing형"이 목적어)

이 구문은 두 가지로 구분될 수 있다.

① [VP19A, B]구문 즉 "주어 + 타동사 + 명사구 + ing형"

이 구문은 그 의미상 "명사구 + ing형"을 절이 축약된 형태로 볼 수 있다.

- They saw the monkey climbing over the fence.

  ⇒ They saw that the monkey was climbing over the fence.

> 이와 같이 [VP19A] 또는 [VP19B] 구문은 "명사구"와 "ing형"의 결합이 느슨하여 마치 주부와 술부로 구분되듯 "명사구"만을 따로 분리하여 수동태 문장의 주어로 삼을 수 있다.

동사 see, bring, catch, hear, find, keep, notice, observe, send, show 등이 이 구문에 사용될 수 있다.

- We found him clinging to a rock face.

  ⇒ He was found clinging to a rock face(by us).

② [VP19C] 구문 즉 "주어 + 타동사 + 명사/대명사/소유격 + ing형"

이 구문에 사용되는 "명사/대명사/소유격 + ing형"은 그 전체가 하나의 단위로 작용하여, 이 경우에는 수동태로 전환되지 않는다.

- Can you imagine him/yourself becoming famous as an actor?

이 문장에서 imagine의 대상은 him이나 yourself 단독으로는 될 수 없고 "him/yourself becoming famous as an actor" 전체가 하나의 단위로 imagine의 대상 즉 목적어가 된다. 동사 imagine, hate, like, mind, recall, remember, resent 등이 이 구문에 사용될 수 있다.

(6) 주어 + 타동사 + 목적어 ("명사구 + 원형부정사"가 목적어)

"의미상 주어가 있는 원형부정사"를 목적어로 갖는 동사인 지각, 사역 동사 등은 수동태로 바뀔 때에는 to부정사와 함께 사용된다.

- We saw the car stop in front of the gate.

⇒ The car was seen to stop in front of the gate by us.

그러나 동사 let은 원형부정사가 그대로 사용될 수 있다.

- They let the prisoners go.

⇒ The prisoners were let go. (let go = 석방하다, 놓아주다, 눈감아 주다.)

* 하지만 이와 같은 수동형은 동사 let 뒤에 단음절 동사가 뒤따라올 때 마치 하나의 숙어처럼 예외적으로 사용되는 경우이고 보통은 직접수동형으로 바뀌는 경우는 거의 없다. 그 대신 동사 allow, permit 또는 tell을 이용하여 수동형으로 전환하며, 이때는 to부정사와 함께 사용된다.

- After questioning they let him go.

⇒ After questioning he was allowed to go.

6.4.1.2 목적어가 2개인 한정동사구 (간접목적어 : 주로 사람, 직접목적어 : 주로 사물)

목적어가 두개인 동사가 수동태로 바뀔 때는 두 가지 가능성이 있다.

(1) 간접목적어가 수동태의 주어가 되는 경우

우리는 보통 물건보다는 사람 또는 동물에 더 많은 흥미를 갖기 때문에 간접목적어가 직접목적어보다 더 자주 쓰이는 경향이 있다.

- They awarded John the prize.

⇒ John was awarded the prize.

(2) 직접목적어가 수동태의 주어로 쓰이는 경우

특히 직접목적어가 간접목적어보다 훨씬 짧은 경우와 **간접목적어에 특별한 중요성을 두는 경우** 또는 **직접목적어가 '구정보'인 경우**에는 보통 3형식으로 표현되는데 이와 같은 문장이 수동태로 바뀔 때 직접목적어가 주어로 사용된다.(4형식 동사는 **3형식**으로 바뀐 뒤에 수동태로 전환된다.)

- I took it to the policeman on duty.

  ⇒ It was taken to the policeman on duty.

- I will take your message to her.

  ⇒ Your message will be taken to her.

- Mother bought the ice-cream for you, not for me.

  ⇒ The ice-cream was bought for you, not for me.

이때 간접목적어는 그 앞에 전치사 to나 for 등을 붙여서 전치사구의 형태로 표현된다. 이들 전치사는 인칭대명사 앞에서는 생략되는 경우가 있지만 (전치사 for는 인칭대명사 앞에서도 생략할 수 없다는 학자도 있음), 그 외에는 보통 생략할 수 없다.

4형식 문장에서 '구정보'인 직접목적어를 수동태의 주어로 하려면, 신정보·구정보 이론에 의해 먼저 3형식으로 바꾸어 주어야만 수동태 전환이 가능하다.(간접목적어와 직접목적어의 내용이 신정보와 구정보로 나뉠 경우 구정보가 문장 앞쪽에 위치해야 하며, 그 정보만이 수동태의 주어로 될 수 있음)

- She made her daughter a new dress.

  ⇒ She made a new dress for her daughter.

  ⇒ A new dress was made for her daughter.

두 개의 목적어가 모두 인칭대명사일 때는 보통 직접목적어가 문장 앞쪽에 위치한다. 그리고 영국식 영어에서는 to가 때때로 생략된다.

- Give it (to) me.

6.4.1.3 구로 이루어진 한정동사구(2어 동사, 3어 동사)

(1) 목적어가 한 개인 구 동사

① **주어 + 자동사 + 전치사 + 목적어**

이런 문장이 모두 수동태로 바뀔 수 있는 것은 아니다. 타동사의 목적어가 동사에 의해 영향을 받기 때문에 수동형이 가능하듯이 이 형태의 문장도 **전치사의 목적어가 주어, 동사 등의 영향을 받는다고 판단될 때** 수동태 전환이 가능하며, 다음과 같이 정리될 수 있다.

ⓐ deal with, laugh at, rely on, approve of는 거의 모든 경우에 수동태로 전환될 수 있다.

- The girls laughed at the boy.

⇒ The boy was laughed at by the girls.

ⓑ 이와 같은 동사구 형태가 그 뜻이 추상적으로 쓰일 때는 거의 대부분 수동태로 전환될 수 있다.

- The researchers went carefully into the problem.

⇒ The problem was carefully gone into by the researchers.

ⓒ 이와 같은 동사구에서 전치사가 "장소"의 뜻으로 쓰이더라도 그 장소가 영향을 받는다고 판단되면 수동태로 전환될 수 있다.

- Someone sat on my hat.

⇒ My hat was sat on by someone.

  * 전치사는 동사 뒤에 그대로 위치한다.

② **주어 + 타동사 + 부사불변화사 + 목적어**

이 형태는 보통 수동태로 전환될 수 있다.

- They gave up the search after three hours.

- They gave the search up after three hours.

⇒ The search was given up after three hours.

　　　　* 부사불변화사는 동사 뒤에 그대로 위치한다.

　③ **주어 + 자동사 + 부사불변화사 + 전치사 + 목적어**

　　이 형태는 do away with, look up to 등 오직 몇몇의 경우만 (목적어가 영향을 받는지의 여부로 판단되어) 수동태로 쓰일 수 있다.

　　　▪ Everybody looks up to the professor.

　　　⇒ The Professor is looked up to.

(2) 목적어가 두 개인 구 동사

　① **주어 + 타동사 + 목적어 + 전치사 + 목적어**

　　이와 같은 형태는 수동태를 두 개 가질 수 있다. 즉 타동사의 목적어가 수동태의 주어가 될 수 있고, 전치사의 목적어가 수동태의 주어가 될 수도 있다.

　　　▪ They took great care of his books.

　　　⇒ Great care was taken of his books.

　　　⇒ His books were taken great care of.

　* 이 구문에 사용되는 주요 관용 어구는 take advantage of, make use of, make fun of, pay attention to, take notice of, catch sight of, put a stop to 등이다.

　② **주어 + 타동사 + 목적어 + 부사불변화사 + 전치사 + 목적어**

　　이와 같은 구문은 보통 수동태로 전환되지 않는다.

　　　▪ Unfortunately, I got nothing out of the deal.

6.4.1.4 목적어가 절인 한정동사(구)

명사절을 주어로 해서 수동태 문장으로 전환될 수 있다. 이때는 보통 가목적어 it을 사용한 (외위치) 구문이 사용된다. (전환이 불가능한 경우도 있다. ; 외위치 구조가 안 될 때)

　* 외위치(extraposition) : 정상적인 sentence구조의 바깥에 위치했다는 의미로,

진주어나 진목적어 등을 말한다.

* sentence 구조의 바깥에 위치한 경우, 주요어와 붙어 있으면 '동격'이라 하고, 떨어져 있으면 '외위치'라고 한다.

- People believed that witches communicated with the devil.

  (People believed it that witches communicated with the devil.)

  ⇒ That witches communicated with the devil was believed.

  ⇒ It was believed that witches communicated with the devil

- He asked if[whether] they were coming.

  (He asked it if[whether] they were coming.)

  ⇒ Whether they were coming was asked.

  ⇒ It was asked if[whether]they were coming.

- They have now revealed who was responsible for the accident.

  (They have now revealed it who was responsible for the accident.)

  ⇒ Who was responsible for the accident has now been revealed.

  ⇒ It has now been revealed who was responsible for the accident.

▶ 6.4.1.4 D [보충·심화 학습] : 변형규칙 적용 구문 : [VP25'] 문형 → blog 10.5 의 63번 문형

(목적어가 that절인 구문에서, that절이 to부정사절로 바뀐 후 to부정사절의 주어가 전체문장의 주어로 바뀌는 경우)

믿음이나 지식 등을 전달하는 동사는 주로 that절이 의미보충어로 사용되지만 자기가 믿고 있거나 알고 있는 사실을 직접 표현하기가 조심스러운 경우가 있다. 이때는 일반주어를 이용하여 표현하거나, 수동태 구문 또는 to부정사를 이용한 구문이 사용된다.

이 구문의 변화단계는 다음과 같다.

① 일반주어 사용

- Everyone thinks that he acted foolishly.

- People say that he is a hard-working man.

② 그러나 이와 같은 경우 일반주어를 이용하는 것 보다는, 그 문장을 수동태로 바꾸어 일반주어를 없애는 것이 바람직하다. (중간단계인 이와 같은 구문은, P.E.U에서는 사용가능한 구조로 언급되었으나, C.G.E에서는 사용불가능 한 구조로 표시)

- That he acted foolishly is thought.

- That he is a hard-working man is said.

③ 다음 단계로 길어진 문장 주어 대신 가주어 it을 이용하여 문장의 균형을 맞추는 것이 더 바람직한 표현이 된다.

- It is thought that he acted foolishly.

- It is said that he is a hard-working man.

④ 이때 몇몇 동사들 즉 acknowledge, agree, allege, assume, believe, consider, declare, feel, know, recognize, report, say, see, suppose, think, understand 등은 이와 같은 수동형에서 that 절의 주어가 전체문장의 주어로 바뀌고, that절의 동사는 to부정사로 바뀔 수 있다. (변형규칙이 적용되어 내포문의 주어가 전체 문장의 주어가 된다.)

- He is thought to have acted foolishly. (주절과 종속절의 시간 차이 때문에 완료형 to부정사로 표현됨)

- He is said to be a hard-working man.

동사 allege, believe, consider, feel, know, report, say, suppose, think, understand 등은 이와 같은 구문에서 that절을 이끄는 유도부사 there이 전체 문장의 주어 자리에 쓰일 수 있다.

- It is said that there is plenty of oil off the coast.

⇒ there is said to be plenty of oil off the coast. → L.E.G 12.8

이와 같은 구문에서 동사 suppose는 몇몇 경우 두 가지 의미를 나타낼 수 있다.

- It is supposed that he is in Paris.

⇒ He is supposed to be in Paris.

= He should be in Paris. 또는

= People suppose that he is in Paris. 의 의미

단, 일반적으로는 "be supposed to"는 보통 "의무의 개념"을 나타내기 위해서 사용된다.

- You are supposed to know how to drive.

= It is your duty to know how to drive.

= You should know how to drive.

  * 하지만 완료형 to부정사(이전시간일 때)가 뒤따라올 때는, ("의무의 개념"을 나타낼 수도 있지만) 대부분은 정상적인 능동태 suppose의 수동태 상당어구의 의미를 나타내며, 이와 같은 차이는 보통 문맥에 의해서 구별할 수 있다.

6.4.1.5 명령문

(1) 명령문의 수동형은 "let + 목적어 + be + V-ed"의 형태로 만들어진다.

- Do the work at once.

⇒ Let the work be done at once.

- Don't forget it.

⇒ Don't let it be forgotten.

⇒ Let it not be forgotten.

(2) 그러나 이 경우, 의미상 명령문 앞에서 생략되었던 것으로 볼 수 있는 you must를 재생시켜서 "You must + be + V-ed" 구문을 사용하는 것이 보다 자연스럽다.

- (You must) do the work at once.

⇒ The work must be done at once.

▪ (You mustn't) forget it. = Don't forget it.

⇒ It mustn't be forgotten.

6.4.2 비한정동사절을 이용한 수동태 전환(비한정동사절 → blog 10C)

6.4.2.1 비한정동사의 의미상주어가 없는 경우

(1) 비한정동사의 의미상주어가 없는 경우에는 보통 that절을 이용하여 수동태문장을 만든다.

▪ He decided to sell the house.

⇒ He decided that the house should be sold.

▪ He recommended using bullet-proof glass.

⇒ He recommended that bullet-proof glass should be used.

(2) 그러나 동사 need, want, deserve, require 등은 예외적으로 그 뒤에 사용되는 비한정동사의 목적어가 전체문장의 주어가 되고 그 비한정동사가 수동형으로 바뀌는 즉 "동사 + to부정사 + 목적어" 구문이, "동사 + to be + 과거분사" 구문으로 바뀌는 수동태문장으로 만들어질 수 있다. → blog 10.3 의 21번 문형

▪ I need to mend my radio.(추정사실)

⇒ My radio needs to be mended.(추정사실)

cf. My radio needs mending.(확정사실)

(3) 동사 appear, begin, come, continue, seem, start, tend 등도 그 뒤에 사용되는 비한정동사의 목적어가 전체문장의 주어가 되고 그 비한정동사가 수동형으로 바뀌는 구문에 사용될 수 있다.

▪ Supermarkets started to sell fresh pasta only in the 1990s.

⇒ Fresh pasta started to be sold by supermarkets only in the 1990s.

★ be to용법으로 사용될 때의 to부정사도, 그 to부정사의 목적어가 전체문장의 주어가 되고 to부정사가 수동형으로 바뀌는 구문으로 사용

된다.

- They are to fill in this form in ink.

⇒ This form is to be filled in in ink.

- They are to finish the cleaning by mid-day.

⇒ The cleaning is to be finished by mid-day.

(4) 동사 agree, aim, arrange, attempt, hope, refuse, want 등은 이와 같이 사용될 때 능동태문장과 수동태문장의 의미가 달라진다.

- Mr Smith wanted to help me.

⇒ I wanted to be helped by Mr Smith.

 * 단, ing형이 뒤따라올 수 있는 몇몇 동사들 즉 love, enjoy, avoid, deny, dislike, face, hate, imagine, like, remember, report, resent 등은 수동형인 "being + 과거분사"형도 뒤따라올 수 있다. 그러나 그에 대응되는 같은 의미를 나타내는 능동형 구문은 없다.

- I really love being given presents.

- The children enjoyed being taken to the zoo.

6.4.2.2 비한정동사의 의미상주어가 있는 경우

(1) 한정동사의 주어가 비한정동사의 목적어와 같을 때 (즉 재귀대명사가 사용되어야 하는 경우)

① 비한정동사가 to부정사 또는 ing형인 경우(예외적용법) : 비한정동사의 목적어는 생략되며, 선행동사에 의해 "to be + V-ed" 또는 "being V-ed"형이 선택되어 사용된다. 즉 수동의 조동사인 to be, being이 생략되지 않는다.

- He likes people to call him 'sir'.

⇒ He likes to be called "sir".

- He hates people making fun of him.

⇒ He hates being made fun of.

- I remember them taking me to the zoo.

⇒ I remember being taken to the zoo.

* 이와 같이 ing형이나 to부정사가 뒤따라오는 동사 뒤에는 비한정동
사의 수동형구문이 흔히 사용된다.

② 비한정동사가 원형부정사인 경우(정상적인 형태로 전환됨)

㉠ 보통 비한정동사의 주어가 막연하거나 이미 알고 있어서 밝힐 필요
가 없을 때 또는 일반주어일 때만 비한정동사 수동태로 바뀐다. 이
때 비한정동사의 목적어는 재귀대명사의 형태로 사용되고 수동의 조
동사 "be"는 생략된다.

▪ I cannot make people understand me in English.

⇒ I cannot make myself understood in English.

단, 사역동사 let 뒤에서는 수동의 조동사 be가 생략되지 않는다.

▪ Don't let your failure depress you.

⇒ Don't let yourself be depressed by your failure.

㉡ 그렇지 않은 경우는 한정동사 수동태로 바뀌며, 이때 비한정동사는
to부정사로 바꿔준다.

▪ They made him tell them everything.

⇒ He was made to tell them everything.

* let 다음에 단음절동사가 뒤따라올 때는 원형부정사를 사용하기도 한
다.

▪ They let him go.

⇒ He was let go. → 6.4.1.1의 6

(2) 한정동사의 주어가 비한정동사의 목적어와 다를 때

① 비한정동사의 의미상 주어가 일반주어 등일 때 : 이때는 비한정동사
의 수동태전환이 좀 더 적절한 표현이 된다. 이 구문에서 수동의 조
동사 "be, to be, being"은 항상 생략되기 때문에 오직 비한정동사의
V-ed형만 수동태동사로 사용된다.

- He saw someone park a car outside the bank.

 ⇒ He saw a car parked outside the bank.

- I will get the barber to cut my hair short.

 ⇒ I will get my hair cut short.

- Why don't you keep the oculist testing your eyes?

 ⇒ Why don't you keep your eyes tested?

단, 사역동사 let 뒤에서는 수동의 조동사 "be"가 생략되지 않는다.

- He let everybody know that he was about to resign.

 ⇒ He let it be known that he was about to resign.

② 비한정동사의 의미상주어가 일반주어 등이 아닐 때 : 이때는 한정동사 또는 비한정동사의 수동형이 모두 가능하다.

- He urged the Council to reduce the rates.

 ⇒ The Council was urged to reduce the rates.

- The houses had the gale rip off their roofs.

 ⇒ The houses had their roofs ripped off by the gale.

 * 이 구문에서 동사 advise, beg, order, recommend, urge는 뒤따르는 비한정동사구를 "that... should"절로 바꾸어서, 그 절을 수동태로 전환하는 것도 가능하다.

 ⇒ He urged that the Council should reduce the rates.

 ⇒ He urged that the rates should be reduced.

 * 문맥이 허용하는 몇몇 경우에는 한정동사와 비한정동사 모두를 한꺼번에 수동태로 바꾸는 것도 가능하다.

- We expect the government to propose changes to the taxation system.

 ⇒ We expect changes to the taxation system to be proposed by the government.

⇒ Changes to the taxation system are expected to be proposed.

6.5 수동태에서 주의할 점

6.5.1 모든 동사가 수동태에 사용될 수 있는 것은 아니다.

목적어가 없는 자동사는 수동태에 사용될 수 없다. 또한 몇몇 타동사도 전혀 또는 적어도 어떤 의미로는 수동태에 쓰일 수가 없다. 반면에 '자동사 + 전치사'의 형태로 자동사구가 수동태에 사용되는 경우도 있다. 수동태 가능여부의 판단은 다음과 같다.

6.5.1.1 목적어가 주어에 의해 영향을 받는다고 판단되는 경우에만 수동태가 가능하다. 이때

(1) 영향을 많이 받을수록 타동성이 높아져서, 수동태문장도 그만큼 더 자연스럽다.

(2) 영향을 적게 받을수록 타동성이 낮아져서, 수동태문장도 그만큼 더 부자연스럽다.

- The stranger approached me.

  ⇒ I was approached by the stranger.

- The train approached me at the station.

* 역에서 기차가 들어오는 것이 나에게 영향을 준다고 할 수 없으므로, 이런 경우에는 수동태로 바꾸면 부자연스런 문장이 된다.

6.5.1.2 "영향관계"는 동사의 성질이나 주어, 목적어 이외에도 부사, 부정어구 또는 서법조동사 등도 "영향관계"에 관여하여 수동태 가능성에 영향을 줄 수 있다.

- John knows the man next door.

위의 문장의 수동형은 부자연스럽다. 그러나 다음의 문장들은 보다 자연스러운 수동형문장이 될 수 있다.

- John no longer knows the man next door.

⇒ The man next door is no longer known by John.

- John completely knows the man next door.

⇒ The man next door is completely known by John.

- John should know the man next door.

⇒ The man next door should be known by John.

6.5.1.3 수동태가 불가능한 전형적인 경우

① 과정이 아니라 상태를 나타내는 동사 (보통 진행형도 안 됨)

- They have a nice house.
- John resembles his father.

② 직접목적어가 재귀대명사일 때

- John taught himself.

* 재귀대명사의 사용을 피하기 위한 수동태문장으로 볼 수 있는 몇몇 특별한 예가 존재한다.

- You must be prepared for the worst.

  (⇒* You must prepare yourselves for the worst)

- She was dressed in white.

  (⇒* She dressed herself in white.)

③ 동사의 의미가 대칭적일 때

- John married Susan.
- Susan married John.

6.5.2 수동의 조동사는 be동사이지만 get이 대신 쓰일 수도 있다.

6.5.2.1 일반적으로 객관적인 묘사가 요구될 때는 be동사를 사용하고 말하는 사람의 태도(화, 실망, 유감) 등이 포함될 때 get을 사용할 수 있다.

- I tried to find my way round London without a map and got lost.

또한 동작수동태에 변화의 개념을 포함하기 위해 become, get, grow 등이 사용되기도 한다.

- I became concerned when he hadn't come home by midnight.

- He will soon grow accustomed to this sort of work.

반면 상태수동태에는 be 대신 lie, rest, seem, stand 등이 쓰이는 경우도 있다.

- lie concealed(숨겨져 있다)

- rest assured(안심하고 있다)

- seem satisfied(만족하고 있는 것 같다)

- stand prepared(각오하고 있다)

* get은 또한 비격식체문장이나 구어체에 주로 사용되고, 보통 행위의
   주체자(by로 이끌리는 agent)가 표시되지 않는 문장에서 주로 발견된다.

6.5.2.2 get이 주로 사용되는 구체적인 경우는 다음과 같다.

① 자기 자신에게 무엇인가를 하는 경우에 사용된다.

- I got dressed as quickly as I could.

② 자기 자신을 위하여 무엇인가를 이루어냈을 때 사용된다.

- I wasn't surprised she got elected after all the efforts she made.

③ 어떤 좋지 않은 일(손해, 손상, 사고 등)이 우리의 통제범위 밖에서
   일어났을 때도 사용될 수 있다.

- We got delayed because of the holiday traffic.

- The eggs got broken.

④ 갑자기 예상 못하게 또는 우연히 이루어진 일에도 사용될 수 있다.

- My brother got hit by a cricket ball.

⑤ get married, get engaged, get divorced의 형태로 자주 사용된다.

6.5.3 행위의 주체자(agent)에 붙는 by 및 with 등의 전치사

6.5.3.1 행위의 주체자

행위의 주체자는 by로 표시되며, "누구에 의해서 또는 무엇에 의해서 그 일이 이루어졌는지" 말하는 것이 중요할 때만 사용된다. 즉, "말하는 사람이 알려 주길 원할 때" 또는 "듣는 사람이 알아야만 할 때" 사용된다. 그렇지 않은 경우에는 대부분의 수동태문장에서 사용되지 않는다.

- I'm always being asked for money.

  * 수동태 문장의 4/5는 행위의 주체자(by+noun)가 표시되지 않은 상태로 사용된다.

6.5.3.2 by 와 with등의 차이점

수동태의 동사어형인 "be+과거분사"에서 과거분사가 "**행동이나 동작 자체**"를 언급할 때는 **정상적인 수동태구조**이고, 이때는 전치사 by가 "행위의 주체자" 앞에 붙는다. 그러나 과거분사가 "**행동의 결과(마음의 상태 등)**"을 언급할 때는 그것은 **형용사처럼 사용된 과거분사**로 이때의 전치사의 선택은 "그 과거 분사의 의미"에 따라 선택되어 사용된다.

- She was **frightened by** a mouse that ran into the room.
- I've always been terribly **frightened of** dying.

- The kids were so **excited by** the noise that they couldn't get to bed.
- I'm **excited about** the possibility of going to the States.

- I'm **annoyed by** the way she spoke to me.
- I'm **annoyed with** you.

- The bottle was **filled by** his brother when they were playing with it.
- During the World Cup our streets were **filled with** football fans.

- I was **interested by** what you told me.

- I am very **interested in** popular music.

- I was **surprised by** a knock at the door.

- I was **surprised at** the news.

6.5.3.3 전치사 사용시 주의점

전치사 with는 "행위의 주체자"가 어떤 행동을 하는 것을 도와주는 "도구"에 관해서 말할 때도 사용될 수 있다.

- He was shot(by the policeman) with a revolver.

* 전치사의 목적어가 수동태문장의 주어로 바뀔 때, 전치사는 보통 본래의 자리 즉 능동태문장에서의 자리에 그대로 위치한다.

- A doctor has operated on him.

  ⇒ He's been operated on(by a doctor).

즉, 전치사로 문장이 끝날 수도 있다.

- His books were taken great care of.

- The professor is looked up to.

이 경우 who(m) 의문문에 쓰일 때 by 등 전치사의 포함에 주의해야 한다.

- Dickens wrote Bleak house.

  ⇒ Bleak house was written by Dickens.

  ⇒ Who(m) was Bleak House written by?

6.5.4 "의미"와 "문법"이 항상 일치하지는 않는다.

모든 능동형 동사가 "능동의 의미"를 갖지는 않는다. 또한 모든 수동형 동사가 "수동의 의미"를 갖지도 않는다. 언어에 따라서 표현방식이 틀려지기도 하고 또한 다음과 같이 특정 문맥에 의해서 능동형, 수동형이 그 의미가 서로 바뀔 수도 있다.

6.5.4.1 능동형 동사가 수동의 의미로 쓰이는 경우

몇몇 능동형 동사들은 특정수식어와 함께 쓰일 때 수동의 의미로 사용될 수 있다.

- Meat will not keep in hot weather.

- Your report reads well.

- The new Ford is selling badly.

- This cloth sells two dollars a yard.

- This passage does not translate well.

- This dress does up at the front.

- This surface cleans easily.

6.5.4.2 능동형 ing형이 수동의 의미로 쓰이는 경우

동사 need, want와 require 뒤에서 능동형 ing형은 수동의 의미로 사용된다. → blog 10.3 의 21번 문형

- My watch needs cleaning. (= to be cleaned)

- Your hair needs cutting.

- Does your suit require pressing, sir?

- The car wants servicing. (영국식 영어에서만 사용됨)

* 형용사 worth 뒤에서도 능동형 ing형이 수동의 의미로 사용될 수 있다.

- The car isn't worth repairing.

  ← It isn't worth repairing the car.

6.5.4.3 비슷한 의미의 능동형과 수동형 to부정사

There is~ 구문 뒤 등 몇몇 구문에서 능동형 to부정사와 수동형 to부정사가 유사한 의미로 사용될 수 있다. (특히 be동사 뒤에 사용될 때)

- There is a lot of work to do. (= to be done)

- Nobody is to blame for the accident. (= to be blamed)

이때 "행동자체"에 대해서보다는 그 행동을 해야만 되는 "사람"에 관해서 더 많이 생각할 때는 보통 능동형 to부정사를 사용한다.

- Give me the names of the people to contact.

6.5.4.4 능동적 의미의 과거분사형

현재분사(ing형)은 형용사로 사용될 때는 보통 능동의 의미로 쓰이고 과거분사(ed형)은 보통 수동의 의미로 사용된다.

- a crying child;   the people taking part

- a broken window;   the people invited

그러나 과거분사가 능동의 의미로 쓰이는 다음과 같은 예외도 있다.

a retired general; fallen rocks; vanished civilizations; faded colours; an escaped prisoner; a grown-up daughter; a well-read person; a much travelled man; recently-arrived immigrants; a burn-out match

6.5.5 형용사로 쓰이는 V-ed 형과, 수동태로 쓰이는 V-ed형의 비교

6.5.5.1 ed형의 두가지 의미

일반적으로 "동작을 끝낸 결과물(마음의 상태 변화도 포함)"을 생산해 내는 동사(perfective verbs)는 "be + V-ed"으로 쓰일 때 '과거분사형'이 두 가지의 의미를 가질 수 있다.

* Perfective verbs are verbs which refer to actions that produce a finished result. → P.E.U 465

6.5.5.2 동작수동태와 상태수동태

그들은 행동(동작)을 언급할 수도 있고 또는 "현재완료수동시제"의 의미로 쓰여 그 결과(하나의 상태)를 묘사할 수도 있다. 행동을 언급할 때는 정상적인 수동태(동작수동태)로 쓰인 것이고 그 결과를 언급할 때는 수동태라기보다는 형용사에 더 가깝다.(상태수동태 : statal passive)

"The theater was closed."는 문맥에 따라 두 가지 의미가 있다.

⇒ The theater was closed by the police on the orders of the mayor.

⇒ When I got to the theater, I found that it was closed.

첫 번째 문장에서 closed는 opened의 반대말로 정상적인 수동태의 의미이다. (동작수동태 : actional passive)

두 번째 문장에서 closed는 open의 반대말로 어떤 행동이 아니라 하나의 상태를 언급하고 있다. 즉 이때는 형용사적으로 사용된 것이다.(상태수동태 : statal passive) ☞ 이 문장의 closed는 주격보어

6.5.5.3 만약 과거분사가 형용사적으로 쓰였다면 그것은 능동태 문장으로 전환 될 수도 없고, "by+행위의 주체자"와 함께 쓰일 수도 없다.

- I was worried about you all night. (하나의 상태⇒형용사)
- I was worried(=annoyed) by mosquitoes all night. (동작동사⇒수동태)

  * 본래부터 형용사로 쓰이는 ing형, ed형은 very, rather, somewhat 등이 수식어로 쓰일 수도 있고, 비교급으로의 변화도 가능하다.

6.5.5.4 '상태수동태'로 쓰일 때는 그에 대응하는 형용사가 있으면, 그 형용사를 사용하기도 한다.

- The factory is always opened to visitors.
- The factory is always open to visitors.

6.5.5.5 "be + Vi-ed" 구문으로 사용될 때, Vi-ed형은 '그 자동사의 동작이 완료된 뒤의 상태'를 표현한다.(수동의 뜻이 없음)

- All the leaves of the garden trees are fallen. (=have fallen)

★ 명사수식어로 쓰일 때의 과거분사형과 현재분사형은 다음과 같은 특징이 있다.
  ① 명사 앞에 쓰일 때(전위수식어)는 형용사에 더 가깝고, 보통 그 명사의 고정적·일반적·영구적인 특성을 표현한다. 전위수식어로 쓰일 때는 과거분사형도 very가 수식해 준다.
    - a broken window; an interesting book; the very tired boy

- I don't want to spend my life surrounded by screaming children.

② 명사 뒤에 쓰일 때(후위수식어)는 정상적인 수동태구조(관계절의 축약형)에 더 가깝고, 하나의 단일 상황에 대해서 표현하는 것이다. 이때의 분사는 형용사 역할뿐만 아니라, 동사처럼 쓰이고 있는 것이다.

- a man climbing on a rock
- the problems discussed at the meeting

③ 그러나 모든 분사가 전위 수식어로 쓰일 수 있는 것은 아니다. 왜 어떤 동사의 분사는 명사 앞에 사용될 수 있고, 어떤 것은 사용될 수 없는지는 아직 완전히 분석되지 않은 영문법영역이다.

- a lost dog   * a found object(비문)

④ 한편 명사 앞에 사용될 수 없는 많은 과거분사들이 복합형용사 구조(부사+분사)로는 명사 앞에 사용될 수 있다. (하나의 상태를 언급할 때)

- a recently-built house;   the above-mentioned point

분사가 목적어를 가지고 있을 때도, 그 전체 표현이 불변의 성질을 묘사할 때는 명사 앞에 사용될 수 있다. (형용사화)

- a self-winding watch;   English-speaking Canadians
- a fox-hunting man

기타의 많은 복합형용사들도 가능하다

- long-playing records;   home-grown vegetables
- man-made fibers

⑤ 몇몇 분사들은 그들의 위치에 따라, "영구적" 또는 "특정 단일동작"의 차이에 의해 그 해석이 달라진다.

- the **people concerned** : (일어나고 있는 일에 의해) 영향을 받은 사람들
- a **concerned expression** : 걱정스러운 표정

- the **people involved** : (일어나고 있는 일에 의해) 영향을 받은 사람들

- an **involved explanation** : 복잡한 설명

- the **solution adopted** : 선택된 해결책

- an **adopted child** : 그의 생물학적 부모가 아닌 사람들과 사는 어린이

6.5.6 생략된 수동태 구조

"바람"이나 "선호"를 표현할 때는 종종 생략된 수동태구조를 사용한다.

- I'd like it(to be) fried / cleaned / repaired

- I like it(when it is) fried / boiled.

사역형에서 과거분사가 생략되는 경우도 있다.

- I had a tooth out this morning.(=pulled out)

6.5.7 수동태와 서법조동사

능동태를 수동태로 전환 시에 '서법조동사'는 변화되지 않는다. 수동태로의 전환은, 그 전체 문장의 내용에 대한 초점의 변화일 뿐 그 문장의 동사구에 미치는 '서법'적인 성질이 변화되는 것은 아니기 때문이다.

- You must/should shut these doors.

  ⇒ These doors must/should be shut.

- You can play with these cubs quite safely.

  ⇒ These cubs can be played with quite safely.

- He may cook the food.

  ⇒ The food may be cooked.

- They will not publish the results of the study immediately.

  ⇒ The results of the study will not be published immediately.

그러나 미래시제조동사로 쓰인 will과 shall의 경우에는, 수동태로 전환된 문장의 주어가 1인칭일 때, 영국식 영어에서 will이 shall로 바뀔 수가 있

다. 이 경우의 will/shall은 단지 미래시간을 표시하는 기호로만 쓰이고 '서법'이 나타내는 '주관성'과는 다른 개념이기 때문이다.

- He will tell me some day.

    ⇒ I shall be told by him some day.

6.5.8 수동태 문장에 사용된 양태부사의의 위치

양태부사는 과거분사의 앞이나 뒤에 사용될 수 있다.

- This room has been badly painted.
- This room has been painted badly.

7장 조건문

7장 1단계(들어가기 : 내용요약 및 기본개념)

가. 조건문의 요약

* 영문법 원서 10여 권을 종합한 결과이며, 아래의 모든 내용에 대한 근거가
  영문법 원서에서의 출처 표시로 제시되어 있습니다. 일반 학습자는 이 부분만
  공부하고 이해하고 암기하면 충분합니다. 나머지 부분(조건문의 구체적인
  내용)은 궁금한 내용이 발생했을 때 참고용으로 이용하면 됩니다.

<1> 조건문의 2가지 종류

동사의 '시제표현'으로 볼 때, '실현조건문'과 '비실현조건문'의 2가지
로 구분되며 **"조건절의 실현가능성"**에 의한 하위분류로 각각 3가지
종류로 분류되어 모두 6가지의 조건문으로 구분된다.

(1) '**실현조건문(real conditionals)**'이란 조건절의 내용이 실현될 것이라
고 판단한 상태 즉 **'실현되는 쪽으로 판단하거나 가정한 상태'에서
표현되는 조건문**으로, **'시간과 시제'를 일치**시켜서 표현하는 조건문
을 말한다.

(조건절의 실현가능성 : 50~100%로 판단)

- If I can afford it, I will buy it.
- If you could wait a moment, I'll fetch the money.
- I should be grateful if you would reply as soon as possible.
- If he was in New York, he could have met my sister.
- If he had enough time, he could/might have phoned her.

* 의미의 관점에서 볼 때 would, should, could, might는 좀 더 망설이거나 좀
  더 공손한 표현으로 변형되어 사용되는 현재형의 변형(variants) 즉 '현재형'의
  또 하나의 형태이기도 하다. → 5.5.4
* 즉 위의 예문에 사용된 could, should, could, might는 '망설임형'으로 사용된

'현재형'으로, 위에 예시된 문장들은 '시간과 시제'의 일치에 아무런 문제가 없는 문장들입니다.

(2) '**비실현조건문**(unreal conditionals)'이란 조건절의 내용이 실현 안 될 것이라고 판단한 상태 즉 **실현 안 되는 쪽으로 판단하거나 가정한 상태(an imaginary situation)에서 표현되는 조건문**으로, '**선시제**'를 사용하여 표현하는 조건문을 말한다.

(조건절의 실현가능성 : 0~49%로 판단 할 때)

- They might be angry if I didn't visit them.

- If I knew her number, I would call her.

- If he had known the facts, he could have told her what to do.

- If I could have stopped, there wouldn't have been an accident.

* '선시제'란 '비실현조건문(=가정법 등)'에 사용되는, 실제시간 보다 한 단계 앞쪽으로 표현되는 시제를 말한다. (back shifted)

* '비실현조건문'에 사용된 would, should, could, might는 '선시제형'으로 사용된 어형으로, 그 형태 자체는 '과거형'입니다. → 7.2.1 의 비실현조건문

<2> 조건문의 2가지 종류에 따른 6가지 구분

※ 실현조건문은 그 조건절의 실현가능성과 용도에 따라 3가지로 구분된다.

① 100%의 가능성으로 나타내는 경우(확정조건문 : 이 경우 if는 whenever 의 의미)

- If you boil water, it turns/will turn into steam.

- If I made a promise, I kept it.

② 51~99%의 가능성으로 나타내는 경우(백분율은 참고 사항으로, 시간과 시제를 일치시켜서 표현하지만, 100%나 50%가 아닌 실현조건문을 의미)

- If it doesn't rain tomorrow, I'll go shopping.

- If he parked his car there, the police would have removed it.

③ 50%의 가능성으로 나타내는 경우(조건절에 should 사용 : '미래조건'을 나타내며 그 실현가능성에 대한 판단의 근거가 없는 경우 또는 고의적으로 '실현가능성'을 50%까지 낮추어 표현함으로써 '공손한 용법' 등에 사용)

- If the report should be true, I will employ him.

- If you should see him, could you give him my message?

※ 비실현조건문도 그 조건절의 실현가능성과 용도에 따라 3가지로 구분된다.

    * 비실현조건문은 '선시제'가 사용되므로, 3가지 구문 모두 단지 '공손한 요청' 등을 나타내기 위한 용도로도 사용될 수 있다.

④ 1~49%의 가능성으로 나타내는 경우(백분율은 참고 사항으로, 선시제를 사용하여 표현하지만, 0%나 were to 조건문이 아닌 비실현조건문을 의미)

- What would you do if you lost your job?

- If you asked him, he might help you.

- If he left his bicycle outside, someone would steal it.

- It would be nice if you helped me a little with the housework.

- If he had received a present, he should have thanked her.

⑤ were to 조건문(조건절에 were to 사용 : '미래조건'을 나타내며, '비실현조건문'인 선시제 구문이지만, 0%(가정법)은 아닌 조건문이라는 것을 확실하게 나타내기를 원할 때 또는 의도적으로 실현가능성을 낮추어 표현함으로써 상대방을 자극하지 않는 의미의 '공손한 요청' 등에 사용)

- If you were to ask him, he might help you.

- If Sue were to make an effort, she could do better.

- If I were to ask, would you help me?

- If you were to move your chair a bit to the right, we could all sit down.

- What would you do if war were to break out?

⑥ 0%의 가능성으로 나타내는 경우(가정조건문 : 조건절은 반대사실을 나타내지만, 주절의 내용까지 반드시 반대사실이 되는 것은 아님)

- If he were here, he might help us.

- If I were you, I ought to get that car serviced.

- Would you like cats if you were me?

- If I could have got anything else, I would have brought it.

S.Y rule1 : 실현조건문 사용의 규칙

'실현되는 쪽으로 판단'되는 조건을 표현할 때는 '시간과 시제를 일치'시켜서 직설법의 조건문 즉 '실현조건문'으로 표현하며, 실현조건문은 '100%의 가능성'을 나타내는 '확정조건문', '51~99%의 가능성'을 나타내는 '추정조건문' 그리고 '50%의 가능성'을 나타내는 'should 조건문'으로 구분하여 사용한다.

S.Y rule2 : 비실현조건문 사용의 규칙

'실현 안 되는 쪽으로 판단'되는 조건을 표현할 때는 '선시제'를 사용하여 가정법의 조건문 즉 '비실현조건문'으로 표현하며, 비실현조건문은 '1~49%의 가능성'을 나타내는 '추정조건문' 'were to 조건문' 그리고 '0%의 가능성'을 나타내는 '가정조건문'으로 구분하여 사용한다.

나. 조건문을 새롭게 구분한 근거

① 영문법 원서에서 제시되고 있는 neutrality의 다양성

- to부정사/wh-절 : 50~99%의 확실성

- putative 'should' : 50% 또는 그에 근접한 50% 이상의 확실성

- open condition : 50~99%의 확실성

- the subjunctive : 1~99%의 확실성

  (present subjunctive : 50~99%의 확실성

    + past subjunctive : 1~49%의 확실성)

② 조건문에 표현된 neutrality의 판단

- fact : 100%의 실현가능성

- hypothesis : 0~49%의 실현가능성

- neutrality(=open condition) : 50~99%의 실현가능성

* 문장을 진실과 거짓의 입장에서 구분할 때 fact, hypothesis와 neutrality로 구분하므로, fact가 100%이고 hypothesis가 0~49%이므로, neutrality = open conditional)은 그 나머지 부분인 50~99%로 보아야 한다.

③ 조건문의 구분

- the truth(=zero conditional, 확정조건) : 100%

- open conditional(개방조건) : 50~99%

- hypothetical conditional(비실현조건/가정조건) : 0~49%

        = unlikelihood(1~49%) + falsehood(0%)

☞ 실현조건문(the truth+open) = 50~100%

☞ 비실현조건문(falsehood+unlikelihood) = 0~49%

2 단계(본문) : 7.1 ~ 7.4.6은 조건문의 구체적인 내용을 설명함

7.1 조건문의 이해

7.1.1 조건문을 이해하기 어려웠던 이유는 '정상적인 조건문'과 '그 이외의 if절 구문'을 모두 한 가지 틀로 이해하려 했기 때문이다.

7.1.2 정상적인 조건문

정상적인 조건문이란 '만약에 ~조건이라면'이라는 의미의 조건절과 그 결과를 나타내는 주절이 결합된 조건문을 말한다. 그러므로 정상적인 조건문에서는 '조건절의 내용'이 '주절의 내용'보다 반드시 먼저 발생하는 내용을 나타낸다. 또한 그 조건절에는 '이미 발생해 있는 사건'은 사용될 수가 없다.

- If the rain stops, we'll be able to go for a walk.

☞ L.E.G 14.1 Conditions

A condition is something that has to be fulfilled before something else can happen.

조건이란 다른 무엇인가가 발생할 수 있기 전에 충족되어야만 하는 무엇인가를 말한다.

Conditional clauses after 'if' are not about events, etc. that have occurred, but about events that can or might occur or might have occurred.

접속사 'if' 뒤에 사용되는 조건절은, 이미 발생해 있는 사건을 나타내는 것이 아니라, 발생할 수도 있거나 발생했을 수도 있는 사건에 관한 것을 말해 준다.

  * 정상적인 조건절은 (1) 현재이후시간에는 ①언제나 발생할 수 있는 사건
    ②발생할지도 모르는 사건 ③발생해 있을지도 모르는 사건 ④발생하지 않은
    사건을 나타내고, (2) 과거시간에는 ①언제나 발생할 수도 있었던 사건
    ②발생하려고 했을지도 모르는 사건 ③발생해 있었을지도 모르는 사건
    ④발생하지 않았던 사건을 나타내기 위해서 사용된다.

7.1.3 정상적인 조건절이 아닌 경우에 사용되는 접속사 if → 7.6의 7.1.3

7.1.4 조건절 표현 시 주의할 점 → 7.6 의 7.1.4

7.2 조건문의 표현원리

7.2.1 조건문은 조건절로 표현되는, 조건의 실현가능성에 의해서 2가지로 구분된다.

즉 '주관적인 판단'에 의한 '그 조건의 실현가능성'에 의해서, '시간과 시제를 일치시켜서 표현'할 것인지 아니면 '선시제'를 사용하여 표현'할 것인지가 결정된다(**조건절이 중심**). → 7.4.6.1 의 ★ 및 blog 7.6(7.2.1의 근거)

◎ **실현조건문(real conditionals)**

조건의 실현가능성이 50%이상일 때 : 그 조건절의 내용이 '실현되는 쪽으로 판단하거나 가정한 상태(probable = likely to happen)'에서 조건문을 표현할 때는 '시간과 시제를 일치'시켜서 문장을 표현한다.

(실현조건문=직설법의 조건문)

- If your parents disapprove of the plan, you should give it up.(real)
- If I can afford it, I will buy it.(real)
- If you could wait a moment, I'll fetch the money.(real)

* 직설법(indicative mood)이란, 어떤 '객관적인 사실'을 표현하는 용법이 아니라, 어떤 일을 '사실로서 진술'한다는 '발언자의 심적 태도'를 나타내는 표현으로 '시간과 시제를 일치'시켜서 표현한다.
* 법(mood)이란 하나의 문장을 입 밖에 낼 때의 화자(speaker)의 심적 태도(modality)를 동사의 어형 변화로 나타내는 것을 말한다.

☞ M.E.G Unit10 - real conditions

"if+present simple, will/won't (do)" shows the results in the future of a real situation, with possible or likely results.

이와 같은 형태는 '실현상황'에 대한 '미래의 가능하거나 일어날 것 같은 결과'를 보여 준다.

★ 이 경우 혼란을 일으키는 것이 would, should, could, might의 사용인데, 이들은 will, shall, can, may의 '과거형'으로도 사용되지만, 더 많은 경우에 will, shall, can, may의 '망설임'형(=현재형)으로도 사용된다.

① S.G 4.21

From the point of view of meaning, 'the past forms(would, should, could, might)' are often merely more tentative or more polite variants of 'the present forms'. (중요내용이므로 다시 기재)

의미의 관점에서 볼 때, '과거형'인 would, should, could, might는, 자주 단지 좀 더 망설이거나 좀 더 공손한 표현으로 변형되어 사용되는 '현재형'의 별 형(또 하나의 형태 : another form)이기도 하다.

② C.G.E 295 Tentative possibility(could, might)

'Could' and 'might' in their hypothetical sense are often used to express 'tentative possibility', i.e. to talk of something which is possible, but unlikely.

가정 의미 또는 가정으로 추정되는 의미로 쓰인 could와 might는 자주 '망설이는 가능성'을 나타내기 위해서 사용된다. 즉 '가능은 하지만 일어날 것 같지는 않은 무엇인가'에 관해서 말하기 위해서 사용된다.

◎ 비실현조건문(unreal conditionals)

조건의 실현가능성이 50% 미만일 때 : 그 조건절의 내용이 '실현 안 되는 쪽으로 판단하거나 가정한 상태(improbable=unlikely to happen)'에서 조건문을 표현할 때는 '선시제'를 사용하여 문장을 표현한다. (비실현조건문=가정법 등)

- If he failed, he ought to try again.(unreal)

- If I knew her number, I would call her.(unreal)

- They might be angry if I didn't visit them.(unreal)

* '선시제'란 '가정법' 등에 사용되는, 실제시간보다 한 단계 앞쪽으로 표현되는 시제를 말한다.(back shifted form) 이것도 '망설임형'의 일종이지만, 시제상 '과거형'으로 분류되기 때문에 '선시제'형이라고 부른다.

☞ M.E.G Unit10 - unreal conditions

"if+past simple, would (go)" shows the results which would follow from an imaginary situation, with impossible or unlikely results.

이와 같은 형태는 가상의 상황으로부터 뒤따르게 되는 '불가능하거나 일어 날 것 같지 않은 결과'를 보여 준다.

★ 비실현조건문은 또한 조건문을 이용하여, 어떤 일에 대한 '바람직한 방향'의 '권고나 문의'를 하기 위한 '제안' 등을 표현하기 위해서도 사 용될 수 있다. 즉, 의도적으로 그 조건의 '실현가능성'을 50% 미만으 로 낮추어 표현함으로써, 상대방을 자극하지 않고 반감을 줄이는 의 미의 '공손한 용법'으로도 '비실현조건문'이 사용될 수 있다.

- If I were you, I'd start packing now.

- It would be nice if you helped me a little with the housework.

- If you went by train, you would get there earlier.

- If you didn't stay up so late every evening, you wouldn't feel so sleepy in the morning.

- She'd be better company if she didn't complain so much.

★ '실현가능성'이란 말하는 사람이 느끼는 '주관적인 판단'으로, 수학적 또는 객관적인 '편 가르기'가 아닌 경우도 있다. 즉 '만약 ...라면, 나 는 ...할 거다. 그러나 만약 그 반대라도, 나는 ...할 거다.'와 같은 두 개의 대조되는 조건문에서도 상황에 따라서는 모두 '실현조건문'으로 표현될 수도 있다. → 7.1.3 의 <4>

▶ 7.2.1D [보충·심화 학습]2 : 의도적으로, '선시제'를 이용한 '비실현조
건문'으로 표현하는 경우 → blog 7.6(7.2.1D)

▶ 7.2.1 의 영문법 원서의 근거 1~12 → blog 7.6(7.2.1 의 근거)

7.2.2 조건문 주절에 사용되는 조동사

조건문의 주절에 사용되는 조동사들(will, shall, can, may, would, should, could, might 등)은 조건문의 주절이 종속절보다 '이후시간에 발생할 사건' 임을 나타내기 위해서 사용되는 것이며, 이들뿐만 아니라 '예측'이나 '미래' 등의 의미를 나타낼 수 있는 be going to, be likely to, be to 또는 '현재 진행시제' 등도 이런 조동사들 대신에 조건문의 주절에 사용될 수 있다.

- If you are planning to vote, you have to register.

- If you haven't paid the bill by Friday, we're taking the carpets back.(미래완료시제에서 will이 생략된 haven't paid)

- If it rains this afternoon, we're going to stay in and watch some DVDs.

☞ A.G.U Unit83 If(1)

We can talk about possible future events with a present tense verb in the 'if-clause' and a future form(will, present continuous or be going to) in the main clause.

우리는 if절에 '현재시제'를 사용하고, 주절에 미래형(will, 현재진행시제 또는 be going to)을 사용하여, 가능한 미래사건에 대해 표현할 수 있다.

☞ G.B Unit24 3.1 Forming Future Real Conditionals

Use the simple present in the 'if-clause' and a future verb form in the main clause.

If절에는 단순현재시제를 사용하고, 주절에는 미래를 나타내는 동사형을 사용한다.

7.2.3 will, shall, can, may등 서법조동사들의 시간표현은 다음과 같다.

- **서법조동사+V(단순형 원형부정사) = 현재이후시간 표현**

  ▪ If he **will/would** only **try** harder, I'm sure he'd do well.

- **서법조동사+have V-ed(완료형 원형부정사) = 과거시간 표현**

  ▪ If he parked his car there, the police **would have removed** it.

  * would, should, could, might의 용법에 주의해야 한다. 이들은 '과거형'으로 사용되어 직접 '과거시간'을 나타내기도 하지만, 더 많은 경우에 '망설임형(=현재형)'으로 사용된다. → 5.5.4

7.2.4 영문법 원서들에서의 조건문의 분류 → blog 7.6 의 7.2.4

7.3 조건절의 표현내용에 의한 상세 구분

  * 조건문 구분의 이해를 돕기 위해 영문법 원서들에는 없는 백분율(%)의 개념을 도입하였습니다. 예를 들면 '비실현조건문'을 1~49%와 0%로 나눈 이유는 '선시제' 구문이 반드시 '반대의 가정'만을 나타내는 것은 아니라는 것을 강조하기 위해서입니다.

◎ **실현조건문**(시간과 시제가 일치) : 직설법의 조건문

  ① 조건의 실현가능성이 100%일 때 (확정조건문)

  ② 조건의 실현가능성이 51~99%일 때 (추정조건문)

  ③ 미래조건의 실현가능성이 50%일 때 (should조건문)

◎ **비실현조건문**(선시제 사용) : 가정법 등의 조건문

  ④ 조건의 실현가능성이 1~49%일 때(추정조건문)

  ★ '가능성 1~49%'와 '0%의 가정법'의 차이는 '상황을 어떻게 판단하느냐'에 따르는 주관적인 판단일 뿐, 어떤 절대적인 것은 아니다. 그러나 보통 '현재상황'을 나타낼 때는 '가정법'으로, '미래상황(an imaginary future situation)'을 나타낼 때는 '1~49%의 가능성'으로 판단할 수 있다.

  ★ 과거시간에서의 '1~49%(an imaginary situation)'와 '가정법'의 차

이는 주로 '1, 2인칭'과 '3인칭'의 '상황의 차이'와 '이후시간의 조건을 예측'하는지 또는 '과거시간의 반대 상황'에 대한 조건인지에 의해서 판단할 수 있다.

⑤ **미래조건**의 실현가능성이 1~49%일 때('were to' 조건문)

　　* '비실현조건문'인 '선시제' 구문이지만, 0%는 아닌 구문임을 확실하게하기 위해서 'were to' 구문이 사용될 수 있다.

⑥ 조건의 실현가능성이 0%일 때 (반대의 조건을 나타내는 경우로, 현재·과거 조건의 실현가능성 0% = 가정조건문/가정법)

　ⓐ 가정법(=가정조건문)

　　* ⑥은 이 책의 모체인 '표현을 위한 영문법(Ⅰ)'에서의 '가정법'의 정의로, 이 책의 '조건문'에서의 '가정법/가정조건문'은 이와 같은 의미, 즉 0%의 의미로만 쓰였음.

　　* 반대의 조건을 나타내는 경우(0%)에도, 직설법으로 전환 시 그 '반대사실'이 성립되지 않는 경우도 있다. → 7.4.6.1

　ⓑ 가정법 관용표현

⑦ 비실현상황(부분적인 선시제 구문)

　▶ 시제일치, 소설 등 '과거사건을 기술하는 문장'에서의 '조건문' → 7.4.8

7.4 조건문의 해설 및 예문

① 대부분의 영문법 원서에는 '과거시간을 나타내는 실현조건문'에 관한 언급이 없고, 몇몇 영문법 원서에서는 조건문을 크게 3가지로 구분하고 있지만, 조건문은 실현조건문, 비실현조건문의 구분과 현재이후시간, 과거시간을 구분하여 기본적으로는 4가지 구분으로 바로잡혀져야 할 것으로 보인다.

② 과거시간의 실현조건문은, 그 조건이 되는 상황을 사실로 취급할 때는 as/since 의미의 문장이 되고, '실현가능성이 있는 조건'으로 취급할 때는

정상적인 조건문이 된다. → blog 7.6(7.4.2 의 근거)

③ 또한 그 하위단위로 세분하면, 실현가능성에 따른 6가지 상황이 있고, 이들이 각각 '현재이후시간'과 '과거시간'으로 표현되어 12가지 종류가 되며, 이들 중 should 구문과 were to 구문은 '미래시간의 일'만을 나타내므로 실제로는 10가지 종류로 세분될 수 있다.

④ 문맥상 가능한 경우, '서법조동사+원형부정사' 형태가 모든 조건문에서 if절과 주절에 사용될 수 있다.

◎ 실현조건문(시간과 시제가 일치): 7.4.1 ~ 7.4.3
실현조건문(직설법의 조건문)은 3가지 구문으로 구분될 수 있다.

7.4.1 조건의 실현가능성이 100%일 때 (확정조건문-zero conditional)

진리, 습관 등을 나타내는 조건문으로 객관적인 표현이다. 즉 조건문이라고는 하나, if가 when이나 whenever등으로 바뀔 수도 있는 경우로 '일반적 진리, 습관' 또는 '현재나 과거의 습관' 등을 말할 때 사용된다.

* 이와 같은 구문은 기정사실(have occurred)을 나타내는 문장이 아니라 진리나 습관 등을 나타내는 구문이고 또한 이론적으로도 '늘 일어나는 일'을 나타내는 '단순현재[과거]시제'는 '미래시간[이후시간]의 일'도 포함할 수 있기 때문에, 주절을 '단순현재[과거]시제'로 표현하는 조건문을 이곳에 포함시키는 것에 무리가 없다고 판단됩니다.

A. 현재이후시간

[if절(현재시제), 주절(현재시제)]

* if절, 주절의 현재시제는 현재시간의 무제한용법; unrestrictive use

  ▪ If you boil water, it turns into steam.

  ▪ If I make a promise, I always keep it.

  ▪ Oil floats if you pour it on water.

- If it rains heavily, our river floods.

B. **과거시간**

[if절(과거시제), 주절(과거시제)] : 과거시제는 과거시간의 무제한용법

- If I made a promise, I kept it.

- If the weather was not bad, my father always used to take a walk in the evening.

- If it was too cold, we stayed indoors.

★ 조건문의 주절은 의미 표현상 당연히 그 종속절의 내용보다 '이후시간의 일'을 나타내야만 합니다. 그러므로 조건을 나타내는 if절이 사용된 경우, 그 주절에 '단순현재형'이 사용될 수 있는 유일한 가능성은, 그 문장이 '늘 일어나는 일'을 표현하는 '확정조건문(zero conditional)'일 때뿐입니다.

☞ G.B Unit 24 2. Present real conditionals

Present real conditionals describe situations that are possible now and their results. They describe general truths, facts, and habits. In these conditionals, use the simple present in the 'if' clause and in the main clause. You can use 'when' or 'whenever' in the 'if' clause. The meaning does not change.

실현조건문 현재(=확정조건문 현재)는 지금 가능한 상황과 그 결과를 기술한다. 이들은 '일반적 진리'나 '일반적 사실' 또는 '습관'을 나타낸다. 이런 조건문에서는 if절과 주절 모두에 '단순현재시제'를 사용한다. 또한 if 대신에 when이나 whenever를 사용할 수도 있다. 이 경우 그 의미는 변하지 않는다.

7.4.2 조건의 실현가능성이 51~99%일 때 : 시간과 시제가 일치

"만약 ~라면"이라는, **조건을 추측하는 의미**로 쓰일 때는 "정상적인 조건문"

▶ 이미 이루어져 있는 기정사실(have/had occurred)을 말할 때는 if가 as나 since등의 의미 → 7.6 의 7.1.3 <1>

    * 조건을 어떻게 해석하느냐 또는 조건이 무엇을 의도했느냐에 따라서, '정상적인 조건문(7.1.2)'과 '비정상적인 조건문(7.1.3)'이 구분될 수도 있다.

A. 현재이후시간

[if절(현재시제), 주절(미래시제/현재시제 : 미래의미 또는 명령문)]

    * 주절의 현재시제: 미래의미를 나타내는 동사구에 사용된 현재시제

- If it doesn't rain tomorrow, I think I'll go shopping.

- If he runs, he'll get there in time.

- If you get here before eight, we can catch the early train.

- If I can afford it, I will buy it.

- If you **will** come this way, the manager will see you now.(의지미래)

- If you could wait a moment, I'll fetch the money.

- If you must smoke, use an ash-tray.

- If he will/would/could only try harder, I'm sure he'd do well.

- If you will/would pardon me for a moment, I'll check on that matter.

- If you will/would agree to pay us compensation, we will/would agree not to take the matter any further.

- If your parents disapprove of the plan, you should give it up.

- If some good movies are playing at the foreign film theater, I would like to see one.

- If your role model could do it, so can you.

- If you are interested in education and traveling, being a field trip planner would be a great job for you.

- Would it be a sin if I can't help falling in love with you?

- If the weather permits, we should get a great view of the city as we descend.

- If I see a monster, I would be filled with fear.(어린이의 말)

- If he comes, what **are** we **to do?**

- What **are** you **going to do** if it rains?

- You **need**n't work tomorrow if you don't want to.(서법조동사 need)

- If you are planning to vote, you **have to register**.

- If you haven't paid the bill by Friday, we**'re taking** the carpets back.(미래완료의 의미로 사용된 haven't paid)

- If Colin is in London, he is undoubtedly **staying** at the Hilton.

- If it rains this afternoon, we**'re going to stay** in and watch some DVDs.

- If it rains, we **are going to stay** home.

  * 위의 구문의 경우 would, should, could, might는 '현재형(=망설임형)' → 7.2.1 의 실현조건문

- If you've read about the latest wellness trends, you may have entertained the idea of a diet detox.(주절과 종속절에 완료형이 사용된 실현조건문) → 5.5.3

B. 과거시간

[if절(과거시제), 주절(서법조동사+완료형원형부정사)]

- If he was in New York, he could have met my sister.

- If they were in the army, they would have been fighting in the jungle most of the time.

- If she was better-qualified, she would have got the job.

- If he parked his car there, the police would have removed it.

- If he had enough time, he could/might have phoned her.(= Perhaps he (has) phoned.)

- If he was given a place in the university, he must have improved his English.

- If ever I **was to marry** someone, it would've been her.(의도를 표현)

- If you were paying close attention last time, you may have noticed something.

- If the CDs were on sale, she might have bought a few of them.

- If she was leaving, you would have heard about it.

  * 예시된 문장들은 문맥에 따라, '이미 이루어져 있는 사실'을 나타낼 때는, if가 if so의 의미가 되어 '조건문'의 범위를 벗어난 문장(7.1.3 참조)이 되고, 조건의 실현가능성이 있는 쪽으로 표현된 경우는 실현조건문 중 '과거시간'에 포함됩니다.(같은 문장이 두 가지로도 해석 가능)

  * 과거 일을 추측할 때 "그래, 그럴 수 있어! 만약 ~이었다면, ~이었을 거야."라고 생각하는 표현이, 극소수의 영문법 원서에만 언급되어 있다는 것은 논리적으로 설명이 안 됨.(기존의 대부분의 주요한 영문법 원서에는 그 체계적인 설명이 빠져 있는 부분) → blog 7.6(7.4.2 의 B 의 근거)

C. **복합시제**

[if절(과거시제), 주절(미래시제/현재시제 : 미래의미 또는 명령문)]

- If he arrived only yesterday, he'll probably not leave before Sunday.

- If he arrived only yesterday, he's unlikely to leave today.

- If he hadn't come in when you arrived, he won't come in at all this morning.(if절은 when you arrived 시점의 사건을 표현)

선과거시간과 과거시간의 복합시제

- If the land had been flat, vast, easy-to-flow earth, it may never have been put on the list.

- Had Ms Olsen studied harder, she may have passed the computer skills proficiency test.

▶ 7.4.2 구문의 근거 → blog 7.6(7.2.1 의 근거에 포함)

▶ 7.4.2 의 B : 실현조건문의 과거시간 표현이 존재한다는 근거 →

blog 7.6(7.4.2 의 B 의 근거)

7.4.3 조건의 실현가능성이 50%(possibility should)일 때 (현재의 명칭 : 가정법미래) : 시간과 시제가 일치

① 이 구문은 '미래시간의 일'을 나타내는 특수구문으로, 많은 경우 실현 가능성을 의도적으로 50% 정도까지 낮추어 상대방이 부담을 덜 느 끼게 함으로서 이루어지는, 공손한 제안, 요청 등을 나타낼 때 그리 고 특히 2인칭과 함께 쓰여 공손한 명령, 권고, 충고 등에도 사용된 다. 또한 근거는 없지만 그러하리라고 긍정적으로 하는 추측에도 쓰 인다. Should가 나타내는 50%의 개념은, 막연하게나마 그것이 실현 되리라고 판단해서 주로 "시간과 시제를 일치"시켜 표현한다. 그러나 50%의 개념이기 때문에, 그 주절에 '선시제'를 사용하는 것이 불가능 한 것은 아니다.(선시제를 사용하는 경우는 오래전에 발간된 책에서 발견된다.)

② 또한 should는 50%의 개념에 의해서, 미래에 일어날 일이면서 그 실 현가능성을 판단할 근거가 없을 때에도 사용된다. 즉, '~할지 안 할 지 모르지만, 만약 ~한다면'의 의미를 포함한다.

A. 미래시간

[if절(should+V), 주절(미래시간)]

- If you should write to her, send her my love.

- If I should see him, I'll ask him to ring you.

- If you should see him tomorrow, could you give him my message?

- If it should rain tomorrow, I would put off my departure.

  * 이 문장의 would는 망설임의 표현, 즉 would put의 시간은 현재이 후이다. (단지 공손하게 표현하기 위해서, will 대신 would를 사용했 다. → will은 '직접적인 의지표현'으로, 주어가 'I'일 때는 다소 거친 느낌을 준다.)

- If the report should be true, I will employ him.

- Should you see him, what would/will you do?

* 가정법 현재(현재의 명칭)

실현조건문 중 if절에서 should를 생략하고, 동사원형을 사용하여 '현재나 미래시간의 일에 관한 불확실한 상상이나 추측 또는 반신반의 등을 표현'하는 경우와, 시(poetry)나 격식의 표현에서 '직설법 동사' 대신 '동사원형'을 사용하는 경우는 이를 소위 '가정법 현재'라고 부르지만, 조건문은 오직, '실현조건문'과 '비실현조건문'의 구분과 '현재 이후시간의 표현'인지 또는 '과거시간의 표현'인지로 구분되어 사용될 뿐이다. 즉 조건절에서 should가 생략된 경우도 'should 조건문'이다.

▶ 7.4.3 구문의 근거 → blog 7.6(7.4.3 구문의 근거)

▶ 7.4.3D [보충·심화학습] : 가정법 현재 → blog 7.6(7.4.3D)

◎ 비실현조건문(선시제 사용): 7.4.4 ~ 7.4.6

비실현조건문(가정법 등의 조건문)은 3가지 구문으로 구분될 수 있다.

※ 주의할 점

① 비실현조건문은 조건문을 이용하여 '권고나 충고 또는 부탁, 요청 등을 하기 위해서도 사용될 수 있다.

② 서법조동사의 선시제

비실현조건문에 적용되는 서법조동사의 선시제는, '현재형'이나 '망설임형'으로 사용된 서법조동사를 '과거형'으로 바꾸는 것으로 표현된다. 이때 '망설임형'은 '과거형'과 그 형태가 같기 때문에, '망설임형'이 '선시제'의 적용을 받을 때는 그 형태는 바뀌지 않고 문맥에 의해서 '망설임형'인지 아닌지를 판단한다.

③ be동사의 선시제

조건의 실현가능성이 0%일 때는 were를 사용하나, was를 사용하는 경우도 있다. 조건의 실현가능성이 1~49%일 때는 were는 격식체에서 주로 사용하고, 회화체에서는 was의 사용을 선호한다.

→ were는 was보다 좀 더 "망설임(실현가능성의 의심 등)과 공손함"의 어감이 있다.

→ 조건문의 도치표현에는 was는 사용되지 않고, were만 사용된다.

* However, type2 conditionals more often describe what is totally impossible. → L.E.G 14.12

하지만 type2 조건문은 '완전히 불가능한 것(즉 0%의 실현가능성)'을 더 자주 나타낸다.(즉, '선시제' 구문이 모두 0%가 아니고 1~49%도 존재한다.)

★ '1~49%'라는 표현은 '상상적인[가상적인] 상황(an imaginary situation)'을 표현하고 있다는 것을 의미하며, '선시제'를 사용하는 구문이지만, '반대의 조건[가정]이 아닌 구문'이 존재한다는 의미로 사용된 "임의적인 구분"임을 밝혀 둡니다.

7.4.4 조건의 실현가능성이 1~49%일 때 : 선시제 사용

이 구문은 그 구조가 '가정법'과 동일한 형태로, 오직 문맥에 의하여 '가정법'과 구별된다. 그래서 그 구분을 명확하게 하기 위해서 'were to 구문'을 사용하기도 한다. 이 구문과 '가정법'의 차이는, 가정법은 '반대'의 조건을 의미하지만, 이 구문은 '약하나마 그 가능성은 남아 있다'고 판단하는 상태이다. (특히 미래 [이후]시간의 일을 나타낼 때)

☞ 인칭에 따라 구분될 수도 있고, 조건을 어떻게 해석하느냐에 따라서 또는 그 조건이 무엇을 의도했느냐에 따라서, 1~49%와 0%(가정법)이 구분된다.

* 특히 '현재이후시간의 일'을 표현할 경우, '제안'을 덜 단정적으로 들리게 하여 좀 더 '공손한' 표현으로 만들기 위해서 이와 같은 구문을 이용하기도 한다.

A. 현재이후시간

[if절(과거시제), 주절('would등 서법조동사과거형/ought to'+V)]

▪ If he failed, he ought to try again.

- They might be angry if I didn't visit them.

- What would you do if you lost your job?

- If you went at about five o'clock tomorrow, you could see him before he left the office.

- I would be very grateful if you would make the arrangement for me.

- I should be grateful if you would reply as soon as possible.

- It would be nice if you helped me a bit with the housework.

- Would it be all right if I came round at about seven?

- If you could go back in time to any period of history, when would it be and why?

- If there was an omnipotent god, would he be able to create a stone that he couldn't lift?

- It would please me if before I died I could see that wish come true.

- If he changed his opinions, he'd be a more likable person.(≒He very probably won't change he's opinions.)

B. 과거시간

[if절(과거완료시제), 주절('would 등 서법조동사과거형/ought to'+have+V-ed)]

- If he had known the facts, he could have told her what to do.

- If he had received a present, he should have thanked her.

- If he had said so then, she might have believed it.

☞ L.E.G 14.18

We use Type 3 conditionals to speculate about a range of possibilities, from what might have been reasonably expected(1~49%) to what would have been completely impossible(0%).(1~49%와 0%는 임의 삽입)

▶ 7.4.4 구문의 근거 → blog 7.6(7.2.1 의 근거에 포함)

7.4.5 선시제를 이용하여 확실성을 가능한 한 낮추는 'were to' 구문 (조건의 실현가능성 1~49%) : 선시제 사용 (단순과거시제보다 좀 더 '망설임'과 '공손함'의 표현)

이 구문은 '미래시간의 일'만을 나타내는 특수구문으로, 선시제를 이용한 '망설임'의 뜻을 함축하고 있기 때문에 '공손한 요청' 등에 사용될 수 있다. 또한 실현가능성을 가능한 한 낮추어, '실현가능성은 거의 없지만 가정조건문(0%, 반대내용)을 나타내는 것은 아닌 문장'을 만들거나, 반어법적으로 '강한결심' 등을 나타낼 때도 사용될 수 있다. *이 구문은 현대영어 특히 회화체영어에서 was to를 were to 대신 사용하기도 한다.(의미변화 없음) 그러나 were to가 좀 더 올바른 형태로 여겨진다. 그리고 I, he, she, it 뒤에서는 were to가 더 흔히 사용된다.

 * if가 생략된 도치구문에서는 was to는 사용되지 않는다.

 * '비실현조건문'인 '선시제' 구문이지만, '0%(가정법)'은 아닌 구문을 표현하기 위해 'were to 구문'이 사용될 수 있다.

A. 미래시간

[if절(were to), 주절(would등 서법조동사과거형+V)]

 - What would you do if war were to break out?

 - If you were to move your chair a bit to the right, we could all sit down.

 - If you were to ask him, he might help you.

☞ P.E.G 222 B.2

Ambiguity of this kind 【present=unreality, future=improbability; and some 'if-clauses' can have either of the meanings】 can be avoided by using "were/was + infinitive" instead of the past tense in type2.

이런 종류의 모호함【현재 : 비실현성, 미래 : 일어남직 하지 않음; 그리고 몇몇 if절은 이들 둘 중 하나의 의미를 가질 수 있는 것】은 type2 구문에 '과거시제' 대신에 'were/was+to부정사' 구문을 사용함으로서 피해질 수 있다. (즉 '비실현조건문'인 '선시제'구문이지만, 0%가정법은 아닌 구문을 만들기 위해서 '단순과거시제' 대신에 were to 구문이 미래시간 표현에 사용될 수 있다.)

☞ Advanced Grammar in Use Unit 83 D

In unreal conditionals we can use 'if... were+to-infinitive,' rather than 'if+past simple' to talk about imaginary future situations, particularly to suggest it is unlikely that the situation in the 'if-clause' will happen. We sometimes use this pattern to make a suggestion sound more polite. ex) Would it be too early for you if we were to meet at 5 : 30?

비실현조건문에서 우리는 가상의 미래 상황에 관해서 말하기 위해서, 특히 'if절의 상황이 일어날 것 같지 않다.'라는 것을 암시하기 위해서, if절에 '단순과거시제' 대신에 'if... were to' 구문을 사용할 수 있다. 또한 우리는 때때로 '어떤 제안이 좀 더 공손하게 들리도록' 하기 위해서 이 구문을 사용한다.

7.4.6 조건의 실현가능성이 0%일 때(반대의 조건) : 가정법

7.4.6.1 가정법 : 선시제 사용

이 구문도 '반대의 조건'을 나타내기 위해서 사용될 뿐만 아니라, 선시제를 이용한 '공손한 요청' 등을 나타내기 위해서도 사용될 수 있다. → 7.2.1 의 비실현조건문

A. **현재이후시간**(가정법과거)

[if절(과거시제), 주절('would 등 서법조동사 과거형/ought to'+V)]

- If I knew her number, I would call her.
- If he were here, he might help us.
- What would our father say if he were here now?
- If I were you, I ought to get that car serviced.
- Your mother would be furious if she could see you now.

- If Bob wasn't so lazy, he would have passed the exam easily. (would가 현재완료시제와 결합된 경우 즉 '현재시간' 표현)

B. **과거시간**(가정법과거완료)

[if절(과거완료시제), 주절('would 등 서법조동사과거형/ought to'+have+V-ed)]

- If I had lost my job, I would have gone abroad.
- If we had played better, we might have won.
- If I could have stopped, there wouldn't have been an accident.
- If I could have got anything else, I would have brought it.
- If you wouldn't have phoned her, we'd never have found out what was happening.
- If I **would**'ve had a gun, somebody might have got hurt.(의지미래)

C. **복합시제** (혼합가정법)

[if절(과거완료시제), 주절('would 등 서법조동사과거형/ought to'+V)]

- I could forgive the boy now if he'd been bad a million times.
- If I had eaten breakfast, I would not be hungry now.

★ 조건절의 내용에 의해 '가정법(0%)'이 성립되는 것이므로, 직설법으로 전환 시 그 주절까지 반드시 '반대'의 내용이 되는 것은 아닙니다. 또한 단지 일종의 '충고, 요청' 등을 나타내기 위해서 '가정법 형태'가 사용될 수도 있습니다.

- Would you like cats if you were me?
- I could never put up with such inefficiency if I were running an office.
- It would be nice if you helped me a little with the housework.
- I couldn't have put up with all those years of study (if I had tried).

☞ P.E.G 222 B(조건절이 중심)

Type2 is used ① when the supposition is contrary to known facts

② when we don't expect the action in the 'if-clause' to take place.

Type2 조건문은 ① 그 가정이 알려진 사실과 반대일 때와 ② 우리가 if절의 행동이 발생하리라고 예상하지 않을 때 사용된다.

☞ G.B Unit25 3.2 Using Past Conditionals(조건절이 중심)

The 'if-clause' expresses the past unreal condition (a situation that was untrue in the past). The main clause describes an imagined result.

If절은 '과거시간의 비실현조건(과거시간의 진실이 아닌 상황[조건])'을 나타내고, 주절은 '짐작이 되는 결과'를 묘사한다.

⇒ blog 7.6(7.2.1 의 근거에 포함)

7.4.6.2 가정법 관용표현

미래조건 표현이 없는 특수 구문 : 선시제 사용 (어떤 하나의 특정 환경이 모든 것을 바꾸어 놓았을 때의 표현)

A. 현재시간

[if절(if it were not for~), 주절(would 등 서법조동사과거형+V)]

* 구어체에서는 were 대신 was를 사용하기도 한다.

- If it were not for his wife's money, he would never be a director.

- If it were not for your help, I would still be homeless.

- If it wasn't for computers, other electronic devices wouldn't have been created.(완료형에 붙은 wouldn't)

B. 과거시간

[if절(if it had not been for~), 주절(would 등 서법조동사과거형 +have+V-ed)]

- If it had not been for the rain, we would have had a good harvest.

C. 혼합시제

- We would still have cholera if it had not been for him.

7.4.7 비실현상황(unreal situations) : 부분적인 '선시제' 구문

→ '정상적인 구조' 또는 '정상적인 의미'의 '조건문'은 아님

비실현조건문의 변형으로 '상상 또는 바람직한 상황 등'을 나타낼 때 사용된다. 주절과 종속절이 있는 구문에서는 종속절만 unreal(선시제)이기 때문에, 주절의 '서법조동사 과거형'의 사용은 문맥에 따라서 선택적이다. 그리고 '선시제'가 쓰이는 종속절에는 '과거시제' 형태 또는 '과거완료시제' 형태 둘 중 하나만 사용된다.

* 종속절에 서법조동사가 사용된 경우는 과거시제 대신 "서법조동사과거형+V" 형태가 그리고 과거완료시제 대신 "서법조동사과거형+have V-ed" 형태가 사용된다.

* 주절과 종속절이 있는 비실현상황에서 가장 중요한 것은
  - 종속절에 사용된 '과거시제 형태(서법조동사 과거형+V포함)'는, 단지 **주절과 같은 시간**의 비실현상황'임을 나타내기 위해서 사용되고,
  - 종속절에 사용된 '과거완료시제 형태(서법조동사 과거형+have V-ed 포함)'는, 단지 **주절보다 이른[과거]시간**의 비실현상황'임을 나타내기 위해서 사용된다는 점이다.
  - 즉 종속절의 동사구가 조동사 등이 쓰인 복잡한 구조라도, 단지 ①종속절에는 '선시제'를 사용해야 한다는 것과 ②종속절에서 '과거시제' 또는 '과거완료시제'를 골라 쓰는 것은, **종속절과 주절**과의 **시간의 차이**(동시 또는 이전·이후)'를 가지고 판단하는 것이지, 주절의 시간(현재이후·과거)과는 '연관 관계가 없다'는 것만 기억하면 된다.

7.4.7.1 'wish'로 유도되는 비실현상황 : 종속절에 선시제 사용

hope를 사용하지 않고 wish를 사용하여 표현한 이유는, 말하는 사람이 판단하기에, '바라는 일의 실현가능성'이 50% 미만이라고, 즉 '실현이 안 되는 쪽으로 판단'하거나 또는 현재나 과거사실의 반대이기 때문이다. 당연한 결과로 **종속절**에는 '선시제'가 사용된다.('wish+to부정사' → blog 7.4.7.1)

A. **주절이 현재시간**을 표현

'wish(that)'으로 인도되는 명사절에서, 명사절에 사용된 '과거시제'는 현재 또는 미래시간의 바람을 나타내고, '과거완료시제'는 과거시간에 일어나지 않았던 어떤 일에 대한 바람이나 섭섭함을 나타낸다.

- 종속절이 과거시제일 때 : 주절과 같은 시간 또는 이후시간의 비실현 상황

  - I wish I could speak English as fluently as you.

  - I am not an actress, but I certainly wish I was.

  - I wish he would recover.

  - I wish I might see you again.

    * 이때 'I wish~would(1차 용법)'는 '말하는 순간 또는 가까운 미래의 바람' 또는 '현 상황에 대한 불평' 등을 나타낼 때 사용되며, 특히 'I wish you would'는 자주 '공손한 명령'을 나타낼 때 사용된다. 그 바람이 쉽게 충족될 수 있는 상황에서 하는 표현이기 때문이다.

  - I wish it would stop raining.

  - I wish you would hurry up!

- 종속절이 과거완료시제일 때 : 주절보다 이른[과거]시간의 비실현상황

  - He wishes he had taken your advice, but he didn't pay attention to you at that time.

  - I wish I hadn't swallowed that last glass of whisky.

  - I wish I could have been with you.

  - I wish Tessa could have come to my party.

B. **주절이 과거시간**을 표현

'wished(that)'으로 인도되는 명사절에서, 명사절에 사용된 과거시제는 '그 과거시간'에 일어나지 않았던 어떤 일에 대한 바람이나 섭섭함을 나타내고, 과거완료시제는 '그 과거시간 이전'에 일어나지 않았던 어떤 일에 대한 바람이나 섭섭함을 나타낸다.

- 종속절이 과거시제일 때 : 주절과 같은시간 또는 이후시간의 비실현상황

- I wished my dream would come true.

- He wished he knew the address.

- 종속절이 과거완료시제일 때 : 주절보다 이른[과거]시간의 비실현상황

- I wished I hadn't spent so much money.

- I wished I had known the answer to your question then.

- I wished I could have been with you at the party.

7.4.7.2 if only로 유도되는 비실현상황 : 선시제 사용

이 구문은 wish(that)구문과 똑같은 방식으로 사용된다. 그러나 if only 구문은 좀 더 강한 바람이나 섭섭함을 나타내며 이것은 감탄문을 이끌 수 있다.

* If only 구문이 '미래시간의 일'을 나타낼 때는 '실현상황'도 표현 가능하다.

* If only에는 강조의 의미가 있기 때문에, 현재나 과거시간의 일을 나타낼 때는 '비실현상황'만 가능하다. 즉 실현가능성이 있다고 판단한 일을 "만약 ...하기만 한다면" 또는 "만약 ...하기만 했었다면"이라고 표현하지는 않는다.

★ 미래시간의 실현상황을 표현하는 경우

- If only he comes in time. = We hope he will come in time.

- If only we can get to the next petrol-station, we'll be all right.

A. if only는 I wish의 역할을 하며, **'현재시점에서의 바람'**만 나타낸다. 즉 I wished의 의미로는 사용되지 않는다.

- 동사가 **과거시제**일 때 : 말하는 시점 또는 그 이후시간의 바람 표현

- If only she would marry me! = I wish she would marry me.

- If only he didn't smoke.

- If only she wouldn't play the violin in the middle of the might, she'd be an ideal guest.

- If only he would drive more slowly.

- 동사가 **과거완료시제**일 때 : 말하는 시점 이전시간(과거시간)의 바람 표현

  ▪ If only I had known about it! = I wish I had known about it.

  ▪ If only I had been here yesterday.

  ▪ If only you had let me know earlier.

  ▪ If only I hadn't listened to my parents!

7.4.7.3 as if로 유도되는 비실현상황 : 종속절에 선시제 사용

이 구문도 비실현상황 또는 의심을 나타낼 때 사용될 수 있다. 특히 이 구문에서 주의할 점은, as if절에서 '선시제'를 사용하는 표현은, **진실성의 부재(lack of reality)**를 나타내는 것이지 반드시 '반대사실'을 나타내는 것은 아니라는 점입니다. 즉 문맥에 따라서 as if절의 내용이 unreality, improbability 또는 doubt를 모두 나타낼 수 있습니다. * as if 구문은 '직설법'에도 사용될 수 있다. → 7.4.7.3D

A. 주절이 **현재시간**을 표현

  as if로 인도되는 종속절에서, 과거시제는 현재 또는 미래시간의 비실현상황 또는 의심을 나타내고, 과거완료시제는 과거시간의 비실현상황이나 상상적인 행동을 나타낸다.

 - 종속절이 **과거시제**일 때 : 주절과 같은시간 또는 이후시간의 비실현상황

   ▪ He talks as if he was my rich uncle.

   ▪ He behaves as if he owned the place.

 - 종속절이 **과거완료시제**일 때 : 주절보다 이른[과거]시간의 비실현상황

   ▪ He talks about Rome as if he had been there.

   ▪ He behaves as if nothing had happened then.

B. 주절이 **과거시간**을 표현

as if로 인도되는 종속절에서, 과거시제는 과거시간의 비실현상황이나 상상적인 행동을 나타낼 때 사용되고, 과거완료시제는 그 과거시간 이전의 비

실현상황이나 상상적인 행동을 나타낼 때 사용된다.

- 종속절이 **과거시제**일 때 : 주절과 같은시간의 비실현상황

    ▪ He looked at me as if I were mad.

    ▪ He talked as if he knew where she was.

- 종속절이 **과거완료시제**일 때 : 주절보다 이른[과거]시간의 비실현상황

    ▪ He looked as if he hadn't had a decent meal for a month.

▶ 7.4.7.3D [보충·심화 학습] : as if 구문의 다양한 용법

① 직설법 문장 또는 to부정사와 함께 사용되는 경우 :

as if 구문은 직설법문장에도 사용될 수 있고 또한 to부정사와도 함께 사용될 수 있다. (as if구문에서 '선시제'의 사용 여부는, 말하는 사람이 그 사건을 진실성이 있는 쪽으로 판단하고 있을 때는 '직설법(=시간과 시제가 일치)'으로 표현하고, 진실성이 없는 쪽으로 판단하고 있을 때는 '선시제'를 사용하여 표현하는 것으로 구분하면 됩니다.)

▪ It looks as if it's going to rain.

▪ It looks as if it has been snowing all night.

▪ He opened his lips as if to say something.

② like가 as if 대신 사용되는 경우('직설법' 표현과 '선시제' 구문 모두 적용됨) : 매우 비격식의 표현, 특히 미국식 영어에서, like가 종종 as if 대신에 사용되곤 했다. 그러나 지금은 영국식 영어에서도 자주 사용된다.

▪ It seems like it's going to rain.

▪ He sat there smiling like it was his birthday.

▪ She started kissing me like we were on our honeymoon.

▪ He walked into the room like nothing had happened.

③ if, what if, even if의 경우에도 직설법과 함께 사용될 수 있다. if, as if, what if, even if는 말하는 사람이 판단하는, 그 조건의

실현가능성 또는 종속절에 대한 판단(as if일 때)에 따라, '시간과 시제가 일치'하는 '실현조건문' 또는 '실현상황'에도 사용될 수 있고, '선시제'를 사용하는 '비실현조건문' 또는 '비실현상황'에도 모두 사용될 수 있다. (as though=as if)

- If you **will** pardon me for a moment, I'll check on that matter. (의지미래)

- What if we invite your mother next week?

- Even if I become a millionaire, I shall always be a socialist.

7.4.7.4 would rather/sooner로 유도되는 비실현상황 : 선시제 사용

would rather/sooner 다음에는 보통 '원형부정사'가 뒤따라온다. 그러나 그 앞과 뒤의 주어가 다를 때는 '선시제가 사용된 절'이 뒤따라온다.

* 이 구문에서 rather와 sooner 사용에 의미 차이는 없지만, rather가 더 자주 사용된다.

* 이 경우 '선시제' 대신 현재시제나 동사원형이 사용될 수도 있지만, would rather/sooner는 '어떤 일을 오히려 더 바란다'라는 의미를 나타내기 때문에, 현재시제나 동사원형은 실제로는 거의 사용되지 않는다.

- I'd rather he goes/he go home now. → P.E.U(N) 491.3

A. would rather는 wish의 역할을 하며, '다른 사람이 무엇인가를 하는 것을 오히려 더 바랄 때' 사용된다. 이 구문은 **'현재시점'에서의 바람**만 나타낸다. 즉 wished의 의미로는 사용되지 않는다.

- 동사가 **과거시제** 일 때: 말하는 시점 또는 그 이후시간의 바람을 표현

  would rather 뒤의 절에 사용된 과거시제는 말하는 시점 또는 그 이후시간에 다른 사람이 어떤 일을 하여 주기를 바랄 때 사용된다.

  ('선시제'를 이용한 일종의 공손한 용법)

- Shall I open the window? - I'd rather you didn't.

- Don't come tomorrow. - I'd rather you came next weekend.

- My wife would rather we didn't see each other any more.

- I'd rather she sat next to me.

- I'd rather you paid cash.

- 동사가 **과거완료시제**일 때 : 말하는 시점 이전시간의 바람을 표현

   would rather 뒤의 절에 사용된 과거완료시제는, 말하는 시점 이전시간에 이루어진 어떤 일이 "이루어져 있는 것과 다르기를 바랄 때" 사용된다.

- I'd rather you had been present.

- I'd rather he had told me about it.

- I'd rather you had done that yesterday.

* 그렇지만 이런 경우는 I wish로 표현하는 것이 더 일반적이다.

- I wish you had done that yesterday.

7.4.7.5 what if로 유도되는 비실현상황 : 선시제 사용

what if 구문은 '일어날 수 도 있는 일' 또는 '일어날 수도 있었던 일'에 대한 두려움을 나타낼 때 사용된다.

   A. what if 구문은, 조건문의 주절을 줄여서 표현하는 형태로, **현재시점에서 느끼는 두려움**을 표현한다. 즉 과거시점에서 느끼는 두려움은 표현할 수 없다.

- 동사가 **과거시제**일 때 : 말하는 시점 이후시간의 두려움을 표현

   what if 뒤의 절에 사용된 과거시제는 말하는 시점 이후시간에 '일어날 수도 있는 일'에 대한 두려움을 나타낼 때 사용된다.

- I'm going to climb up there. - No! What (would be the result) if you slipped!

- What if I came tomorrow instead of this afternoon?

- What if you were to run out of money?

- 동사가 **과거완료시제**일 때 : 말하는 시점 이전시간의 두려움을 표현

   what if 뒤의 절에 사용된 과거완료시제는 말하는 시점 이전시간에 '일어날 수도 있었던 일'에 대한 두려움을 나타낼 때 사용된다.

- Congratulations! What(would have been the result) if you hadn't succeeded?

- That was very clever, but what if you had slipped?

- What if no one had been there?

▶ 7.4.7.5D [보충·심화 학습]

what if 절은 실현조건문(=직설법의 조건문)을 나타낼 때도 사용될 수 있다.

- What (will be the result) if the rumor is true?

- What if I should fail in the examination?

7.4.7.6 It is time (that) 으로 유도되는 비실현상황 : 종속절에 선시제 사용

"It is time (that) + 과거시제"는 현재시간의 불평이나 비평 등을 나타냄으로서 미래행동의 요청이나 '일의 진행이 늦었다는 조바심' 등의 의미로 사용될 수 있다.

A. 이 구문은 **현재시점에서의 '조바심'이나 '요청'** 등을 나타낼 때 사용된다. 이 구문은 '과거시간의 일(과거시점에서의 조바심 등)'에는 사용되지 않으며 종속절이 과거완료시제나 부정문인 형태로도 사용되지 않는다.

- 종속절은 **과거시제**로만 사용됨

[It's(about/ high) time (that)+ 주어+ 과거시제]

- It's time we left. (but we don't)

- I'm getting tired. - It's time we went home.

- It's time you bought a new coat.

- It's time we were leaving

- Isn't it about time our baby could walk?

- It's time he was(were) taught a lesson.

  * P.E.G 293에는 대명사 I, he, she, it 뒤에는 was를 사용하고, were는

사용할 수 없다고 되어 있지만, L.E.G 11.43 등에는 둘 다 가능한 것으로 되어 있음.

* 이 구문은 "다른 사람이 뭔가를 해야 할 시간이다."라고 충고할 때 주로 사용됨.

▶ **7.4.7.6D [보충·심화 학습]**

- It's time 뒤에 사용된 'to부정사 구문'과의 비교

  ▪ It's time you went to bed. = It's already a little late to go to bed.

  ▪ It's time for you to go to bed. = The exact time for you to go to bed has arrived.

7.4.8 시제일치, 소설 등 '과거사건을 기술하는 문장'에서의 '조건문'

- 실현조건문/비실현조건문

이미 '선시제'가 사용된 '비실현조건문'은 시제변화가 없으므로, 실현조건문과 비실현조건문에 같은 형태의 시제가 사용된다. 이때는 문맥에 의해 실현조건문과 비실현조건문이 구별된다.

A. 과거시점 **이후시간**의 일

[if절(과거시제), 주절(would, should, could, might+V)]

  ▪ If the thief came out of his room, he would remember him.

  ▪ He would be safe inside if it was safe to be with Mina herself.

  ▪ If she could not break out, others could not break in.

  ▪ He would be happy if he could just live with the other ducks in the garden.

  ▪ If I could take a child like this, too young to have fixed ideas, it might grow up to love me and be my friend.

B. 과거시점 **이전시간**의 일

[if절(과거완료시제), 주절(would, should, could might+have V-ed)]

- This thin body could not have walked five kilometers, if he had tried to do so.

- If he had stood up straight, he would have been a giant.

7.5 subjunctive mood -> blog 7.5

* 개인적 의견으로는 '시간과 시제를 일치시키는 표현'은 '직설법'으로, "시간과 시제를 일치시키지 않는 표현 중 '명령법'을 제외한 모든 표현"은 '서상법(thought mood)' 또는 '광의의 가정법(subjunctive mood)'으로 부르고, 조건문에서 그 조건의 실현가능성이 0%인 것만을 '가정법'으로 부르는 것이 합리적일 것으로 보입니다. 조건문 자체는 '실현조건문'과 '비실현조건문'으로 구분하면 되기 때문입니다.

7.6 ☞ 7.1.3 및 7.1.4에 대한 [보충·심화]학습

◎ 7.1.3 : 정상적인 조건절이 아닌 경우에 사용되는 접속사 if

이때는 각각의 경우에 따라 주절과 if절에 다양한 시제의 사용이 가능하다.

* There is considerable overlap in adverbial clauses that express condition, concession, and contrast. The overlap between the three roles is highlighted by the overlapping use of subordinators : for example, 'if' introduces all three types of clauses. → S.G 15.1

조건이나 양보, 대조를 나타내는 부사절에는 주목할 만한 부분적 중복이 있다. 이들 세 가지(절의) 역할 사이의 중복은, 접속사의 겹침[공동] 사용에 의해서 두드러지게 된다. 예를 들면, 'if'는 이들 세 가지 모든 종류의 절을 이끈다.

<1> as/since 의미의 if

(이미 이루어져 있는 '기정사실'이나 '사실'로 취급되는 '원인'을 말하는 구문으로 '만약 ...라는 것이 지금 사실이라면' '만약 ~라는 것이 사실이었다면' 등의 의미) 이미 존재하거나 이해되었던 진술 내용을 다시 나타낼 때는 if so, if not 또는 if절 등으로 대치되어 사용되는데, 이런 경우의 as나 since의 의미(=in the view of the fact that)를 나타내는 if는, 조건절을 이끄는 if가 아니기 때문에, 이런 구문에서는 시간과 시제를 일치시켜서 표현하고, 주절에도 다양한 시제 사용이 가능하다. 이런 구문에서는 주절이 if절보다 반드시 '이후시간의 일'을 나타내는 것은 아

니다. → P.E.G 221

- If you don't like Bill, why did you invite him?

  ← You don't like Bill. If so, why did you invite him?

  ← You don't like Bill. If[As] you don't like Bill, why did you invite him?

- If you knew she was short of money, why didn't you lend her some?

- If you didn't explain it carefully, he wouldn't have understood properly.

  =You didn't explain it carefully, so I'm sure he did not understand properly.

- If you wanted to buy it, you should have asked the woman if she would sell it.

- If he was in such a bad mood, she shouldn't have asked.

- If I would have won this race by taking advantage of someone's bad luck, then the race was not worth winning.

- Unless anyone has any questions, the meeting is adjourned.

- If he hadn't left any message when you called, he probably intends to be back before you leave.

이와 같은 구문에서는 미래시제조동사 will이 if절에 사용될 수도 있다.
  → 7.6 의 7.1.4 의 <3>

- If Ann won't be here on Thursday, we'd better cancel the meeting.

▶ 이미 발생해 있는 사건(have occurred)을 나타내는 기타 구문 → blog 7.6(7.1.3 의 <1>)

<2> '양보'의 의미로 쓰인 if (even if나 though의 의미를 나타내는 if구문)

이런 구문은 '양보'에 중요성을 두기보다는, 오히려 '완전한 양보'나 '자진해서 하는 양보'가 아닌 경우 또는 '사실이 아니라, 있을 수 있는 일'

로 인정하는 경우에 사용된다.

- I'll finish this report if it kills me.

- I'm not surprised if it happens.

- If he was at the meeting last night, I didn't see him.

- If he was laughing, Mowgli didn't see it.

- If he did say that, I'm sure he didn't intend to hurt your feeling.

- If he had had books, there were no lamps to read them by.(had had 는 '결과'의 의미로 쓰인 과거완료로 were와 같은 시간의 일을 나 타내고 있다.)

이런 구문에서 주어와 동사가 생략될 수도 있다.

- The profits, if a little lower than last year's, are still extremely healthy.

이런 구문은 조건의 개념도 포함하기 때문에 상황에 따라 '선시제' 구 문도 가능하다.

- He wouldn't give me the money, (even) if/though I begged him for it.

- Ashken couldn't tell any body if he climbed the Rock.

- I couldn't be angry with him if I tried.

- Even if it were possible, it would be a stupid thing to do.

- If a war were to break out tomorrow, I would do my best.

<3> '대조'의 의미로 쓰인 if (rhetorical conditional clauses) → S,G 15.20

실현조건문의 형태로 쓰이며, '강력한 주장'을 하기 위해서 사용된다.

- If they're Irish, I'm the Pope.(=Since I'm obviously not the Pope, they're certainly not Irish.)

- He's ninety if he's a day. (=He's certainly ninety.)

<4> 동시에 각각 상반되는 조건을 표현할 때(두 문장 모두를 직설법 즉

실현조건문으로 표현)

두 가지 상황중 하나를 취사선택하는 문장에서, 각각 상반되는 조건을 다는 경우에는 두 문장 모두 직설법 표현으로, '시간과 시제를 일치'시켜서 표현한다.

* 정상적인 조건문 표현은, 그 상황에 대한 판단 즉 '그 조건이 실현될지 또는 실현되지 않을지'가 머릿속에 판단이 된 상태일 때 사용된다.

- If you buy a bike, you'll get a lot fitter.(but) If you don't buy a bike, you can save the money.

- If you have a baby, I will/would be happy.(but) If you don't have a baby, I will/would be disappointed.

- He may be busy. If so, I'll call later. If not, can I see him now?

<5> if절이 주절의 '결과'를 나타내는 문장

'만약 이것이 나중에 ~결과가 된다면[나중의 ~결과라면]'이라는 의미를 나타내는 문장도 가능하다. 이때는 주절이 if절보다 '이전 시간의 일'을 나타낼 수 있고, if절에 **미래시제조동사 will**이 사용될 수도 있다.

- I'll give you £100 if it'**ll** help you to go on holiday.

- We'll go home now if it **will** make you feel better.

<6> If절의 동사가 무제한 용법(unrestrictive use)으로 쓰인 '현재시제'일 때는 즉 과거, 현재 그리고 미래를 모두 포함하는 '현재시제'일 때는, 그 주절에는 '과거시간의 일에 대한 추측'을 나타내는 '서법조동사+have V-ed' 형태의 표현도 가능하다. 그리고 이와 같은 형태의 표현은 **'선시제'**를 사용하는 '비실현조건문'에도 동일하게 적용될 수 있다.

- If we **lived** in an intergalactic community, marriages between humans and aliens **might have** already **taken** place.

- If we **were** in contact with aliens, we **might** already **have gained** the knowledge to build a time machine.

<7> when의 의미로 사용되는 if

if는 당신이 '무엇인가가 발생할 것이라는 것을 확신하지 못 한다'라는 것을 제시하기 위해 사용되고, when은 '확실히 발생할 사건' 또는 '매우 발생할 것 같은 사건'에 관해서 말하기 위해서 사용된다. 이 경우 주의 할 점은 if가 조건을 나타내기 위해서 사용되는 것이 아니라 **when의 의미를 약화**시키기 위해서 사용된다는 것이다. 즉 조건절의 특징인, 주절보다 '이전시간의 일'을 나타내는 것이 아니라 주절과 '같은 시간의 일'을 표현한다. 그러므로 이 경우의 if절은 정상적인 조건절이 아니다.

   * **'확정조건문'**을 표현할 때는 when, if 모두 whenever의 의미이다.

   ▪ I'll see you in August, when I come back. (I'm sure I'll come cack.)

   ▪ Perhaps I'll see you in August, if I have time. (Perhaps I won't have time.)

   ▪ When/Whenever/if you trust people, you tend to believe them.

<8> '강조 구문'에 쓰이는 접속사 that 대신에 쓰인 if

접속사 if는 접속사 that 대신에, it is[was]~와 함께 일종의 강조 구문으로 사용될 수 있다.

   (~하는[한]것은 바로 ~이기 때문이다[이었다])

   ▪ If I punish him, it is because I truly love him.

   cf. It was because she was ill that she didn't come to the party.

◎ 7.1.4 : 조건절 표현 시 주의할 점

<1> if절의 도치표현

① 조건절에서 도치표현에 쓰이는 3개의 동사는 '과거완료에 쓰인 had' '선시제로 쓰인 were(were to구문 포함)' 그리고 'should' 뿐이다.

② 주로 격식을 차린 '상업서신'에 should 도치구문이 사용되고, 일상회화에서는 자주 사용되지는 않는다.

③ were나 should가 도치구문에 쓰이면 어조가 약간 문학적인 분위기를 풍긴다. → C.G.E 287

④ 이런 구문은 항상 정상구조로 바뀔 수 있으며, 부정문일 때 not이 함께 도치될 수는 없다.

<2> if절에 사용되는 '현재진행시제'

현재진행시제는 진행 중인 상황뿐만 아니라, 아래와 같은 형태로 상대방의 '결정'을 완곡하게 요청하는 의미를 나타내어, '미래조정[합의]'에도 사용될 수 있다. (진행형이 나타낼 수 있는 '망설임'의 개념을 이용한 일종의 '요청'에 사용된다.)

- If you are staying for another night, I'll ask the manager to give you a better room.

  → 4.3.6.2 및 4.4.3.2 참조

<3> if절에 will이 사용될 수 있는 경우

if절에 will이 사용되는 경우는 3가지로 구분될 수 있다.

[1] if 부사절에 미래시제조동사 will이 사용되는 경우

① if절이 주절의 (미래) 결과를 말하는 문장

- If it will make you happier, I'll stop smoking.

- If it will suit you, I'll change the date of our meeting.

- We'll go home now if it will make you feel better.

② if절이 as/since(=in the view of the fact that) 등의 의미를 나타내는 문장(if절이 사실 또는 사실로 여겨지는 '원인'을 나타내는 문장)

- If Ann won't be here on Thursday, we'd better cancel the meeting.

[2] 정상적인 if 조건절에 서법조동사 will이 사용된 경우

① 문장주어의 '의지'를 나타내는 문장

- If you will/would come this way, I'll show you your room.

② '의지'가 '고집'으로 바뀐 경우 : will에 강세

- If you WILL eat so much, it's not surprising you feel ill.

[3] if가 명사절을 이끄는 경우 (whether의미의 if)

- I don't know if I'll be ready in time.

<4> 조건절 대신 쓰이는 to부정사 구문

조건절에서 조건의 접속사를 생략하고, to부정사 구문으로 전환하여 표현하는 경우가 있다.

- To hear her talk, you would think her crazy.

(= If you heard her talk, you would think her crazy.)

- To hear him speak in English, one would have taken him for an American.

(= If one had heard him speak in English, one would have taken him for an American.)

- To hear him talk, you would think he was Prime Minister.

(= If you could hear him talk, you would think he was Prime Minister.)

- It would have been better to have prepared for it.

(= It would have been better if we had prepared for it.)

- You would have done better to have left it unsaid.

(= You would have done better if you had left it unsaid.)

<5> if절과 in case절의 차이 그리고 in case of구문

① if절의 내용은, 주절보다 '먼저' 일어난 일을 표현

- If you give me ten dollars, I'll stop smoking.

② in case절의 내용은, 주절보다 '나중에' 일어날 일을 대비하기 위한 표현

- I'll get some beer in case Aunt Mary should come.

③ in case of는 in case절보다 더 넓은 의미로 사용되며, if절 대신 쓰이기도 한다.

- In case of fire, break glass. = If there is a fire, break glass.

▶ 7.1.4D [보충·심화학습] unless의 용법 → blog 7.6(7.1.4D)

★ 이 순간부터 '조건문'의 공부에서 기존의 모든 '명칭'은 잊어버리십시오. 조건문은 단지 그 '조건의 실현가능성'에 따라 '실현조건문'과 '비실현조건문'으로 구분되어 사용될 뿐입니다.

8장 비한정동사의 용법

비한정동사는 그 형태에 따라 to부정사, 원형부정사, ing형, ed형으로 구분된다.

1단계(들어가기) : 요약 및 기본 개념

가. 비한정동사의 종류 및 비한정동사의 형태

조동사를 제외한 모든 동사는 ing, to 또는 ed가 붙어서, 명사나 형용사또는 부사 역할로 사용될 수 있다. 이 경우 원형부정사는 ing형의 보충어로 사용된다.

A. 종류

V(원형부정사), to-V(to부정사), V-ing(ing형) 그리고 이들의 수동형, 완료형에 사용되는 V-ed(ed형) 등 4가지가 있다.

B. 형태

단순형과 완료형으로 구분되어 사용되며, 각각 능동형, 수동형, 진행형으로변화가 가능하다. 즉 '비한정동사구'도 '한정동사구'와 같이 완료형, 진행형,수동형이 결합되어 사용될 수 있으며, 그 결합 순서도 동일하다.

* 동사 do를 이용한 예시(단순형과 완료형의 기본 형태에서 '첫 번째동사'만 변화)

① 단순형

구분	능동형	수동형	진행형
원형부정사	do	be done	be doing
to부정사	to do	to be done	to be doing
ing형	doing	being done	being doing

② 완료형

구분	능동형	수동형	진행형
원형부정사	have done	have been done	have been doing
to부정사	to have done	to have been done	to have been doing
ing형	having done	having been done	having been doing

나. 비한정동사의 기능

비한정동사는 다음과 같은 3가지 경우에 각각 사용될 수 있다.

① 한정동사구에서 한정동사와 함께 동사구를 이루어 사용될 수 있다.

② 문장구성요소인 주어, 목적어, 보어 등 명사적용법으로 사용될 수 있다.

③ 수식어의 역할인 형용사적용법이나 부사적용법으로도 사용될 수 있다.

* 비한정동사의 역할 구분은, 비한정동사(구)(절)을 의미단락의 개념으로 단순화시켜서 이루어져야 한다. → blog 10C 의 가 의 A

* 한정동사 : 현재형 또는 과거형으로 사용되는, 한정동사구의 첫 번째 동사. → 2.2.1

A. 한정동사구에서 사용되는 경우

이때는 서법, 완료, 진행, 수동의 4가지 기본 개념이 한정동사구의 결합법칙에 따라서 각각 결합되어 사용된다. → 4.4.2

- He **can type** well. : 여기서 type는 서법조동사 뒤에 쓰인 원형부정사.

- He **was typing** when the telephone rang. : 여기서 typing은 진행형을 만들기 위해 쓰인 ing형

B. 문장구성요소인 주어, 목적어, 보어 등으로 사용되는 경우

비한정동사는 한정동사구의 본동사 뒤에, 그리고 다른 비한정동사구 뒤에 고리 고리로 연결되어 사용된다. 단 ed형은 고리로 이어져 쓰이는 것이 아니라, 그 동사의 목적어를 앞으로 도치시켰을 때의 수동형의 동사 형태

이다.

- I **regret having started to smoke**. : 1개의 한정동사와 2개의 비한정동사로 이루어져 있으며, regret, started, to smoke가 각각 고리를 이루어 만들어진 문장이다. regret 뒤에 완료형 ing형이 사용되어 regret보다 '이전시간의 일'을 나타내며, 그 뒤의 to smoke는 regret가 아니라 started를 보충하기 위해 사용된 to부정사로, started와 '같은시간의 일'을 나타내지만 '주관적/개인적 판단'에 의한 표현이기 때문에 to부정사가 의미보충어로 사용되었다.

- **Seeing** is **believing**. : 여기서 seeing과 believing은 주어와 주격보어로 사용된 명사적용법의 ing형

- **To lean out of the window** is dangerous. : 여기서 to lean out of the window는 주어로 쓰인 명사적용법의 to부정사구

- Do you enjoy **teaching**? : teaching은 enjoy의 목적어로 사용된 명사적용법의 ing형이다.

★ 이제부터 비한정동사는 항상 의미단락의 개념으로 접근해야만 합니다. 'to lean out of the window'는 그 자체가 하나의 묶음으로, 그 단어들을 각각 분리해 생각해서는, 비한정동사를 이해·활용 할 수가 없습니다. 위의 비한정동사구는 오직 lean이라는 동사의 의미보충을 위해 만들어진, lean의 지배를 받는 비한정동사구입니다.

C. 수식어인 형용사나 부사의 역할로 사용되는 경우

- 명사의 전위수식어로서는 ing형과 ed형 2가지가 사용된다.
- 명사의 후위수식어로서는 ing형과 ed형 그리고 to-V가 사용된다.
- 동사의 수식어로서 ing형과 ed형 그리고 to-V가 사용된다.

- This book is full of **amusing stories**. : 여기서 amusing은, 명사구인 'amusing stories'에서 중심명사인 stories를 앞에서 꾸며 주는 즉, 전위수식어로 쓰인 형용사적용법의 ing형이다.

- **The person to ask** is Jane. : 여기서 to ask는, 명사구 'the person to ask'에서 중심명사인 person을 뒤에서 꾸며 주는 즉, 후위수식어로 쓰인 형용사적용법의 to부정사이다.

- **Walking in the park**, I saw **a bird building a nest**. : 여기서 walking in the park는 분사구문으로 쓰여서 동사 saw를 꾸며 주는, 부사적용법으로 쓰인 ing이다. 이 문장에서 building은 saw의 목적어로 쓰인, 명사구 'a bird building a nest'에서 비한정동사절을 이루는 명사구의 한 요소로 선행동사의 영향을 받는 요소이다. 비한정동사절은 한정동사절이 줄여진 형태로, 그 자체가 하나의 절을 이루는 구조로 일반적인 명사구와는 다른 구조(즉 명칭으로만 명사구)이다.(비한정동사가 선행동사의 시간적인/간접적인 영향을 받는 경우 → 9.4)

★ 그러나 기존의 영문법에서는 saw의 목적보어로 취급하였다. 하지만 saw의 시간적인 영향을 받는 것은 building이고, 그래서 saw의 영향으로, 어떤 상황을 보았느냐에 따라 building도 사용될 수 있고, build도 사용될 수 있다. 또한 a bird와 building의 경우 목적어와 목적보어의 관계는 성립될 수가 없다. '목적보어'는 목적어의 '신원'을 밝히거나 특성[특징]을 나타내는 역할을 해야 한다(S.G 10.9). 하지만 이 문장에서 a bird와 building의 관계는 이에 해당되지 않는다. building은 단지 a bird의 '현재상황'을 말해 주고 있을 뿐이다. * S.G 16장에서는 10.9에서의 '보어'에 대한 정의와는 다르게, 변형생성문법 (언어자료 심층에 내재해 있는 언어의 규칙성과 일반성을 포착하는 것을 목표로 하는 문법으로, '의미'는 제쳐 두고 '형태[구조]'에만 관심을 갖는 이론)에 의한 **인위적인 구분**을 하여, 이와 같은 구문을 3형식, 4형식 또는 5형식 구문으로 구분하였고, 그 영향으로 대부분의 문법서가 그에 따르고 있다. 하지만 이 책에서는 '문장해석'이나 '문장표현'을 위한, '의미단락'에 의해 구분하여 이들 모두를 3형식 구문에 포함시켰고, 3형식 구문 내에서의 '선행동사의 의미에 따른 수동태 등의 가능 여부'에 따라 3가지로 구분하여 놓았다. (→ blog 10.3 의 39번 문형) 단, 이들 목적어로 사용된 '비한정동사절' 중에서 '문장구성요소들의 역할'에 따라 별도로 구분해야 하는 몇몇 동사들만 4형식 또는 5형식으로 구분하였다. (→ blog 10.4 의 56, 57, 64번 문형)

다. 비한정동사의 의미상주어

① 선행동사의 주어와 같을 때는 생략된다.

- **She** wants **to go** to Italy.

* 이 문장에서는 wants의 주어와 to go의 주어가 모두 'she'이기 때문에 to go의 주어가 생략된 것이다.

② 비한정동사의 주어가 선행동사의 주어와 다를 때는, 비한정동사 바로 앞에 사용된다.

- I want to persuade **you to change** your mind.

* 여기서는 to persuade의 주어와 to change의 주어가 다르기 때문에 to change의 의미상의 주어인 you를 사용한 것이다.

③ 비한정동사의 주어가 일반주어 일 때는 생략할 수 있다.

- **Judging from his expression**, he is in bad mood.

* judging의 의미상 주어는 일반주어 즉, 일반사람

▶ 다D [보충·심화학습] : 의미상주어를 혼동할 수 있는 경우

(기존의 '문장구성 성분'에 의한 5형식 구분으로는 설명이 안 되고, 영어문장의 구성을 '의미단락'의 개념으로 보아야 설명이 가능한 부분)

* 결론적으로, 영어문장 본래의 모습은 즉 영어문장의 구성은 "의미단락에 의해 고리 고리로 연결되어 구성"될 뿐이다.

<1> to부정사 앞에 '선행하는 명사(구)'가 있을 경우

① **3형식문장**: '의미단락'의 개념상 "명사(구)+to부정사" 전체를 '목적어'를 이루는 '하나의 의미단락'으로 볼 수 있을 때는 3형식 문장이다.

ⓐ to부정사를 중심으로 '비한정동사절'을 이루어, 하나의 '의미단락'으로 쓰일 때는, 그 앞의 명사(구)는 to부정사의 의미상주어

- We persuaded **him to try** again.[VP17A] blog 10 의 39번 문형

(설득했다. 무엇을? 그가 다시 시도해 보는 것을; 3형식 문장)

* him과 to try가 하나의 '의미단락'을 이룰 수 있으므로 4형식이나 5형식이 아니라 3형식 문장이 된다.

ⓑ to부정사가 선행명사의 수식어의 역할을 하면, 그 앞의 명사(구)는 의미상주어 또는 의미상 목적어 모두 가능 (문맥으로 판단)

- I have **a friend to help** me. (의미상주어)[VP6A] 17번 문형

- I've got **an essay to write**. (의미상목적어)[VP6A] 17번 문형

ⓒ to부정사가 '선행동사'의 수식어 역할을 하는 경우

- He **opened** the door **to let** me in.[VP16A] 36번 문형

② **4형식문장**: '의미단락'의 개념상, '명사구'를 '간접목적어'로 'to부정사'를 '직접목적어'로 볼 수 있는 경우

ⓐ 고유의 to부정사가 직접목적어로 사용되는 경우 → blog 10.4 의 56번 문형

- I'll leave **you to attend** to the matter.[VP17C]

  나는 너에게 그 일을 돌보는 것을 맡기겠다.

ⓑ 간접목적어인 명사구와 직접목적어로 쓰이는 that절의 주어가 다른 구문이, 비한정동사 구문으로 바뀐 경우 → blog 10.4 의 57번 문형

- I promised **him to come** early.[VP17D] ← I promised him that I would come early.[VP11]

  나는 그에게 내가 일찍 오겠다고 약속했었다.

③ **5형식문장**: to부정사가 선행하는 명사구의 속성이나 특성을 밝히는 역할로 사용되는 경우

- I understood **him to say** that he would co-operate.[VP17E] 64번 문형

<2> '의문사/whether + to부정사' 구문

'추정'을 나타내는 '의문명사절'의 축약형으로 이루어진 이와 같은 구문은, '의문사'가 명사구의 이동을 막고 있기 때문에 축약이 이루어진 경우에도 문장성분은 그대로 유지된다.(3형식 → 3형식, 4형식 → 4형식)

이때 to부정사의 의미상주어는 ①일반주어 ②주절주어와 동일 또는 ③ 4형식의 경우, 주절주어나 간접목적어와 동일한 경우에는 생략된다. → blog 10.4 의 59D

- I don't know **whether to answer** his letter.

  ← I don't know whether I should answer his letter.

- I showed **her which button to press**.

  ← I showed her which button she should press.

- **He** asked me **where to drive**.

  ← He asked me where he should drive.

라. 비한정동사의 시간표현

비한정동사는 그 자체로는 시간을 표현할 수가 없다. '동사원형'을 이용한 형태이기 때문이다. 그러므로 비한정동사의 단순형과 완료형의 형태를 이용하여, 선행 한정동사와의 비교로, 시간을 표현한다.

① **비한정동사의 단순형**은, 그 문장[절]의 한정동사(구)가 나타내는 시간과 '동시 또는 이후시간의 일'을 나타낸다.

- He **seems to be** angry. : to be의 시간은 선행동사인 seems와 같은 시간인 현재

② **비한정동사의 완료형**은, 그 문장[절]의 한정동사(구)가 나타내는 시간보다 '이전시간의 일'을 나타낸다.

- He **seems to have missed** the train. : 완료형 비한정동사인 to have missed의 시간은, 선행동사인 seems보다 이전시간의 일. 즉, 과거시간의 일

▶ '완료형 to부정사'가 '미래완료'의 의미로 쓰이는 경우 → 8.1.4.10

마. 비한정동사의 부정

비한정동사의 부정은, 그 비한정동사의 바로 앞에 not 또는 never를 붙여서 나타낸다.

- I hope I remember to ask the barber **not to cut** my hair too short.
- Though (they were) **never defeated** in the battle, they finally surrendered.
- I'm sorry **not to have come** on Thursday.

2단계(본문) : 비한정동사의 용법 (8.1~8.4)

비한정동사의 용법을 분류할 때는 "영어문장은 의미단락으로 이루어지며, 그 의미단락들이 동사에 의해 고리 고리로 연결되어 구성된다."라는 영어 표현의 기본명제에 따라서 비한정동사나 비한정동사구뿐만 아니라 '비한정동사절'도 하나의 의미단락으로 취급하여 새롭게 분류하였다.

8.1   to부정사

8.1.1 to부정사의 명사적용법 (의미단락의 개념으로 분류)

8.1.1.1 개요

to부정사는 주어, 보어, 목적어 및 동격으로 사용될 수 있다.

- **To read** mysteries can be fun.
- His ambition is **to be** a pilot.
- I cannot afford **to have** a car.
- His ambition, **to be** a pilot, never came true.

8.1.1.2 주어로 사용되는 to부정사

현대영어에서 to부정사는 단독으로는 주어로 쓰이지 않는다. 그렇지만 to부정사가 절의 형태를 이루어 주어가 될 수는 있다.(문어체 영어) 이때의 to부정사절은 '추정사실'의 의미를 나타낸다. → 9장 1단계의 가

  ① 현대영어에서 to부정사절은 보통 가주어나 가목적어로 쓰이는 it을

이용하여 표현되며, 특히 의문에서는 반드시 it구문을 사용해야 한다.

- **It** was difficult **to sell my car**.

- Would **it** be safe **to camp here**?

- **It**'s a good thing **for him to recognize his faults**.(Whether he recognizes his faults or not is a different matter. It's only an idea.)

② 반면에 ing형은 자주 문장 첫머리에 사용되기도 한다. 특히 어떤 행동에 대해 '일반적인 의미'로 말할 때 ing형이 자주 사용된다.

- **Selling** insurance is a pretty boring job.

8.1.1.3 보어 또는 동격으로 사용되는 to부정사

be동사의 보어 또는 동격으로 사용될 때도 to부정사는 '추정'의 의미를 나타낸다. 즉 어떤 '실존했던 사실'을 말하는 것이 아니라, 단지 어떤 '생각(추정)'을 나타내기 위해서 사용된다.

- My aim is **to start up** my own company.

- Your mistake was **to write** that letter.

- The first plan, **to attack** at night, was turned down.

반면에 ing형은 '확정사실'을 말하기 위해서 사용된다.

- His **recognizing** his faults is a good thing.(It is a fact that he recognizes his faults.)

⇒ 다른 동사의 영향을 받지 않는 경우인, 주어나 보어 또는 동격으로 사용될 때
- to부정사는 '추정사실' 즉 '생각'이나 '특정행동' 등을 나타내고,
- ing형은 '확정사실' 즉 '실존사실'이나 '일반적 의미' 등을 나타낸다.

8.1.1.4 목적어로 사용되는 to부정사

(1) 의미상주어가 없는 to부정사를 목적어로 하는 타동사

하나의 동사가 다른 동사 바로 뒤에 사용될 때는, 일반적으로 첫 번

째 동사는 '태도'를 나타내고, 두 번째 동사는 '행동'을 나타내며 주로 다음과 같은 동사들이 이 구문으로 사용된다.

afford, attempt, claim, consent, contrive, decide, decline, demand, deserve, fail, guarantee, hope, learn, manage, offer, plan, prepare, pretend, profess, propose, promise, refuse, resolve, seek(=try, attempt), swear, threaten, undertake, venture, volunteer, vow

- I cannot afford **to upset** such an important customer.

- I resolved **to work** harder.

(2) 목적격 의미상주어를 가진 to부정사를 목적어로 하는 타동사

이들 타동사들은 A가 B에게 어떤 일을 시키고자 할 때, 어떤 방법으로 시키는가를 나타내는 구체적인 의미를 가지고 있다. 즉 to가 붙은 일종의 사역동사들로, 주로 다음과 같은 동사들이 이 구문에 사용된다.

appoint, assist, authorize, bribe, cause, caution, challenge, command, compel, dare(=challenge), direct, drive, enable, encourage, entitle, entreat, forbid, force, get, implore, incite, inspire, instruct, invite, lead, oblige, order, persuade, press, push, remind, request, require, stimulate, teach, tempt, tell, trouble, urge, warn

- Her success encouraged **me to try** the same thing.

- He persuaded **me to change** my mind.

* believe, consider, feel, find, imagine, know, suppose, think 등의 동사들도 이 구문에 사용될 수 있다. 그러나 능동형으로는 자주 사용되지 않는다.

(3) 의미상주어 유무에 상관없이 to부정사를 목적어로 하는 타동사로, 주로 다음과 같은 동사들이 이 구문에 사용된다.

ask, bear(흔히 can, could와 더불어 특히 부정문이나 의문문에 쓰임), beg, choose, desire, determine, elect, expect, intend, like(=choose, wish), mean(=intend), want, wish

- Mr Smith chose **(me) to lead** the sales mission to America.

- I didn't expect **(her) to be** invited to the party.

(4) 의미상주어를 가진 'to be'를 목적어로 하거나 또는 변형규칙이 적용된 'to부정사 구문'을 목적어로 하는 타동사

주로 '아는 것'과 '생각하는 것' 등을 나타내는 동사들은 '의미상주어+to be'가 목적어로 사용되거나 또는 변형규칙이 적용된 'to부정사 구문'이 목적어로 사용될 수 있다. 이 구문에 사용되는 동사들(take제외)은, that절도 목적어로 사용될 수 있으며 때때로 to be를 생략하고 표현하는 경우도 있다.

▶ 두 가지 구문의 차이점 → blog 10.5 의 62번 63번 문형

주로 다음과 같은 동사들이 이 구문에 사용된다.

acknowledge, assume, believe, calculate, consider, declare, discover, estimate, fancy, feel, find, guess, imagine, judge, know, maintain, presume, proclaim, prove, reckon, report, see, show, suppose, take(=presume), think, understand

- All the neighbors supposed **her (to be)** a widow.

- They knew **the man to have been** a spy.

- We believe **it to have been** a mistake.

* 이 구문에 사용되는 동사들은 매우 자주 수동태로 사용된다. → 6.4.1.4D

- **He** is considered **to be** dangerous.

← It is considered that he is dangerous.

* 다음과 같은 소수의 동사들은 'there to be' 구문이 뒤따라올 수도 있다.

believe, expect, intend, like, love, mean, prefer, understand, want, wish

- I expect **there to be** a big response to our advertisement.

(5) to부정사 또는 that절이 모두 뒤따라올 수 있는 동사들

주로 다음과 같은 동사들이 이 구문에 사용된다.

allow(=concede), beg, claim, command, decide, demand, determine, expect, hope, intend, know, learn, mean(intend), prefer, pretend, promise, propose, require, resolve, swear, think(=expect), wish, urge

- I decided **to ask** for my money back.

- I decided **that** I would ask for my money back.

★ 이 구문에 쓰이는 대부분의 동사들이 미래에 일어날 일을 언급한다. 그래서 이런 동사들은 보통 완료형 to부정사가 뒤따라오지는 않는다. 하지만, '의도'나 '희망' 등을 언급하는 몇몇 동사들(claim, expect, hope, promise 등)은 '미래완료시제'의 사용과 유사하게, 완료형 to부정사가 뒤따라와서 '미래'를 나타낼 수 있다. → 8.1.4.10

- I **hope(d) to have finished** by 12.

= I hope(d) that I will[would] have finished by 12.

- He **expects to have finished** by June.

= He expects that he will have finished by June.

(6) '의문사 (why 제외) + to부정사'를 목적어로 하는 타동사

주로 다음과 같은 동사들이 이 구문에 사용된다.

ask, consider, decide, discover, explain, forget, (not) know, learn, observe, perceive, remember, see, tell(=manage to see), think(단순현재와 단순과거시제 제외), understand, wonder와 기타 '물음'을 나타내는 동사들

- I don't know **what/which/who(m) to choose**.

- I wondered **how/when/where to get** in touch with them.

위의 동사들은 that절 또는 의문명사절도 뒤따라올 수 있다. 또한 문맥에 의해 의문사 대신 whether이 사용될 수도 있다.

이와 같은 구문 즉 '의문사+to부정사' 구문으로 질문을 시작하는 것은 가

능하지 않다. 대신에 다음과 같은 방식으로 의문문이 만들어진다.

- I don't know **how to tell** her.
- → How shall I tell her?
- I don't know **how to play** with.
- → Who should I play with?

(7) 이루지 못한 과거시간의 일을 나타내는 완료형 to부정사

- She **intended to have seen** her son.
- He **expected to have come**. → 4.3.5.6D

(8) '간접목적어 + 의문사(why제외) + to부정사'를 의미보충어로 하는 이중타동사 : 주로 다음과 같은 동사들이 이 구문에 사용된다.

advise, ask, instruct(=inform or give orders), remind, show, teach, tell

- The receptionist told me **where to wait**.
- Show **us what to do**.

* 이 구문의 동사들은 문맥에 의해 의문사 대신 whether이 뒤따라올 수도 있다.

- You haven't told **me whether to sign** this form.

(9) to부정사 또는 ing형을 목적어로 하는 타동사

→ blog 10.3 의 20번 문형

8.1.2 to부정사의 형용사적용법

8.1.2.1 개요

변하지 않거나 오랫동안 지속되는 일반적인 특성을 나타내는 명사수식어는 전위수식어로 사용된다. 반면에 후위수식어는 보통 그 명사수식어가 일시적이거나 1회적 특성을 나타낼 때와 일반적 특성을 나타내는 수식어에

또 다른 수식어가 붙어서 길어질 때 사용된다. 그러므로 추정사실을 나타내는, to부정사는 명사의 전위수식어로는 사용되지 않는다.

8.1.2.2 관계절의 축약형으로 볼 수 있는 to부정사

명사를 뒤에서 수식하는 비한정동사절은 형용사절과 같은 기능을 한다. 그리고 이런 비한정동사절은 보통 형용사절의 축약형으로 볼 수 있다.

(1) 형용사절의 동사의 의미가 '미래, 의무'를 나타내면, 그 형용사절은 to부정사 구문으로 줄여질 수 있다. 이때 그 형용사절의 관계대명사는 주격이든 목적격이든 상관없이 모두 축약이 가능하다.

- I have a friend who will help me.
 → I have a friend **to help** me.

- The person whom you should ask is Jane.
→ The person **to ask** in Jane.

- Mary needs a friend with whom she can play
→ Mary needs a friend **to play with**.

- I've got an essay which I must write.
→ I've got an essay **to write**.

* 이때 to부정사의 의미상주어는 'for+명사(구)'로 나타낸다.

- The man whom you should consult is Wilson.
→ The man **for you to consult** is Wilson.

(2) 형용사절의 선행사 앞에 서수나 최상급 또는 the only가 있으면, 무조건 to부정사 구문으로 줄여질 수 있다. → 9.6.3

- She was the only one who survived the crash.
→ She was the **only one to survive** the crash.
- The best thing that you should do is to call the police.
→ **The best thing (for you) to do** is to call the police.

(3) 관계부사절은 to부정사 구문으로 줄여질 수 있다.

- The place where you should go is Mr Brown's.

→ The place **(for you) to go** is Mr Brown's.

- The time when you should leave is after they've served coffee.

→ The time **(for you) to leave** is after they've served coffee.

(4) 후위수식어로 사용되는 to부정사 용법에서 주의할 점

① 특정 행동에 관한 것이 아닌 상황 즉 '일반적인 상황'을 말할 때는, to부정사 구문이 아니고, 'for+ing형' 구문이 사용된다.

- A vase is a kind of pot **for holding** flowers.

② 수식을 받는 명사가 to부정사의 목적어도 되는 경우, 때때로 같은 의미의 수동형 to부정사가 가능하다. (특히 there is 뒤에서)

- There is work **to do**. = There is work **to be done**.

그러나 그들이 다른 의미를 갖는 경우도 있다.

- There was nothing **to do**, so we played computer games. = 우리는 따분했다

- He is dead. There is nothing **to be done**. = 나는 그것을 바꿀 수 없다.

③ to부정사가 전치사와 함께 사용될 때는 whom이나 which를 붙여서 '전치사+whom/which+to부정사' 구문도 가능하다. 그러나 이런 구문은 격식체에서 더 자주 사용된다.

- Mary needs a friend **to play with**. (구어체)

= Mary needs a friend **with whom to play**. (격식체)

8.1.2.3 '동사나 형용사의 명사형' 뒤에 사용되는 'to부정사'

(1) to부정사를 의미보충어로 하는 형용사나 동사가 명사로 바뀌면, '이후 시간의 일'을 나타낼 때는 같은 to부정사를 수식어로 사용한다.

- Is he **able to do** the work?

→ Does he have **the ability to do** the work?

- She **refused to help**.

→ **Her refusal to help** surprised us.

* 그러나 '같은 시간의 일'을 나타낼 때는 '전치사+v-ing형' 구문으로 사용된다.

- I **intend to go**. → **My intention of going**.

- I **hope to arrive**... → There's **no hope of arriving**...

8.1.2.4 감탄문에 사용된 to부정사

- What an unkind thing to say!

* 만약 비판하고 있는 것이라면, 때때로 형용사는 생략된다.

- What a thing **to say**!

- What a way **to behave**!

8.1.3 to부정사의 부사적용법

8.1.3.1 개요

to부정사는 보충부사어 및 수식부사어 또는 '형용사구문의 의미보충어' 등으로 사용되어 부사적용법으로 쓰일 수 있다.

8.1.3.2 의미상주어가 없는 to부정사가 뒤따라오는 자동사

주로 다음과 같은 동사들이 이 구문에 사용된다.

agree, aim, appear, arrange, aspire, care, chance, come, get, grow, happen, hasten, hesitate, long, proceed, seem, shudder, strive, tend

- I have arranged **to meet** her at ten o'clock.

- He seems **to think** so.

이 구문에 쓰이는 동사 come, get, grow의 의미는 '시간이나 경험의 결과로 ...이 시작되다'라는 뜻이다.

- In time you may **come to like** it here.

- He soon **got to know** the wisdom of being patient.

위의 동사들은 to부정사 대신 전치사구가 뒤따라올 수도 있다.

- Would you **care to have** a drink?

  = Would you **care for** a drink?

8.1.3.3 '자동사+전치사+명사(구)+to부정사' 구문

주로 다음과 같은 동사들이 이 구문에 사용된다.

appeal, arrange, call, count, long, plead, wait

- We're **waiting for the bus to come**.

- She **pleaded with the judge to have** mercy.

- She **longed (for us) to say** nothing about it.

* 이와 같은 구문을 O.D.E 등에서는 4형식으로 구분하기도 하지만, 전치사의 역할을 무시한 이와 같은 구분은 합리적이지 않기 때문에, O.A.E나 L.D.E의 구분에 따라 '전치사구 뒤에, 수식어로 쓰인 to부정사가 사용된 구문'으로 구분하는 것이 올바를 것으로 보임 → 9.5.4

8.1.3.4 목적, 결말 등을 나타내는 부사절 대신에 사용되는 to부정사

to부정사절은 '목적'이나 '의도되어 있는 결말' 등을 나타내는 부사절 대신에 사용될 수 있다. 이때 종속절의 주어가 주절의 주어와 다르면 'for+명사구'를 의미상주어로 사용한다.(종속접속사 that으로 이어지는 부사절은 to부정사 구문으로 줄일 수 있다.)

① to부정사절은 목적의 부사절 대신에 사용될 수 있다. 또한 '사람의 목적이나 그들이 어떤 일을 하는 이유'에 관해서 말할 때는 'in order to' 또는 'so as to'를 이용한 표현도 가능하다.

- John got a job so that he might earn money for his holidays.

→ John got a job **(in order) to earn** money for his holidays.

- I spoke clearly so that everyone could understand.

→ I spoke clearly **for everyone to understand**.

부정의 목적은 'in order not to' 또는 'so as not to'가 사용된다. 이 때는 to부정사가 단독으로 사용될 수는 없다.

- I started early so that I might not miss the beginning.

→ I started early **in order not to miss** the beginning.

그러나 목적이 아니고 '대안'을 대조적으로 언급할 때는 not to가 사용 될 수 있다.

- I went to France **not to study** French, but to study architecture.

② to부정사 절은 '의도되어 있는 결말'을 나타내는 부사절 대신에 사용 될 수 있다.

- She is so old that she can travel by herself.

→ She is old enough **to travel** by herself.(생각/추정사실)

- The case was so heavy that a child couldn't carry it.

→ The case was too heavy **for a child to carry**.(생각/추정사실)

- He was in such bad health that he was obliged to resign.

→ He was in such bad health **as to be obliged** to resign.(이후시간/추 정사실)

③ 정도를 나타내는 'so+형용사+as+to부정사' 구문이 유사하게 사용되 지만 자주 쓰이지는 않는다.

- He was so foolish that he left his car unlocked.

→ He was **so** foolish **as to leave** his car unlocked.

그러나 '정중한 요청'을 나타내는 관용 표현인 'so kind as+to' 부정사 구문은 종종 사용된다.

- Would be **so kind[good] as to forward** my letters.

④ to부정사는 의외의 바람직하지 않은 결말을 나타내기 위해서 사용되

기도 한다. 이 구문에서 to부정사는 보통, 연달아 일어나는 나중 사건을 표현하기 위해서 사용되고 그래서 'and+한정동사'로 대치될 수도 있다.

- I made haste **(only) to miss** the train. (이후시간/추정사실)
- → I made haste and was disappointed to miss the train. (형용사구문에 쓰인 to부정사, 주관적 판단에 의한 사실/추정사실)

비슷한 의미가 never로도 표현될 수 있다.

- She left home, **never to return** again. (이후시간/추정사실)
- She left home, **never to be seen** again. (이후시간/추정사실)

8.1.3.5 조건절 대신에 쓰이는 to부정사 구문

조건절에서 조건의 접속사를 생략하고, to부정사 구문으로 전환하여 표현하는 경우가 있다.

- You will do well **to accept** his proposal.

  (=You will do well if you accept his proposal.)
- **To hear** her talk, you would think her crazy.

  (=If you heard her talk, you would think her crazy.)
- **To hear** him speak in English, one would have taken him for an American.

  (=If one had heard him speak in English, one would have taken him~.)
- **To hear** him talk, you would think he was Prime Minister.

  (=If you could hear him talk, you would think he was Prime Minister.)

* 독립부정사 형태의 '관용적 표현'으로 쓰이는 경우

to be honest, to cut a long story short, to tell you the truth, to be perfectly frank, to be fair (to him)

- **To be honest**, I just don't like him.

- **To tell you the truth**, I've never heard of Maxwell Montague.

- **To be perfectly frank**, you've a bad driver.

- **To be fair (to him)**, he wasn't entirely to blame.

8.1.3.6 형용사구문(be/연결동사+형용사)에서 형용사의 의미보충어로 사용되는 to부정사

형용사가 be동사 또는 feel, get, look 등의 연결동사 뒤에 주격보어로 사용될 때는 보통 그 형용사의 의미를 보충해 주기 위해서 '의미보충어'가 사용되는데 이때는 주로 to부정사, 전치사구와 that절, 의문명사절이 사용된다. 이런 형용사구문에 사용되는 to부정사는 그 구문의 특성에 따라 다음과 같이 나누어진다. (여러 가지 의미를 나타내는 형용사들은 한 곳 이상에서 사용될 수 있다.)

(1) 사람만이 주어가 될 수 있는 구문

① 희, 로, 애, 락이나 기타 심리 상태를 나타내는 형용사가 사용된 구문

to부정사, that절 그리고 전치사구가 의미보충어로 사용되며, 주로 다음과 같은 형용사들이 이 구문에 사용된다.

afraid, amazed, angry, ashamed, content, delight, fortunate, frightened, furious, glad, grateful, happy, lucky, pleased, proud, relieved, sad, scared, sorry, surprised, thankful

- We are glad **to know** that you're safe.

- I am thankful **to be** out in the fresh air again.

* 이 구문에서 to부정사의 주어가 한정동사의 주어와 다를 때는 for를 붙여서 주어를 나타낸다.

- I'll be delighted **for your sister to come**.

- I'm sorry **for you to think** that I dislike you.

* 회의나 의심을 나타내는 형용사일 때는 that절 대신에 의문명사절이 사용된다.

- I feel doubtful (about) **what I ought to do**.

② 주어의 의지를 나타내는 형용사가 사용된 구문

to부정사, 전치사구, (that절)이 의미보충어로 사용되며, 주로 다음과 같은 형용사들이 이 구문에 사용된다.

anxious, curious, eager, impatient, keen, loath, prompt, quick, ready, unwilling, willing

- Mary is anxious **to visit** Tom.
- I'm quite willing **for your brother to join** us.

③ 주어의 능력을 나타내는 형용사가 사용된 구문

to부정사, 전치사구가 의미보충어로 사용되며, 주로 다음과 같은 형용사들이 이 구문에 사용된다.

able, competent, eligible, fit, free, incompetent, ineligible, privileged, qualified, unable, welcome

- He is competent **to do** the job.
- He was unable **to attend** the meeting.

④ 주어의 심리적인 경향을 나타내는 형용사가 사용된 구문

to부정사, 전치사구가 의미보충어로 사용되며, 주로 다음과 같은 형용사들이 이 구문에 사용된다.

apt, disinclined. disposed, inclined, liable, prone

- I feel disinclined **to go** out in this weather.
- One is more prone **to make** mistakes when one is tired.

(2) 순간적인 판단을 나타내는 형용사가 사용된 구문

이 구문의 형용사는 주로 성격 또는 분별력과 관련이 있는 형용사이고, 이 구문은 '변형규칙'이 적용되어, 내포문의 주어가 전체 문장의 주어가

될 수 있다. 즉 to부정사의 주어가 전체문장의 주어가 될 수 있는 구문
이다. to부정사, (that절)이 의미보충어로 사용되며, 주로 다음과 같은
형용사들이 이 구문에 사용된다. (이 구문에서 to부정사의 의미상주어
는 'of+명사'의 형태로 표시되며, 의미상주어가 비인칭 it의 일종인 '상
황의 it'의 자리로 대치될 수 있다.) → blog 10.6.4

> bad, brave, careful, cheeky, childish, civil, clever, crazy, cruel,
> decent, dishonest, foolish, generous, good, impudent, impolite,
> kind, mad, nice, naughty, polite, right, rude, sensible, silly, spiteful,
> splendid, stupid, thoughtless, thoughtful, unwise, wise, wrong,
> wonderful

- It is very kind of you to invite us.

  → **You** are very kind **to invite** us.

- It was foolish of John to have bought such a thing.

  → **John** was foolish **to have bought** such a thing.

* good과 nice를 제외한 이 구문의 대부분의 형용사들이, 누가 언급
되었는지 명확할 때는, 의미상주어 없이도 사용될 수 있다.

('of+목적어'의 생략은 good과 nice의 의미를 바꿀 수도 있다. 그 이
유는 'for+목적어'의 생략과 구분할 수 없기 때문이다. *good(+of~) :
유쾌한, 친절한, 바람직한, 건강한, 유익한; good+for : 건강한, 유익
한)

- It was silly **(of us) to believe** him.
- It's good **for you to take** regular exercise.
- It's good **of you to take** regular exercise.

(3) to부정사의 목적어가 '상황의 it' 자리로 대치될 수 있는 구문

오직 다음의 형용사들만이 '변형규칙'이 적용되어 이 구문에 사용될 수
있다.

awkward, convenient. dangerous, hard, difficult, easy, enjoyable,
impossible, painful. safe

- It is easy to deceive John.

  → **John** is easy **to deceive**.

- It is dangerous to swim in this river.

  → **This river** is dangerous **to swim in**.

- It was impossible to accept the request.

  → **The request** was impossible **to accept**.

* 이 문형에 쓰이는 형용사들은 명사의 전위수식어로도 쓰일 수 있다.

- This is an **awkward** machine to use.

- That was an **impossible** request to accept.

(4) that절의 주어가 '상황의 it' 자리로 대치 될 수 있는 구문

오직 예측을 나타내는 형용사만이 이 구문에 사용될 수 있고, 이 구문에서 that절의 동사는 to부정사로 바뀐다. (변형규칙 적용 구문)

certain, likely, sure, unlikely 등

- It is likely that the weather will be fine.

  → **The weather** is likely **to be** fine.

- It is sure that your team will win.

  → **Your team** is sure **to win**.

* 형용사 bound와 due는 예측을 나타내지만, that절이 변형된 구문으로 쓰이지는 않는다.

- You are **bound to succeed**. (be bound to=be sure to)

- I am **due to leave** quite soon. (be due to=be supposed to)

8.1.4 to부정사의 기타 용법

8.1.4.1 동사 be, ought, used

이들 중에서 be동사는 to부정사가 뒤따라온다. 하지만 ought와 used는 to

와 함께 조동사구를 이룬다.

- You are **to go** to Pusan tomorrow.
- You **ought to** go to Pusan tomorrow.
- I **used to** go to Pusan every month.

8.1.4.2 'no+명사/대명사+but/except+to부정사'

'no+명사/대명사+but/except'와 같은 표현 뒤에 to부정사 절이 쓰일 수 있다.

- I have no ambition but **to retire** to my native country.
- He wanted nothing except **to live** in peace.

8.1.4.3 전체 to부정사(절) 대신에 쓰이는 to

to부정사(절) 전체를 되풀이하는 것을 대신해서 단지 'to'만을 사용할 수도 있다. 특히 동사 try 뒤와 때때로 형용사, 명사 뒤에서는 'to'도 생략될 수 있다.

- I went there because I wanted **to**.
- Can you start tie car? - OK, I'll try.
- I think he should get a job, but you can't force him to if he's not ready **(to)**.
- He will never leave home : he hasn't got the courage **(to)**.

* want와 would like 뒤에서는 보통 'to'가 생략될 수 없다. 그러나 want나 like가 when, what, as로 이끌리는 종속절에 사용될 때는 종 종 'to'가 생략된다.

- Come when you want.
- I've decided to do what like.

* 반면에 동사 enjoy처럼 ing형이 뒤따라오고, to부정사가 뒤따라올 수 없는 동사들은 반드시 목적어를 사용해야만 한다.

- Would you like to come sailing? - Oh yes, I'd enjoy **it/that**.

8.1.4.4 분리부정사

분리부정사란 'to'와 부정사의 나머지 부분 사이에 부사가 사용되는 형태를 말하며 특히 비격식체 표현에서 자주 사용된다. (많은 사람들이 그것을 바람직하지 않은 형태의 피해야만 할 용법이라 여기고, 부사를 to 앞이나 문장 후위에 위치시켜 표현하지만, 의미가 바뀌지 않으면서 그와 같은 문장을 구성하는 것이 항상 가능한 것은 아니다. 학습자의 입장에서는 가능한 한 분리부정사를 사용하지 말고, 기존의 순서를 지키는 것이 더 안전하다.)

- He began **to slowly get up** off the floor.
- He began **slowly to get up** off the floor.
- Your job is **to really make** the club a success.

(이 문장에서는 really가 make의 의미를 강화시킨다.)

- Your job is **really to make** the club a success.

(이 문장에서는 the real purpose of your job의 뜻)

8.1.4.5 be to 용법 → 4.3.5.6

(실현되지 않은 과거시간의 일을 나타내는 완료형 to부정사 포함)

8.1.4.6 to부정사가 사용되는 관용표현

문장의 처음 또는 끝 부분에 쓰여서, 문장부사의 역할로 사용되는 to부정사 관용표현

to be honest, to be fair, to be frank, to begin with, to cut a long story short, to get (back) to the point, not to make too much of it, to put it another way, to tell you the truth 등

- **To be perfectly frank**, you're a bad driver.
- I've never met him, **to tell you the truth**.

8.1.4.7 '형용사/부사+to부정사' 구문

① 'too+형용사/부사 (+명사) +to부정사'

이 구문은 '너무 ~해서 ~할 수 없다'라는 부정적 의미로 사용되며, 이 구문의 to부정사는 문장 주어 또는 to부정사의 주어나 목적어 또는 전치사의 목적어에 대한 언급이다.

- He spoke **too** quickly for me **to understand**.

- He was **too** drunk **to drive** home.

- He is **too** experienced conductor **to mind** what the critics say.

② '형용사/부사+enough(+명사)+to부정사'

이 구문은 '~하기에 충분히 ~하다'라는 긍정적 의미로 사용되며, 이 구문의 to부정사도 문장주어 또는 to부정사의 주어나 목적어 또는 전치사의 목적어에 대한 언급이다.

- He spoke slowly **enough** for everyone **to understand**.

- The case is light **enough** for me **to carry**.

- He isn't a clever **enough** politician **to have** any original ideas.

  * There 구문에서는 enough가 명사 앞 또는 뒤에 모두 올 수 있다.

- There is **enough time** to take care of everything.

- There is **time enough** to take care of everything.(격식체)

③ 'so+형용사+as+to부정사' 또는 'such+명사+as+to부정사' 구문

'정도'를 나타내는 구문이지만, 자주 쓰이지는 않는다.

- I'm not **so** stupid **as to put** it in writing.

- I'm not **such** a (stupid) fool as to put it in writing.

- He was **so** foolish **as to leave** his car unlocked.

  * 이 구문이 'enough+to부정사' 구문과 다른 점은, 과거를 나타낼 때 'enough+to부정사' 구문은 '실제수행' 또는 '가능성' 모두를 나타낼 수 있지만, 이 구문은 '실제수행'만을 의미한다.

8.1.4.8 감탄문을 이끄는 to부정사 구문

조건절에서 조건의 접속사를 생략하고 to부정사 구문으로 전환하여 '감탄

문'을 이끄는 경우도 있다.

- O **to have been** there!

  (= O had I been there! = O If I had been there!)

- Oh, **to be** young again!

  (= Oh, were I young again! = Oh, If I were young again!)

8.1.4.9 전치사 또는 접속사로 쓰이는 except와 but

(1) to부정사가 뒤따라올 때

① 접속사(except) : 선행동사구와 연결되어 '이후시간의 일'을 나타내는 비한정동사로 사용된다.

- I rarely need to go into the city centre except **to do** some shopping.

② 종속접속사(but) : 뒤따르는 to부정사와 함께 명사의 후위수식어로 사용되어 '이후시간의 일'을 표현한다.

- We had no alternative but **to dismiss** her.

(2) 원형부정사가 뒤따라올 때

① 전치사 : 원형부정사가 선행동사구와 연결이 불가능할 때 또는 연결은 가능하지만 선행명사의 수식도 가능한 경우는 모두 전치사로 취급한다. 즉 전치사와 원형부정사가 결합하여 선행명사의 후위수식어로 사용되어 선행명사와 '동시포함 사건'임을 표현하는 경우이다.

- I've done everything you wanted except[but] **make** the beds.
- I can do everything around the house except **cook**.

  (연결은 가능하지만 명사 수식어로 해석하는 경우)

  * The only exceptions to the 'gerund' rule are 'except' and 'but'(preposition), which take the bare infinitive. → P.E.G 98 B

② 접속사 : 원형부정사가 선행동사구와 연결 가능 시(생략 표현된 본동사) 단, 연결도 가능하고 명사수식도 가능한 경우는(사전이나 문법서 마다 주장이 다르므로), 전치사나 접속사 모두로 해석이 가능하지만,

명사 후위수식어를 만드는 전치사로 해석하는 것이 (생략된 표현을 찾아내서) 접속사로 해석하는 것보다 더 쉬운 방법이다.

- There is nothing more the doctor can do except **keep** an eye on him.

8.1.4.10 미래완료의 의미로 쓰이는 '완료형 to부정사'

비한정동사의 완료형은, 해당동사가 한정동사로 쓰일 때의 완료형의 의미도 나타낼 수 있기 때문에, 문맥에 따라 예외적으로 "미래완료시제"의 축약형으로 사용되어 "미래시간의 일"을 나타낼 수도 있다. 주로 미래의 '의도'나 '희망' 등을 언급하는 동사들(expect, hope, claim, promise 등) 뒤에서 사용되나 흔한 경우는 아니다. (미래를 언급하는 동사들은 일반적으로 완료형 to부정사가 뒤따라오지는 않는다.)

- I **hope(d) to have finished** by 12.
- We are leaving at six o'clock, and **hope to have done** most of the journey by lunchtime. (= ~and hope that we will have done~)
- He expects/hopes that he will have finished by June.
  → He **expects/hopes to have finished** by June.

8.2 원형부정사

8.2.1 한정동사구에 사용되는 원형부정사

원형부정사는 주로 한정동사구에서 서법조동사(조동사로 쓰일 때의 need, dare 포함) 또는 미래시제조동사 will, shall 뒤에 사용되며, 12가지 형태로 사용된다. → 4.4.1

8.2.2 원형부정사의 명사적용법 (의미단락의 개념으로 분류)

- * 원형부정사는 형용사적용법 또는 부사적용법으로는 쓰이지 않는다.
- * 원형부정사는 수동태로 그 문장 구조가 바뀔 때는 to부정사로 변화된다. → 9.17
  - They made him **pay** back the money.
  → He was made to pay back the money.

- They heard him **laugh**.
→ He was heard to laugh.

8.2.2.1 지각동사와 사역동사

지각동사와 사역동사는 '목적격 의미상 주어'가 있는 원형부정사를 목적어로 할 수 있다.

- 지각동사 : feel, hear, listen to, look at, notice, observe, perceive, see, smell, watch
- 사역동사 : bid, have, let, make
- 준 사역 동사 : help, know

  - I heard **the rain fall** all night long.
  - I felt **something touch** my foot.
  - I made **them give** me the money back.

일반적으로 지각동사 뒤에 원형부정사가 사용될 때는 '완성된 동작'을 나타내고, ing형은 진행 중인 동작을 나타낸다.

  - I watched a pavement-artist **draw** a portrait in crayons.
  - I watched a pavement-artist **drawing** a portrait in crayons.

이 경우 '짧은 행동'은 원형부정사나 ing형 둘 중 하나로 나타낼 수 있다. 그러나 아주 짧은 행동을 나타낼 때는 ing형은 사용하지 않는다.

  - I heard someone **unlock** the door.
  - I heard someone **unlocking** the door.
  - I heard him **cough**.(1번 기침)
  - I heard him **coughing**.(반복 기침)

일련의 연속된 행동에는 원형부정사를 더 선호한다.

  - The crowd watched the fireman climb the ladder, **break** a window on the first floor, and **enter** the building.

8.2.2.2 동사 let

동사 let의 기본 의미는 허용(allow)이다. 그리고 이 의미로 쓰일 때는 항상 '의미상 주어가 있는 원형부정사'가 뒤따라온다. 또한 목적어가 us라도 그 것은 let's로 줄여질 수가 없다.

- Please let us **have** more time, will you?
- Don't let the children **annoy** you.

명령법의 어형인 let's는 '말하는 사람이 포함된 어떤 행동'에 대한 제안을 할 때 사용되며, 부가의문으로는 shall we?가 뒤따라온다. 이 구문의 let은 일종의 조동사이다. 그리고 이때의 부정형은 두 가지 형태가 가능하다.

- Let's **take** a taxi, shall we?
- Let's **not argue** about it. 또는 Don't let's argue about it

또한 let's는 '비공식적인 구어체적 표현'으로 '제공'이나 '요청'에 사용될 수 있으며, 이때의 let's는 I와 관련시킬 수 있다.

- Let's **give** you a hand. (= I'll~)
- Let's **have** a look. (= Can I~ ?)

8.2.2.3 사역동사 make

사역동사로 쓰이는 make의 의미는 compel 또는 cause to이다. 이런 용법의 make는 let과는 다르게, 결코 수동형 to부정사가 뒤따라올 수는 없다.

- Miss Prouty made the boys **stay** in after school.
- That beard makes you **look** much older than you are.

8.2.2.4 동사 know

동사 know(=see, hear)는 현재완료시제에서 원형부정사 또는 to부정사가 뒤따라올 수 있다. 그러나 이들 두 가지 구문은 각각 다른 의미와 다른 구조로 사용된 원형부정사와 to부정사이다. → 9.4.1 ; 9.13

- I have never known him **pay** for a drink. ☞ know=see

나는 그가 술값 내는 것을 본 적이 없다.(3형식의 직접 경험을 표현)

- I have never known him **to pay** for a drink. ☞ know=hear

나는 그가 술값을 낸다는 것을 들어본 적이 없다.(5형식의 간접 경험으로 '같은시간의 일'을 나타내지만, '주관적인 판단'에 의한 표현이기 때문에 to부정사로 표현)

8.2.2.5 동사 help

동사 help는 원형부정사 또는 to부정사가 뒤따라올 수 있으며, 의미상주어가 있을 수도 있고 없을 수도 있다.(원형부정사 : 직접도움, to부정사 : 간접도움)

- Everyone helped **(to) clean** up the party.
- Everyone helped **him (to) clean** up the party.

그러나 보통 not 뒤에서는 to를 생략하지 않는다.

- How can I help my children **not to worry** about their exams?

8.2.2.6 동사 have

동사 have는 원형부정사, ing형, ed형이 모두 뒤따라올 수 있다. 또한 사역, 경험, 바람의 의미를 모두 표현할 수 있다. → blog 10.3 의 45문형

- What would you have **me do**? (소극적인 cause의미의 wish)
- It's lovely to have **people smile** at you in the street. (experience)
- Please have **the porter take** these suitcases to my room. (cause)
- I can't have **you doing** that. (will not, cannot등과 함께 tolerate의 의미를 나타내는 wish)
- I woke up in the night and found we had **water dripping** through the ceiling. (experience)
- He had **us laughing** all through the meal. (cause)
- I will not have **my house turned into** a hotel. (will not, can not 등과 함께 tolerate의 의미를 나타내는 wish)
- When did you last have **your hair cut**? (cause)

- He had **his pocket picked**. (experience)

8.2.3 원형부정사의 기타 용법

8.2.3.1 명령문

명령문에서는 한정동사 없이 원형부정사로 문장이 성립될 수 있다.

- **Be** quiet, please!
- **Send** me your address.
- **Rely on** your own efforts.

8.2.3.2 had better, would rather

had better, would rather 뒤에 원형부정사가 사용될 수 있다. ('d가 would 나 had의 의미로 쓰이는 표현 뒤에 원형부정사를 사용한다.)

(1) 'd = would : 'd rather, 'd sooner

- I'd rather **work** on the land than work in a factory.
- I'd sooner **be** a miner than a bank clerk.

(2) 'd = had : 'd better, 'd bes

- We'd better/best **be going**. - Yes, we'd better be. / ~ best be.
- You had better **tell** him the whole truth.

* not은 'd rather/sooner/better/best 뒤에 사용된다.

- You'd better **not go** near the edge.

* 비격식의 표현에서는 자주 had 없이 '주어+better' 또는 better가 사용되기도 한다.

- **You better** stop arguing and do as you're told.
- Mr Murphy will be here any minute. - **Better** get his file then.

8.2.3.3 can't but, do nothing but

can't but, do nothing but 뒤에서 원형부정사가 사용될 수 있다.

- I can't (choose) but **admit** the truth of your remarks.
- She did nothing but **complain** the whole time she was here.

8.2.3.4 why 또는 why not으로 시작되는 의문문

why 또는 why not으로 시작되는 의문문에서 'do you'를 생략하고 원형부정사만 사용되기도 한다. 이런 질문의 요점은 보통 '어떤 일을 하는 것이 어리석다 또는 무의미하다'라는 것을 의미한다. 'why not + 동사원형'은 '제안'이나 '충고'를 이끈다.

- Why **sit** down if you can lie down?
- Why (do you) **spend** such a lot of money?
- I think I ought to tidy this place up. - Why **bother**? (=it's not worth bothering to)
- Why **not wait** till the winter sales to buy a new coat?
- Why **not give** her some flowers?

8.2.3.5 등위접속사 뒤의 원형부정사

등위접속사 다음에는 to부정사를 병렬시키지 않고, 원형부정사만 사용할 수 있다.

- I'd like to lie down and **go** to sleep.

8.2.3.6 두개의 to부정사 구문이 except나 than으로 연결될 때

이때는 두 번째 to부정사는 자주 to 없이 사용된다.

- We had nothing to do except **(to) look** at the posters outside the cinemas.
- It's easier to persuade people than **(to) force** them.

8.2.3.7 rather than

rather than은 보통 병렬구문에 사용된다. 즉 두 개의 형용사, 두 개의 부사어표현, 두 개의 명사 또는 대명사, 두 개의 to부정사나 두 개의 ing형을 비교할 때 사용된다. 이 경우 주절에 to부정사가 있을 때는 보통 원형부정사가 뒤따라온다. 그러나 격식체에서는 to부정사도 가능하고, 또한 ing형도 뒤따라올 수 있다.

- Rather than **wait** any more, I decided to go home by taxi.

- We ought to check up, rather than just **accept** what he says. (또는 accepting what he says.)

8.2.3.8 do가 뜻하는 정확한 의미를 설명하는 절에서의 원형부정사

do가 뜻하는 정확한 의미를 설명하는 절에서, to를 생략하고 원형부정사가 사용될 수 있다.

- All I did was **(to) give** him a little push.

- What a fire-door does is **(to) delay** the spread of a fire long enough for people to get out.

- All you have to do is **pay** me what you owe me.

- All I must do is **stick** it out.

* 비격식체의 영어에서 all, the best 등으로 시작되는 명사절이 주어로 쓰인 문장의 보어가 되는 경우에도 원형부정사가 가능하다.(영문법 원서에서는 이와 같은 기술을 찾지 못했으나 CNN에 방송된 문장 중에는 이와 비슷한 예문을 볼 수 있다.

- The most important tip is **go** into something that you love.

8.2.3.9 동사 try, wait, go, come등+and+원형부정사

동사 try, wait, go, come 등의 뒤에서, to부정사 대신에 and를 이용하여 원형부정사 형태로 표현하기도 한다.

(1) 이용법은 격식을 차리지 않은 표현에서 'try and' 또는 'wait and' 형태로 사용되는데 이때는 원형인 try나 wait일 때만 가능하다.

- Try **and get** some unsalted butter.

- I really must try **and see** Pat this week.

- Let's wait **and see**.

(2) 동사 go, come, run, hurry up, stay, stop 등의 뒤에서, 목적을 나타내는 to부정사 대신에 'and+원형부정사'가 자주 사용된다.

- Come **and have** a drink.

- Hurry up **and get** dressed.

- Stay **and have** dinner.

- We ought to stop **and think**.

- Would you go **and tell** the children to shut up?

이와 같은 경우는 이들 동사들의 3인칭 단수형과 과거형도 가능하다.

- I went **and had** a drink with Jeremy yesterday.

- He usually stays **and has** dinner with us after the game.

이들 동사들의 경우는 to부정사 형태는 거의 사용되지 않는다. 특히 hurry up 뒤에는 to부정사가 사용되지 않는다. 그리고 특히 비격식의 미국식 영어에서는 동사 go 뒤에서 자주 and가 생략된 형태로 사용된다.

- Go **jump** in the river.

8.2.3.10 원형부정사의 관용표현

몇몇 고정된 동사결합에서 예외적으로 원형부정사가 사용된다.

- make believe (= pretend)

- He **made believe** that he was rich.

- make do with (= ~으로 임시변통하다)

- We haven't got meat, so we'll have to **make do with** bread.

- hear (people) tell of (= ~을 소문으로 듣다)

- I've often **heard (people) tell of** such things.

- let (sth) fall[slip] / let fall[slit] sth (= ~을 넌지시 비치다[잃다, 놓치다])

  ▪ In the course of the conversation he **let fall** an obvious hint.

- let (sth) go / let go of sth (= ~을 손에서 놓다)

  ▪ Don't **let go of** the rope!

- 기타 let live, let me see등

8.3 ing형

8.3.1 ing형의 명사적용법 (기존 체계의 동명사)

ing형은 주어, 보어, 목적어, 동격 또는 전치사의 목적어로 사용될 수 있다.

▪ **Reading** is his favorite pastime.

▪ My favorite sport is **swimming**.

▪ He avoided **answering** my question.

▪ He's absorbed in his hobby, **collecting** stamps.

▪ He insisted on **swimming**.

* ing형은 선행동사의 영향을 받지 않는 경우, 즉 주어나 be동사의 보어로 사용될 때는 '확정사실'을 나타낸다.

* ing형은 복합명사를 이루기 위해서 사용될 수도 있다.(ing형+명사) 이때는 ing형이 명사를 수식하는 것이 아니라 명사의 용도를 나타내며, 복합명사는 항상 첫 번째 낱말에 강세가 온다.

▪ a sleeping bag, a swimming costume, a sewing machine, a walking stick

8.3.1.1 주어로 쓰일 때

ing형은 한정동사의 주어가 될 수 있다. 그리고 이때의 ing형은 '확정사실'을 나타낸다. 대체로 ing형이 to부정사보다 좀 더 명사에 가깝다.

- **Being young** is nice. = It is nice that we are young.
- **Reading** is my favorite pastime.

8.3.1.2 be동사의 보어나 동격으로 쓰일 때

이때도 ing형은 '확정사실' 나타낸다.

- My worst vice is **smoking**.
- He was absorbed in his hobby, **collecting stamps**.

8.3.1.3 ing형이 목적어로 사용되는 경우(1)

다음과 같은 타동사는 '목적격 의미상주어를 갖는 ing형'을 목적어로 사용할 수 있다.

catch(=detect), feel, find, hear, imagine, leave, notice, observe, perceive, see, set, show, smell, watch

- The police caught **a man stealing** a car.
- I saw **him entering** the shop.
- I saw **him enter** the shop.

  * 지각동사 뒤에 쓰일 때 ing형은 진행 중인 행동을 나타내고, 원형부정사는 완료된 행동을 나타낸다. 그렇지만, 그 차이점이 항상 뚜렷한 것은 아니다. 때때로 두 가지 형태는 구별 없이 사용되기도 한다.

- 동사 hear, smell, watch

  동사 hear, smell, watch는 어떤 행동이 '일반적인 방식으로 지각'될 때는 의미상주어 없이, ing형 단독으로 뒤따라올 수도 있다.

- I can hear **shouting** in the distance.

8.3.1.4 ing형이 목적어로 사용되는 경우(2)

다음과 같은 타동사는 의미상주어 유무에 상관없이 ing형을 목적어로 사용할 수 있다. (동명사의 의미상주어는 소유격이 원칙이지만, 구어체에서는 목적격을 주로 사용한다. 이때는 인칭대명사인 경우에는 소유격을 사용하는 것이 바람직하고, 유생물 명사인 경우에는 's 소유격을 사용하지 않고

목적격을 사용하는 것이 바람직하다.) → 9.2.1

> acknowledge, admit, adore, advocate, anticipate, avoid, consider, contemplate, delay, deny, detest, dislike, enjoy, escape, evade, excuse, finish, get, give up, include, involve, keep, mind, miss, postpone, practice, quit, recall, recollect, repent, report, resent, resume, risk, stop, suggest, can't help, don't resist

- I deny **(his) having gone** out on the night of the crime.

- I admitted **(his) having made** the same mistake again.

* ing형이 한정동사의 주어로 문장 첫머리에 사용되는 경우에는 소유격을 의미상주어로 사용하는 것이 문체상 바람직하다.

- **Your calling** on us just at this time is most inconvenient.

* ing형이 타동사의 목적어로 사용되는 경우에는 목적격 의미상주어를 사용하는 것이 바람직하다.

- Do you mind **me coming** as well?

8.3.1.5 ing형 또는 to부정사를 목적어로 하는 타동사

→ blog 10.2의 문형 20

8.3.2 ing형의 형용사적용법

ing형은 명사의 전위수식어 또는 후위수식어로 사용될 수 있다. 전위수식어로 사용될 때는 보통 그 명사의 '고정적, 전형적, 일반적 특성'을 나타내고, 후위수식어로 사용될 때는 자주 그 명사를 '개별화, 한정화, 특정화'시켜 준다.

* 본래부터 형용사로 쓰이는 ing형은 '보어'로 사용될 수도 있다.

8.3.2.1 명사의 전위수식어로 사용되는 ing형

이 경우는 '본래부터 형용사로 쓰이는 ing형'과 '동사에 ing를 붙여서 형용사로 쓰는 ing형'의 두 가지로 구분할 수 있다.

① '동사+ing'형

모든 동사에 ing 또는 ed를 붙여서 '전위수식어'로 사용할 수 있는
것은 아니다. 보통 대응하는 형용사가 없을 때 이와 같이 사용되며,
이런 종류의 ing, ed형은 오직 전위수식어나 후위수식어로만 사용될
수 있고, 보어로는 사용될 수 없다.

- running water, screaming children, the boys shouting the loudest, the
  people singing

② 본래 형용사인 ing형

반면에 본래부터 형용사로 쓰이는 ing, ed형은, 전위수식어와 보어
양쪽으로 모두 쓰인다.

- his charming wife
- His wife looks very charming.

③ 구분 방법

이들 두 가지 종류를 구분하는 개략적인 방법은 very, rather,
somewhat 등으로 수식이 가능한지 여부와 비교급 가능 여부이다.
본래부터 형용사로 쓰이는 ing, ed형은 이들 용법들이 가능하다.

- a very interesting book
- His wife is more charming than Jane.

④ 전위수식어로 사용되는 ing형의 의미

ing형은 거의 언제나 능동, 진행의 의미를 갖는다. 특히 타동사의
ing형은 능동의 의미가 강조된다.

- falling leaves, a freezing wind

⑤ 복합형용사에서의 ing형

명사의 일반적인 특징을 나타내기 위해서, ing형이 부사, 형용사, 명
사등과 함께 복합형용사를 이루어 사용되는 경우가 있다.

- 부사+자동사의 ing형

- a never-ending story, a high-flying aircraft

- 형용사+자동사의 ing형

  ▪ a foul-smelling drain, drowsy-looking students

- 명사+타동사의 ing형

  ▪ a pain-killing drug, a time-consuming job

8.3.2.2 명사의 후위수식어로 사용되는 ing형

명사 뒤에 사용되는 ing형과 ed형은 '관계절'처럼, 자주 그 명사를 '개별화·특정화·한정화'시켜 주는 기능이 있다. 즉 명사를 뒤에서 수식하는 비한정동사절은 형용사절과 같은 기능을 한다. → 9.6 (이것은 보통 형용사절의 축약형으로 볼 수 있다.)

① 주절과 종속절의 시제가 같을 경우 (단순형, 진행형 모두 포함)

형용사절의 한정동사의 시제가 주절의 한정동사의 시제와 같을 경우에는, 형용사절의 한정동사구는 ing형으로 줄일 수 있다. 이때는 진행형으로 쓰이지 못하는 '상태를 나타내는 동사'도 ing형이 가능하다

▪ The boys who shouted the loudest were the winners.

→ The boys **shouting** the loudest were the winners.

▪ Most of the people who were singing were students.

→ Most of the people **singing** were students.

② 주절과 종속절의 시제가 다를 경우

두 절의 한정동사의 시제가 같지 않으면 ing형으로 줄일 수 없다. 그러므로 영어에는 완료형 ing형이 명사를 수식하는 경우는 없다.

▪ Do you **know** the girl who **danced** with your brother?

③ '일반적 의미'를 나타내는 형용사절

명사를 '일반적인 의미'로 수식하는 형용사절도 ing절로 줄여질 수 있다. 그러므로 ing절은 '단순현재시제'의 형용사절을 대치할 수도 있다.

▪ The road which joins the two villages is very narrow.

→ The road **joining** the two villages is very narrow.

- Women who look after small children generally get paid about ￡1.50 an hour.

  → Women **looking after** small children generally get paid about ￡1.50 an hour.

* 이 경우 중심명사가 특정사람이나 특정사물을 나타낼 때는, ing형으로 줄여지지 않고 한정절의 형태로만 쓰이는 경우도 있다. 즉 이 구문은 영문법에서 아직 명확히 밝혀지지 않은 부분으로 학자에 따라 의견의 차이를 보인다. → 9.6.1

  - The woman who looks after my small brother gets paid ￡1.50 an hour. → 이때는 줄여지지 않는다.(P.E.U)

8.3.3 ing형의 부사적용법(ed형 포함) : 분사구문

8.3.3 들어가기

분사구문의 외형상의 불명확함은, 우리가 그 분사구문을 통해서 전달하고자 하는 것(그 분사구문들이 전달해 주기를 바라는 것)에 있어서 상당한 융통성을 허용해 준다. 문맥에 따라 그것들이 시간관계를 나타내기를 원할 수도 있고, 조건이나 원인, 양보 관계를 나타내기를 원할 수도 있고 또는 상황에 근거한 정황적인 관계(circumstantial relationship)을 나타내기를 원할 수도 있다. 간단히 말해서, 분사구문은 주절에서 기술된 상황에 대한 어떤 부가적인 상황을 내포한다. 독자나 청자의 입장에서는, 그 부가적인 상황의 실제적인 성질은 문맥으로부터 추론되어야만 한다.

8.3.3.1 부사절의 축약형으로서의 분사구문

주절과 '같은 시간이나 이전시간의 일'을 표현하는 부사절은, 전달하고자 하는 의미의 혼란이 없는 경우, 보통 ing절(분사구문)으로 줄여서 표현할 수 있다. 이때 수동형의 경우 수동의 조동사 be의 ing형인 being 또는 having been이 생략되고, ed형이 문장을 이끌 수도 있다.

- As I am only a student, I can't afford to get married.
- → **Being** only a student, I can't afford to get married.
- If it is used economically, one box will last six weeks.

→ **(Being) Used** economically, one box will last six weeks.

■ As we have invited him to speak, we'd better go to his lecture.

→ **Having invited** him to speak, we'd better go to his lecture.

■ As he had been bitten twice, he was afraid of our dog.

→ **Having been bitten** twice, he was afraid of our dog.

* ing, ed형 분사구문은 주절의 앞 또는 뒤에 사용될 수 있다. 영어에서는 언제나 두 번째 절에 강조를 두기 때문에, 강조를 어느 절에 두느냐에 따라서 그 위치가 달라질 수 있다.

■ Making sure I had the right number, I phoned again.

■ I phoned again, making sure I had the right number.

8.3.3.2 분사구문의 접속사를 생략하지 않는 경우

분사구문의 주어가 주절의 주어와 같을 경우, 의미를 분명하게 하기 위해서 접속사를 생략하지 않고 남겨 둘 수도 있다.

■ **While trying** to open the can, I cut my hand.

■ **After having spent** two years in England, he went back home.

* 분사구문 앞에는 이유의 접속사 as, since, because가 사용되지 않는다. 또한 as soon as도 사용되지 않는다. 즉 As being 같은 표현은 사용되지 않는다. 이때는 As I am~ 또는 Being~ 같은 형태로 표현한다.

■ **As I am** only a student, I can't afford to get married. 또는

■ **Being** only a student, I can't afford to get married. 로 표현한다.

* 접속사 after, before, since는 전치사와 spelling이 같기 때문에 의미의 혼동을 막기 위해서 보통 수동의 조동사 being을 생략하지 않고 'being+ed형'을 그대로 사용한다.

■ After I was invited, I've been told the party was cancelled.

→ **After being invited**, I've been told the party was cancelled.

8.3.3.3 분사구문의 주어가 주절의 주어와 다른 경우

ing형 분사구문의 주어가 주절의 주어와 다를 경우, 그 자신의 주어가 있어야 한다. (there 구문도 유도부사 there을 그대로 유지시킨다.)

- As it was a bank holiday, all the shops were shut.

  → **It being** a bank holiday, all the shops were shut.

- As there is no further business, I declare the meeting closed.

  → **There being** no further business, I declare the meeting closed.

* 이 경우 그 다른 주어는 전치사 with 또는 without에 의해서 유도될 수 있다.

- **With the crowds cheering**, the royal party drove to the palace.

- They debated for hours **without any decision (being) taken**.

* 분사구문의 주어가 주절의 주어와 다를 때, 분사구문의 주어를 생략하는 '현수분사구문'을 피하도록 주의해야 한다.

- Reading my newspaper, **the doorbell** rang. (x)

  → Reading my newspaper, **I** heard the doorbell ring.

* 분사구문의 주어가 '일반주어'일 때는, 주절의 주어와 다를지라도 생략할 수 있다. 이와 같은 문장은 소위 '비인칭 독립분사구문'이라 하며, 이때는 분사구문 전체가 문장부사(서법부사)의 역할을 한다.

- **Judging** from recent events, the Government appears to be gaining its popularity.

- **Strictly speaking**, you ought to sign the visitor's book before entering the club.

8.3.3.4 대등한정절

대등한정절도 ing형으로 줄여져, 분사구문으로 사용될 수 있다.

(1) 두 동작이 동시인 경우(6가지 가능)

- The spectators leapt to their feet and roared approval.

→ **Leaping** to their feet, the spectators roared approval.

→ The spectators, **leaping** to their feet, roared approval.

→ The spectators roared approval, **leaping** to their feet.

→ The spectators leapt to their feet, **roaring** approval.

→ The spectators, **roaring** approval, leapt to their feet.

→ **Roaring** approval, the spectators leapt to their feet.

(2) 두 동작이 전후가 있는 경우(선행동작만 ing절로 변화가능)

- The spectators leapt to their feet and ran out onto the ground.

→ **Leaping** to their feet, the spectators ran out onto the ground.

→ The spectators, **leaping** to their feet, ran out onto the ground.

→ The spectators ran out onto the ground, **leaping** to their feet.

(3) 두 번째 동사가 선행동작의 결과를 나타내는 경우

- It rained for two weeks on end so that it ruined our holidays.

→ It rained for two weeks on end, **ruining** our holidays.

8.3.4 ing형의 기타 용법

8.3.4.1 관용어구

몇몇 관용 어구에 ing형이 사용된다.

(1) It's no use/good + ing형 (=..해도 소용없다)

- **It's no use/good trying** to persuade me.

(2) be worth + ing형 (=~할 가치가 있다)

- Kyungju **is worth visiting** once. ← It **is worth visiting** Kyungju once.

(3) There is no + ing형 (= ~은 불가능하다)

- **There's no accounting** for tastes. = It is impossible to account for tastes.

(4) feel like (+ ing형) (= ~하고 싶은 기분이다)

- I don't **feel like (drinking)** beer tonight. = I have no wish to drink beer tonight.

(5) be of one's own + ing형 (= 직접 ~한)

- This job **is of my own choosing**.= This job has been chosen by myself.

(6) cannot help + ing형 (= ~하지 않을 수 없다)

- I **could not help laughing** at the funny sight.

(7) What do you say to + ing형 (= ~합시다)

- **What do you say to going** to the movies.

8.3.4.2 진행형에 사용되는 ing형

ing형은 (한정)동사구 내에서 진행형을 만들기 위해서 사용될 수도 있다.
→ 4.4.1.4

8.4 ed형

8.4.1 ed형의 형태

ed형이 단독으로 쓰이는 고유한 형태는 없다. ed형이란 주로 수동형에서, 수동의 조동사인 be, to be, being 또는 have been, to have been, having been이 생략되고 남은 형태를 말한다. 또한 자동사의 완료형에서 완료의 조동사 have가 생략되고 남은 형태가 ed형을 이루기도 한다.

8.4.2 ed형의 명사적용법 (의미단락의 개념으로 분류)

기존의 영문법에서는 이 부분을 형용사적용법으로 분류하였으나 '의미단락
'의 개념에서 볼 때, 한정동사 뒤에 나타나는 'ed형을 중심으로 한 의미보
충어 전체'를 그 한정동사의 목적어로 보는 것이 타당하고, 그 중심 역할
을 하는 것이 ed형이므로 이 책에서는 '명사적용법'으로 분류하였다.

8.4.2.1 의미상주어가 있는 ed형을 목적어로 하는 타동사

비한정동사 앞에 있어야 할 의미상주어가 막연하여 밝힐 수 없을 때 또는
자명하여 밝힐 필요가 없을 때는, 그 비한정동사의 뒤에 있는 목적어를 앞
으로 도치시켜 수동구문으로 나타낸다. 이 경우 수동의 조동사 be, to be,
being이 항상 생략되므로, 선행동사에 관계없이 ed형만 사용된다.

- He saw a car **parked** outside the bank at that time.
- ← He saw someone park a car outside the bank at that time.
- I got the document **typed**.
- ← I got my secretary to type the document.

8.4.3 ed형의 형용사적용법

ed형은 명사의 전위수식어 또는 후위수식어로 사용될 수 있다.

  * 본래부터 형용사로 쓰이는 ed형은 '보어'로 사용될 수도 있다.

8.4.3.1 명사의 전위수식어로 사용되는 ed형

두 종류가 있으며 보통 고정적이고 전형적, 일반적인 특성을 표현한다.

   (1) 동사에서 변화된 ed형

    전위수식어나 후위수식어로만 사용되며, 보어로는 사용될 수 없다.
    전위수식어로 사용되는 ed형은 동사라기보다는 형용사에 더 가깝다.

    - the broken watch, a broken window   * The watch looks broken.(x)

   (2) 원래부터 형용사로 쓰이는 ed형

    very, rather, somewhat 등이 수식해 줄 수도 있고, 비교급으로도 사
    용될 수 있다. 이 경우는 전위수식어나 보어로 모두 사용될 수 있다.

- the tired boy

- The boy is more tired than I.

전위수식어로 사용되는 **ed형**의 의미

자동사의 ed형은 완료의 의미를 갖고, 타동사의 ed형은 수동의 의미를 갖는다.

- 자동사의 ed형(전위수식어로만 사용됨)

  - fallen leaves, frozen food, the escaped prisoner

* 복합형용사에서의 ed형

  명사의 일반적인 특징을 나타내기 위해서, ed형이 부사, 명사 또는 접두어등과 결합하여 전위수식어로 쓰일 수 있다.(많은 과거분사들이, 그들이 오직 복합형용사 구조에 사용될 때만 전위수식어로 사용될 수 있다.)

- 부사+자동사의 ed형

  - recently arrived immigrants, long-lived friend ship

- 부사+타동사의 ed형

  - a well-dressed woman, a highly-strung person

- 명사+타동사의 ed형

  - the largest man-made forest, a fox-hunting man

- 접두어+타동사의 ed형

  - unarmed troops, underdeveloped countries

* 명사에 상응하는 동사가 없을 때는, 명사에 ed를 붙여서 형용사로 만들 수 있다.

  - a bearded man

> - 이런 종류의 ed형은 그 앞에 형용사 또는 수사를 붙여서 사용할
> 수도 있다.
>
> - a blue-eyed baby = a baby with blue eyes
>
> - a one-eyed monster = a monster with one eye
>
> - a high-powered car = a car with high power

8.4.3.2 명사의 후위수식어로 사용되는 ed형

이때의 ed형은 '관계절'처럼, 자주 그 명사를 개별화, 한정화, 특정화시켜 주는 기능이 있다. 즉 명사를 뒤에서 수식하는 비한정동사절은 형용사절과 같은 기능을 하며, 보통 형용사절의 축약형으로 볼 수 있다.

(1) 관계대명사가 주격이고 동사가 수동형이면, 단순형·완료형을 막론하고 모두 ed형으로만 줄여질 수 있다.

- The ideas which are presented in this book are interesting.

→ The ideas **presented** in this book are interesting.

- Cars which have been parked illegally will be removed.

→ Cars **parked** illegally will be removed.

- Most of the people who had been invited to the reception were his old friends.

→ Most of the people **invited** to the reception were his old friends.

- The people questioned, the only place left, the success just obtained

8.4.3.3 분사들의 위치에 따른 의미변화

몇몇 분사들은 그들의 위치에 따라 의미가 변한다.

- the people concerned = 일어나고 있는 일에 의해 영향을 받은 사람들

  a concerned expression = 걱정스러운 표정

- the people involved = 일어나고 있는 일에 의해 영향을 받은 사람들

  an involved explanation = 복잡한 설명

- the solution adopted = 선택된 해결책

  an adopted child = 그의 생물학적 부모가 아닌 사람들과 사는 어린이

8.4.3.4 보어로 사용되는 ed형(형용사)

상태수동태에서 ed형은 어떤 행동의 결과로서 생기는 '상태'를 나타낸다. 이 경우 ed형은 '주격보어'이다.

- The building is **demolished**.
- Her arm was already **broken** when I saw her.

그러나 이와 같은 문장들은 '상태수동태'의 의미일 뿐만 아니라, '동작수동태'로 이해될 수도 있다. 즉 Her arm was broken.은 Someone broke her arm.의 의미일 수도 있고, Her arm was in a state of fracture.의 의미일 수도 있다.

8.4.4 ed형의 부사적용법 : 소위 분사구문

8.4.4.1 부사절의 축약형으로서의 분사구문

주절과 '같은 시간이나 이전시간의 일'을 나타내는 부사절은, 전달하고자 하는 의미의 혼란이 없을 경우, 보통 ing절로 축약될 수 있다. 이때 수동형의 경우, be동사의 ing형인 being 또는 having been이 생략되고 ed형이 문장을 이끌 수도 있다.

→ ed형 분사구문은 ing형 분사구문(ing형의 부사적용법 : 8.3.3) 참조

8.4.5 ed형의 기타 용법

8.4.5.1 타동사의 ed형을 의미보충어로 하는 자동사 구문

타동사의 ed형이 수동의 의미로 자동사 뒤에 사용될 수가 있다. 이런 방식으로 쓰일 때, 그 자동사는 be동사에 의해 대치될 수 있다. (정상적인 수동형에서 수동의 조동사 be 대신 다른 자동사를 대치하여 수동의 의미를 보충)

- He lies **buried** there. ≒ He is buried there.

- The door remained **locked** all day. ≒ The door was locked all day.

  * 동작동사의 수동태에서 변화의 개념을 포함하기 위해서 become, get, grow 등이 사용되기도 한다. 또한 상태동사의 수동태에서는 be동사 대신 lie, rest, seem, stand 등이 쓰이는 경우도 있다. → 6.5.2.1

8.4.5.2 완료형, 수동형에 사용되는 ed형

ed형은 한정동사구 내에서 완료형 또는 수동형을 만들기 위해서 사용될 수 있다. → 4.4.1

9장 ing형 구문과 to부정사 구문의 구별 방법

9장 1단계(들어가기) : 내용 요약 및 기본 개념

가. 확정사실 표현(ing형 구문)과 추정사실 표현(to부정사 구문)의 요점

비한정동사 구문은 '말하는 사람의 판단'이 작용하는 구문이다.

A. 구분 짓는 기준점 : '100%의 확실성' 표현 여부

☞ '100%의 확실성(fact)' 표현 또는 '100%의 확실성으로서 표현'할 때

→ ing형 구문 사용(확정사실 표현)

☞ '100%의 확실성'을 표현하는 것이 아닐 때, 즉 idea나 idea로서 표현할 때

→ to부정사 구문 사용(추정사실 표현)

▶ '100%의 확실성'과 '100% 미만의 확실성'의 구별을 찾아낸 과정 및 근거 → 9.19

B. 이와 같은 구분 점에 따라 구체적으로 구분 짓는 요소: 방향성 → 9.20

- **fact를 표현할 때 또는 fac로서 표현할 때: ing형 구문**
- **idea를 표현할 때 또는 idea로서 표현할 때: to부정사 구문**

ⓐ **ing형이 사용되는 경우** → 판단에 작용하는 요소 = fact, actual fact

㉠ fact를 표현할 때(실제로 존재하는 사실임을 표현)

☞ 선행동사와 '같은시간' 또는 같은시간이 포함된 이후시간의 일'을 표현하는 경우 등에 가능

☞ 선행동사보다 '이전시간의 일'을 표현하는 경우 등에 가능

㉡ fact로서 표현할 때

☞ 진리, 습관 등 '늘 일어나는 일'을 표현할 때

☞ '객관적, 공공적 판단에 의한 사실'을 표현할 때

☞ '객관적, 공공적 판단에 의한 표현으로, '이후시간의 일'이지만, '확정된 것으로 판단되는 사실'로 표현하는 경우 즉 '객관적 충고'를 나타내는 should의 의미가 포함된 몇몇 동사 및 사역동사 등
(suggest, advise, recommend / make, have, let 등)

ⓑ **to부정사가 사용되는 경우** → 판단에 작용하는 요소 = idea, assumed fact, hypothetical fact, guess

㉠ idea를 표현할 때(존재하지 않는 사실임을 표현)

☞ 선행동사와 비교 시 '같은시간'이 포함되지 않은 '순수 이후시간의 일'을 표현할 때

㉡ idea로서 표현할 때

☞ '주관적, 개인적 판단에 의한 사실'을 표현할 때

☞ '주관적, 개인적 판단에 의한 표현'으로, '같은시간'이나 '이전시간의 일'이지만, '확정될 수 없는 것으로 판단되는 사실'로 표현하는 경우
(pretend, deserve, claim / seem, appear 등)

ⓒ ed형

ed형은 '수동 또는 완료의 조동사'가 생략된 형태로, 능동태일 때의 판단에 의해서 구분된다.

☞ 'vi-ed'형은 '완료'의 의미이다.

☞ vt-ed'형은 '수동'의 의미이다.

나. 2가지 구분 방식 및 4가지 상황

A. 2가지 구분 방식

ⓐ 선행동사의 영향에 의한 **'표현 가능 시간의 차이'**로 구분; 선행동사와 '동시' 포함 여부가 중요한 구분점

ⓑ 선행동사의 영향이 없는 경우에는 **'객관적/주관적 판단의 차이'**로 구분

B. 4가지 상황

ⓐ 선행동사의 시간적 영향력에 의해 구분되는 경우

☞ 비한정동사가 선행동사와 **'같은시간이나 이전시간의 일'을 표현**할 때

→ **ing형 구문**으로 표현(확정사실 표현)

☞ 비한정동사가 선행동사보다 **'순수 이후시간의 일'을 표현**할 때

→ **to부정사 구문**으로 표현(추정사실 표현)

ⓑ 선행동사의 어휘적 특성이 시간 차이의 영향력을 무효화 시킨 경우

☞ **'순수 이후시간의 일'**을 **'공공적/객관적 판단에 의한 확정사실'**로 표현할 때

→ **ing형 구문**으로 표현(확정사실 표현 : 몇몇 동사)

☞ **'같은시간이나 이전시간의 일'**을 **'확정될 수 없는 주관적 사실'**로서 표현할 때

→ **to부정사 구문**으로 표현(추정사실 표현 : 몇몇 동사)

ⓒ 선행동사에 의한 시간 차이의 영향력이 무효화된 경우

'감정, 의도 등을 나타내는 동사들'과 '시작, 계속 등을 나타내는 동사들'은 '같은시간이나 같은시간이 포함된 이후시간의 일'을 '같은 내용으로 표현'할 때, ing형 구문과 to부정사 구문이 모두 가능하여, 선행동사의 영향력이 무효화된다.

이와 같은 경우에는 **'객관적 판단에 의한 사실'**과 **'주관적 판단에 의한 사실'**의 차이에 의해 구분된다.

ⓓ 선행동사가 존재하지 않는 경우

비한정동사 구문이 '주어'나 'be동사의 보어' 등으로 사용되어, 영향을 미치는 선행동사가 존재하지 않을 때도 **'객관적 판단에 의한 사실'**과 **'주관적 판단에 의한 사실'**의 차이에 의해 구분된다.

C. 확정사실 표현과 추정사실 표현

'존재하는 사실/존재하지 않는 사실'의 구분 또는 '객관적 판단에 의

한 사실/주관적 판단에 의한 사실'의 구분 등을 모두 포함하기 위해서 **'확정사실표현(actual fact)'**과 **'추정사실표현(assumed fact)'**이라는 용어를 사용하였다.

"fact의 사전상의 정의"

- ⓝ 2. information regarded as being true and as having reality
    * reality : the quality of being real(사실의 성질)
- ⓝ sth that has actually happened or is happening; sth known to be or accepted as being true
- ⓝ 2. sth known to be true or accepted as true
- ⓝ 2. thing that is believed or claimed to be true

"fact의 사용 예"

an accepted fact/ a recognized fact/ an established fact/ an actual fact

⇒ 이와 같은 이유로 **actual fact/assumed fact/hypothetical fact**라는 표현도 무리가 없을 것으로 생각됨

* 영어 동사의 문법이 통일된 규범문법의 체계를 가지지 못하고, 그 기술이 모호하고 복잡하게 된 원인 중 하나는, 확정/추정/가정에 의한 중간 단계의 구분을 중요하게 인식하지 못하고, 단지 동사의 '시간이나 시제'에 의해서만 문법을 설명하려고 시도한 결과로 보임

다. ing형 구문과 to부정사 구문의 특징 및 그 근거

A. 특징

비한정동사 구문은 '말하는 사람의 판단'이 작용하는 구문이고, 때때로 선행동사의 주어와 직접적인 접촉을 나타내기 위해서도 한정동사절 대신 비한정동사절이 사용되기도 한다.

B. '말하는 사람의 판단이 작용하는 구문'이라는 사실과 'ing형 구문'과 'to 부정사 구문'을 구분한 근거

⇒ S.G 16.23

The infinitive is (**biased** towards potentiality and is therefore) **favored** in hypothetical and nonfactual contexts, whereas the participle is **favored** in factual contexts.

⇒ C.G.E 288 289

A FACT (or **factual** meaning) is **usually** expressed by a finite verb clause or by an '-ing' clause. Infinitive clauses **often** express neutrality; also 'wh-' clauses. * neutrality : to present something as **a neutral 'idea'** rather than as a 'fact'.

⇒ L.E.G 16.20

'Like, love, hate, prefer+to-infinitive' are often used in the simple present to refer to habitual **personal choice** and **preference**.

⇒ P.E.U(N) 291.2

An infinitive with its own subject is often used when we are giving **personal reactions to situations**.

⇒ P.E.U(N) 284.1

Infinitives are often used after adjectives describing **reactions and feelings**.

9장 2단계(본문 9.1~9.18) : 구체적인 구별 방법 및 내용

'**100% 여부**'의 판단에 집중하며 공부하면 전체 내용을 파악할 수 있다.

세상에 처음 소개되는 내용이기 때문에, 독자의 접근성을 위해 '차례'를 표기해 놓았다.

Ⅰ. 비한정동사가 선행동사의 의미에 따른 '시간적인 영향'을 받는 경우 또는 '선행동사의 특성'이 비한정동사가 받는 시간적인 영향을 무효화시키는 경우

주어는 동사를 통하여 직접 목적어에 **시간적인 영향**을 미치며, 그에 따라 목적어의 '표현 가능한 시간'이 정해지고, '시간의 차이'에 의해 ing형 구문과 to부정사 구문이 구분되어 사용된다. 단 **선행동사의 특성**이 '확실성 판단'에 의한 영향력을 강하게 나타내는 경우에는 그 영향력에 따라 ing형과 to부정사가 구분되어 사용된다.

→ L.E.G 1.9 : A 'direct object' refers to the person or thing affected by the action of the verb.

→ S.G 10.9 : The typical role of the direct object is that of the AFFECTED participant : a participant which does not cause the happening denoted by the verb, **but is directly involved in some other way** : ☞ 확정과 추정 차이에 대한 영향력

☞ **'같은시간의 일'** 또는 **'동시 포함 이후시간의 일'**을 표현하는 경우
→ **ing형 구문/원형부정사 구문** 사용(확정사실 표현)

☞ **'순수 이후시간의 일'**을 표현하는 경우
→ **to부정사 구문** 사용(추정사실 표현)

9.1 3형식 동사의 목적어로 비한정동사가 사용되는 경우

9.1.1 비한정동사가 선행동사와 '같은시간(포함)이나 이전시간의 일'을 표현하는 경우

→ **ing형 구문 사용**(확정사실 표현)

- I **resent having** to get his permission for everything I do.
- He **admitted having done** wrong.
- You need to **practice parking** the car in a small place. → 9.1.3.1

9.1.2 비한정동사가 선행동사보다 '순수 이후시간의 일'을 표현하는 경우

→ **to부정사 구문 사용**(추정사실 표현)

- He **chose to stay** where he was.
- The policeman **demanded to know** where he lived.
- He **offered to help** me.

9.1.2' 선행동사의 각각 다른 의미에 따라, 'ing형 구문'(확정사실표현)과 'to부정사 구문'(추정사실표현)이 모두 가능한, 순수 이후시간의 일을 나타

내는 동사들

→ propose, intend, purpose

- I **propose delaying** our decision until the next meeting.

  (propose가 should의 의미를 포함한 경우 : 확정사실로서 표현)

  * propose[VP6C] : to put forward for consideration, as a suggestion; suggest

- I **propose to start** early.(propose는 intend의 의미)

  * propose[VP7A] : to put forward for consideration, as a purpose; intend

- What do you **intend doing** today?

  * intend[VP6C] : have in mind as a plan

- What do you **intend to do** today?

  * intend[VP7A] : have in mind as a purpose

- He **purposes visiting** America.

  * purpose[VP6C] : have as one's purpose(plan)

- He **purposes to visit** America.

  * purpose[VP7A] : have as one's purpose(intention)

  - purpose ⓝ : that which one means to do; plan; intention

9.1.3 선행동사의 특성이나 상황이 '시간 차이의 영향'을 무효화하는 경우

9.1.3.1 '순수 이후시간의 일'을 '객관적/공공적 판단에 의한 확정사실'로서 표현하는 경우

'**당연히 일어날 일'로서 표현**하는 경우로 ①일반인의 상식에 근거한 '객관적 충고/당연히 해야 될 일'을 나타내는 should의 의미가 포함된 몇몇 동사들 ②'일반적 의미의 허가나 금지' 즉 let의 의미가 포함된 allow, permit 나 not allow의 의미로 쓰이는 forbid ③어떤 문제에 대한 해결책으로 제시되는, '당연히 따르리리고 판단'되는 경우의 명령문 그리고 ④명사화된 ing형 즉 명사한정어가 붙어서 구체화될 수 있는 대상으로 사용되는 ing 형은, '순수 이후시간의 일'을 '확정사실'을 나타내는 **ing형을 사용**하여 표현한다.

- I **suggest leaving** now.(now=at once, immediately)

  * suggest[VP6C] : to tell sb your ideas about what they should do, where they should go etc

- I **advise leaving** early.

  * advise[VP6C] : to give advice to(advice=opinion given to sb about what they should do in a particular situation)

- He **recommends wearing** safety equipment.

  * recommend[VP6C] : to advise or suggest as a correct or suitable course of action

- We don't **allow smoking** in our house.

  * allow[VP6C] : to let (sb) do sth without opposing them or trying to prevent them

- The rules of the club do not **permit smoking**.

  * permit[VP6C] : to allow, esp. by a formal written or spoken agreement.

- The law **forbids building** on this land.

  * forbid[VP6C] : command against, esp. officially or with the right to be obeyed

- **Practice throwing** the ball into the net. → 9.1.1

  * practice[VP6C] : do sth repeatedly or regularly in order to become skilful

- **Try knocking** at the back door if nobody hears you at the front door.

- **Try holding** your breath to stop sneezing.

  * try[VP6C] : to attempt and do (sth) as a possible way of gaining a desired result

- Are you going to **continue gardening** after dinner?

9.1.3.2 '같은시간이나 이전시간의 일'을 '주관적/개인적 판단에 의한 추정사실'로서 표현하는 경우

'추측에 의해 존재하는 사실'을 나타내는 **몇몇 동사**들은 '같은시간이나 이전시간의 일'을 '추정사실'을 나타내는 **to부정사를 사용**하여 표현한다.

- He **claimed to be** the owner of the land.

- He **claimed to have done** the work without help.

  * claim[VP7A] : demand recognition that one is, or owns, or has a right to (sth); assert; say that sth is a fact

- He certainly **deserves to be** sent to prison.

  * deserve[VP7A] : be entitled to; merit

- We **pretended to be** asleep.

  * pretend[VP7A] : make oneself appear (to be sth, to be doing sth), either in play or to deceive others

9.1.4 '선행동사의 각각 다른 의미'에 따라 '같은시간이나 이전시간의 일'은 'ing형 구문'으로, '순수 이후시간의 일'은 'to부정사 구문'으로 표현하는 동사들 : attempt, neglect, omit(이들 3단어는 문장에 따라 9.10 구문으로도 적용 가능)/ mean/ remember, forget, regret 그리고 try, recollect 등

- I **attempted walking** along the rope.(같은시간의 일)

  * attempt[VP6C] : to make an effort at

- He **attempted to leave** but was stopped.(이후시간의 일)

  * attempt[VP7A] : to try (to do sth), esp. without succeeding

- Don't **neglect writing** to your mother.(같은시간 포함 또는 일반적 사건)

  * neglect[VP6C] : leave undone (what one ought to do)

- Don't **neglect to write** to your mother.(이후시간의 일)

  * neglect[VP7A] : omit or fail (to do sth)

- He **omitted locking** the door.(같은시간 포함 또는 일반적 사건)

    * omit[VP6C] : leave sth not done

- He **omitted to lock** the door.(이후시간의 일)

    * omit[VP7A] : fail or neglect to do sth

- These new orders will **mean working** overtime.(같은시간의 일)

    * mean[VP6C] : be a sign of; be likely to result in

- I didn't **mean to imply** that you were dishonest.(이후시간의 일)

    * mean[VP7A] : intend

- I **remember posting/having posted** the letters.(존재했었던 사실/확정 사실, 이전시간)

    * remember[VP6C] : to bring back to one's mind

- I **remembered to post** the letters.(생각/추정사실, 이후시간)

    * remember[VP7A] : to take care not to forget

- I shall never **forget seeing/having seen** the Queen.(존재했었던 사실/확정사실, 이전시간)

    * forget[VP6C] : lose remembrance of

    * forget이 부정형일 때만 이 구조로 사용된다.

- She's always **forgetting to give** me my letters.(생각/추정사실, 이후시간)

    * forget[VP7A] : fail to recall

- I **regret spending** so much money.(존재했었던 사실/확정사실, 이전시간)

- He **regretted having spoken** to them about it.(존재했었던 사실/확정사실, 이전시간)

    * regret[VP6C] : feel sorry about (a sad fact or event, a mistake one has made, etc.)

    - regret : to feel sad about sth that has happened, or annoyed with yourself about sth you have done, and to wish it had not happened or you had not done it. → L.L.A

- I **regret to say** that you have failed your exam.(존재할 사실/추정사실, 이후시간)

- We **regret to inform** you that you owe the bank £100.(존재할 사실 /추정사실, 이후시간)

  * regret[VP7A] : be sorry (to say, etc; that...)

  - regret : ways of saying that you are sorry to have to tell sb sth that will make them feel worried, upset, or disappointed → L.L.A

  - 'regret' here is normally followed by a verb such as 'say, inform, tell'. It is normally used in the present tense → P.E.G 268 B

◎ try가 [VP6C] 문형으로 쓰일 때 : '같은시간의 일'을 표현

- I **tried sending** her flowers but it didn't work.

- He **tried opening** the door.

  * try[VP6C] : to attempt and do (sth) as a possible way of gaining a desired result

  * 명령문으로 쓰일 때는 'try+ing형'도 '이후시간의 일'을 표현('상황'의 차이: 앞으로 일어날 일) → 9.1.3.1

◎ try가 [VP4A] 문형으로 쓰일 때 : 이후시간의 일

in order to의 의미나 명령문으로 쓰여 '추정사실'을 나타내는 to부정사 를 의미보충어로 사용한다.

* If you try to do sth, you make an effort in order to be able to do it. → C.C

  즉 'try+to부정사'의 의미는 '~하기 위해서 노력하다'이지, '~을 시도하 다'가 아니다. 그러므로 '목적어'로 사용된 것이 아니라 '미래 목적'의 의미를 나타내기 위해서 사용된 '부사적용법'의 to부정사이고, '추정사 실'을 나타낸다.

- You should **try to answer** all the questions.

- **Try to get** there on time.

  * try[VP4A] : make an attempt to do sth

◎ recollect가 [VP6C] 문형으로 쓰일 때 : 같은시간이나 이전시간의 일

- I don't **recollect meeting** her.

  * recollect[VP6C] : call back to the mind

◎ recollect가 [VP8] 문형으로 쓰일 때 : 이후시간의 일

- I don't **recollect how to get** there.

    * recollect[VP8] : remember

9.2 3형식 동사의 목적어로 '소유격(/목적격)의미상주어+ing형 구문'이 사용되는 경우

9.2.1 이 문형으로 쓰이는 대부분의 동사

이 문형의 대부분은 차지하는, 선행동사와 '**같은시간의 일**'을 나타내는 비한정동사를 목적어로 하는 동사들은, 소유격 대신 목적격이나 명사(구)를 사용해도 비한정동사의 표현상에는 차이가 없다.

> * 편의상 그리고 동사 뒤에 사용되는 느낌상, 소유격의 대용어로 목적격을 사용하지만, 정확히 문법적으로 판단하면 잘못된 표현이다. (not all native speakers approve of the use of accusative → L.E.G 16.45.3); 이 구문에서 '**소유격+ing형**'은 분리될 수 없는 '**하나의 단위**'로 사용된다.

9.2.1.1 비한정동사가 선행동사와 '같은시간의 일'이나 '같은시간이 포함된 늘 일어나는 일'을 표현하는 경우

→ ing형 구문 사용(확정사실 표현)

- Would you ever have imagined **his/him becoming** a politician.

- I can't understand **his/him leaving** so suddenly.

- Does this justify **your/you taking** legal action.

- Do you remember **Tom's/Tom telling** us about it?

9.2.2 선행동사보다 '이후시간의 일'을 나타내는 '의미상주어+비한정동사'를 목적어로 하는 advise등은, 소유격과 목적격의 구분에 의해 비한정동사의 형태가 달라진다.

9.2.2.1 '소유격을 의미상 주어'로 하는 경우(선행동사의 특성이 9.1.3.1의

경우처럼 '시간 차이의 영향'을 무효화한 경우) :

소유격은 비한정동사의 수식어이므로, 비한정동사가 한정동사의 직접적인 '확실성 판단'에 대한 영향을 받아 '순수 이후시간의 일'도 객관적/공공적 판단에 의한 '확정사실' 표현인 ing형이 사용된다.

→ ing형 구문 사용(확정사실로서 표현)

- We **advised their starting** early. ← O.A.E
- Circumstances do not **permit my helping** you. ← O.A.E
- I **recommended your meeting** him first. ← O.D.E
- He **urged our leaving**. ← O.A.E ; O.D.E

9.2.2.2 '목적격을 의미상 주어'로 하는 경우(시간 차이의 영향이 되살아난 경우)

목적격이나 명사(구)등이 의미상 주어로 사용된 경우에는, 선행동사의 직접적인 영향은 목적격이나 명사(구) 등이 받고, 비한정동사는 선행동사의 간접적인 '시간 차이의 영향'만 받기 때문에 '순수 이후시간의 일'은 '이후시간의 일'을 나타내는 to부정사로 표현된다. → **9.4.2 와 동일한 구문**

→ to부정사 구문 사용(추정사실 표현 : 이후시간)

- I **advise you to start** early.
- Circumstances do not **permit me to help** you.
- I **recommend you not to disobey** your officers.
- He **urged us to leave**.

9.3 4형식 동사의 직접목적어로 비한정동사가 사용되는 경우

* 9.3의 내용은 충분한 예문을 발견할 수가 없어서 아직 미완성 부분으로 남겨 놓아야 하지만, 발견된 부분이 비한정동사의 전체 표현 원리에 합당하기에, 발견된 일부분의 내용을 먼저 발표한 후 계속 연구하려 합니다.

이 구문의 특징은 **간접목적어**인 명사구는 수동적인 영향을 받는 **수령자의 역할**로 쓰이고, **직접목적어**로 쓰이는 비한정동사는 **선행동사의 시간적인 영향을 받는 대상**으로 사용된다는 점이다. 4형식 동사는 비한정동사가 직접목적어로 사용될 때 '이후시간의 일'을 나타내는 to부정사가 목적어로 사용된다.

* 4형식 문장에서 간접목적어는 수령자나 수혜자의 역할(the role of the recipient participant)로 쓰인다. 즉 4형식 문장은 '이후시간의 일'을 나타내는 문장이다.

* 직접목적어로 to부정사가 사용되는 문장([VP17C])과 직접목적어로 쓰인 that절이 to부정사 구문으로 바뀐 문장([VP17D])이 이 문형에 해당된다. → blog 10장 56 57번 문형

9.3.1 비한정동사가 선행동사 보다 '순수 이후시간의 일'을 표현

→ to부정사 구문 사용(추정사실표현)

- I'll **leave you to buy** the tickets.

    ← I'll leave it to you to buy the tickets.

- I'll **leave you to attend** the matter.

    ← I'll leave it to you to attend the matter.

    * leave[VP17C] : entrust (sth) to another person; to allow (sth) to be the responsibility of (sb)

- I **promised him to come** early.[VP17D]

    * 3형식 동사의 목적어로 쓰인 '명사(구)+비한정동사'도 4형식이나 5형식으로 분리해 놓은 책도 있지만 유용성이 없기 때문에, 이 책에서는 분리될 이유가 있는 특별한 경우만 4형식이나 5형식으로 분리하였다.

9.4 목적어로 '목적격/명사(구) 의미상 주어+비한정동사'가 사용된 경우(3형식)

선행동사의 직접적인 영향은 목적격인 의미상 주어가 받고, 시간에 관계된 영향은 시간의 차이를 표현할 수 있는 비한정동사가 받는다.

* 비한정동사가 4형식의 직접목적어로 사용되는 경우 → 9.3
* 비한정동사가 5형식의 보어로 사용되는 경우 → 9.13

9.4.1 비한정동사가 선행동사와 '같은시간의 일' 또는 '동시포함 이후시간의 일'을 표현하는 경우

→ **ing형 구문/원형부정사 구문** 사용(확정사실 표현)

- We **felt the house shake**.(감각/지각동사 : 전 과정을 지각할 때)

- They **saw the thief running** away.(감각/지각동사 : 일부분 지각)

- I **found him dozing** under a tree.(비 감각/지각동사)

- Have you ever **known her lose** her temper?(know=see)

  너는 그녀가 화내는 것을 본적이 있냐? → 9.13 의 A

- I **had a most extraordinary thing happen** to me yesterday.(사역동사 have가 experience의 의미를 나타내는 경우)

9.4.2 비한정동사가 선행동사 보다 '순수 이후시간의 일'을 표현하는 경우

→ **to부정사 구문** 사용(추정사실 표현)

- I can't **allow them to do** that.

- We **told Peter to see** a doctor.

- Will you **help me to carry** this box upstairs?(간접적인 도움) → 9.4.3.1

- They **advised him to accept** the offer.

- I wouldn't **recommend you to go** there alone.

- Her arguments **incline me to change** my mind.

- He's **inclined to lose** his temper.

9.4.3 선행동사의 특성이 '시간 차이의 영향력'을 무효화한 경우

9.4.3.1 '순수이후시간의 일'을 '당연히 일어날 일'로서 표현하는 경우

→ **ing형 구문** 사용/**원형부정사 구문** 사용(확정사실 표현)

- They **made me repeat** the story.(사역동사)

  (사역동사 make는 주어가 목적어의 의지를 생각함이 없이 강제로

시킬 때 사용되며, '당연히 일어날 일'로 표현)

- Shall I **help you carry** that box upstairs?(직접적인 도움)

  (당연히 일어날 일로서 표현하여 상대의 부담을 제거) → 9.4.2

- Please **have the porter take** these suitcases to my room.

  (have : 사회적 지위나 관계 등으로 당연히 요구할 수 있는 경우)

- We can't **let the matter rest** here.

  (let : 이미 존재하고 있는 상황이나 의지 등을 방해하지 않는 관계
  를 표현)

* bid : '간청'에서 비롯된 옛날 용법(orig → beseech, implore)

※ 사역동사 let과 make의 관용구

한정동사와 비한정동사구를 밀접하게 연관시키기 위해서 let과
make를 고정된 동사구(fixed verb phrases)로 표현하는 경우도 있
다. 이때 ⓐ한정동사의 목적어를 비한정동사의 뒤에 위치시키거나
ⓑ또는 문맥에 의해 이해될 때는 생략하기도 하고, ⓒ전치사를 붙
여서 비한정동사의 뒤에 사용하기도 한다. 하지만 이들 모두 문형
적으로는 [VP18B] 즉 원형부정사가 뒤따르는 사역동사 구문으로
볼 수 있다. 그 예로는 let fall, let go, let slip, make believe,
make do 등이 있다.

ⓐ He **let fall words**.

ⓑ The dog's got a stick between his teeth and he won't **let
to**.

ⓒ You'll have to **make do with cold meat** for dinner.

[VP6D]문형으로 사용되는 '감정, 의도' 등을 나타내는 동사들은, 비한
정동사에 의미상 주어가 붙은, 9.4 구문으로 쓰일 때도, '객관적/
주관적 판단'에 의해 구분되어 사용된다.

- I don't **like you smoking**.(객관적 판단에 의한 '확정사실'을 표현)

> - I don't **like you to smoke**.(주관적 판단에 의한 '추정사실'을 표현)

9.4.4 비한정동사절의 수동태 구문

'선행동사의 의미에 의한, 능동태일 때의 형태'에 의해 '확정사실'과 '추정사실'이 판단된다.

9.4.4.1 선행동사의 의미가 '확정사실'을 나타내고, 능동태일 때 원형부정사나 ing형이 의미보충어로 사용된 경우에는 ed형도 '확정사실'을 나타낸다.

- '같은시간 포함이나 이전시간의 일'을 표현할 때

→ ed형으로 표현(확정사실 표현)

- You must **make your views known**.

→ You must make everybody know your views.

- Don't let me **catch the trick done** by you again!

→ Don't let me catch you doing the trick again!

9.4.4.2 선행동사의 의미가 '추정사실'을 나타내고, 능동태일 때 to부정사가 의미보충어로 사용된 경우에는 ed형도 '추정사실'을 나타낸다.

- '순수 이후시간의 일'을 표현할 때: ed형으로 표현(추정사실 표현)

- We **want the work finished** by Saturday.

→ We want you to finish the work by Saturday.

   * 수동태 구문은 선행동사의 영향을 받는 수동의 조동사 **be, being, to be**등이 생략되고 남은 형태의 ed형 구문이다.

9.5 선행동사의 수식어로 사용되는 경우

9.5.1 종속절이나 등위절이 비한정동사 구문으로 전환된 경우

9.5.1.1 주절이나 다른 등위절과, '같은시간(포함)이나 이전시간의 일'을 표현하는 종속절이나 다른 등위절이, 비한정동사절로 바뀐 경우(시간, 이유, 양보의 부사절이나 부대상황 등을 나타내는 등위절이 비한정동사절로 전환된 경우 : 분사구문)

→ **ing형 구문** 사용(확정사실 표현)

- **Knowing** the danger ahead, they pushed on.

  → Though they knew the danger, they pushed on.

- **Traveling**, he was suddenly taken ill.

  → While he was traveling, he was suddenly taken ill.

- He wrote her a friendly letter, **thanking** her for her gift.

  → He wrote her a friendly litter and thanked her for her gift.

- The spectators leapt to their feet **roaring** approval.

  → The spectators leapt to their feet and roared approval.

* 분사구문은 종속절이나 등위절의 한정동사를 무조건 ing형으로 바꾸어 표현하는 구문이므로, 단순형 한정동사의 경우에도 제한 없이 적용된다. 그러므로 순수한 부사절과는 달리 분사구문의 정확한 의미는, 문맥에 의한 추론에 의해 판단된다.

→ S.G 15.35 : For the reader or hearer, the actual nature of the accompanying circumstance has to be inferred from the context.

9.5.1.2 주절이나 다른 등위절보다 '순수 이후시간의 일'을 표현하는 종속절이나 다른 등위절이 사용된 경우(목적의 부사절이 비한정동사절로 전환된 경우 또는 '결과를 나타내는 등위절의 의미로 쓰인' to부정사가 사용된 경우)

→ **to부정사 구문** 사용(추정사실 표현) : 분사구문과 대조되는 구문

- John got a job **to earn** money for his holidays.

- → John got a job so that he might earn money for his holidays.

- I arrived early **so as not/in order not to miss** anything.

→ I arrived early so that I might not miss anything.

부정문에서는 보통 to 단독으로는 올바른 용법이 아니다.

- We stopped **to have** a rest.
- → We stopped so that we might/could have a rest.

아래의 구문에 사용된 to부정사는, 등위절이 변형된 형태의 to부정사가 아니고, '예상치 못했던 사건'을 연결시키기 위해서 사용된 to부정사이다. 특히 only나 never이 사용되었을 때는 '바람직하지 않은 결과'라는 의미를 더해 준다. 이와 같은 구문은, '목적' 등을 나타내는 to부정사 구문과의 혼란 때문에 주로 find, hear, learn, see, be told, return 등 몇몇 동사일 때만 보충어로 사용될 수 있다. 이 구문들은 내용상 등위절로 풀어 쓸 수도 있다.

- We came home after our holiday **to find** our garden neat and tidy.
- → We came home after our holiday and found our garden neat and tidy.
- The good old days have gone **never to return**.
- → The good old days have gone and will never return.
- He hurried to the house **only to find** that it was empty.
- → He hurried to the house and was disappointed when he found that it was empty.

등위절에서, 연속해서 일어나는 뒤의 사건을 표현할 때 (한정동사절에서와 같이) '같은시간의 일'을 나타내는 'ing형 구문'으로 표현하기도 한다.

- They started early in the morning, **reaching** their destination before sunset.
- → They started early in the morning and reached their destination before sunset.

9.5.1.3 '종속절이나 선행동사의 특성'에 의해 '시간 차이의 영향이 무효화'된 경우

- '같은시간이나 이전시간의 일'을 표현할 때

→ **to부정사 구문** 사용(확정될 수 없는 사실을 표현)

9.5.1.3.1 '조건문' 표현 시

조건문의 조건절은, **어떤 확정되지 않은 '조건'**을 나타내는 '절'이므로, 주절보다 '이전시간의 일'을 나타내지만, **'to부정사 구문'**으로 표현한다.

- I should be happy **to be** of any service to you.

  → I should be happy if I could be of any service to you.

- **To be** effective, songs must be beautiful and melodious.

  → If it is to be effective, songs must be beautiful and melodious.

* 이 구문에서 주의할 점은 if가 '조건'이 아니라, **when의 의미**를 약화시키기 위해서 사용된 경우이다. 이때는 주절과 '같은시간의 일'을 표현하므로, 정상적으로 **'ing형' 분사구문**이 사용된다.

- **If(=when)** we speak properly, whales are not fish.

  → Properly **speaking**, whales are not fish.

9.5.1.3.2 '주어의 개인적 사건'을 나타내는 '선행동사'일 때

즉 '주관적 판단에 의한 사실'을 표현할 때

- She **fainted to see** her lost child dying by the roadside.

  → She fainted when she saw her lost child dying by the roadside.

- She **wept to read** his letter from the hospital.

  → She wept when she read his letter from the hospital.

9.5.2 자동사 뒤에 쓰인 '전치사+V-ing형' 구문과 그에 대응하는 'to부정사 구문'

9.5.2.1 비한정동사가 선행동사와 **'같은시간(포함)이나 이전시간의 일'**을 표현하거나 **'늘 일어나는 일'**을 표현할 때

→ **'ing형 구문'** 또는 **'전치사+v-ing형 구문'** 사용(확정사실 표현)

- Don't bother **about getting** dinner for me today.

- She hesitated **about telling** anyone.

- We agreed **on making** an early start.

9.5.2.2 비한정동사가 선행동사 보다 '순수 이후시간의 일'을 표현할 때

→ **'to부정사 구문'** 사용(추정사실 표현)

- Don't bother **to get** dinner for me today.

- She hesitated **to tell** anyone.

- We agreed **to start** early.

9.5.2.3 선행동사의 특성에 의해 '시간 차이의 영향력이 무효화'된 경우

- 선행동사와 비한정동사가 **'같은시간의 일'**을 표현

→ **'to부정사 구문'** 사용(비한정동사 구문은 '말하는 사람의 판단'이 작용하는 구문으로, fail은 **정서적인 이유**에 의해 '추정사실'로 표현 : 즉 100%의 확실성으로 표현하기에는 적절한 표현이 아니다.)

- I **fail to see** why you find it so amusing.

- She **failed to reach** the semi-finals.

  fail[VP4C] : to be unable; be unsuccessful

  cf. He failed in an examination.(반면에 말하는 '사람이 관여할 수 없는 객관적 사실'을 단순 기술하는 경우에는 명사구나 한정동사 절의 형태로 의미보충이 된다.)

* 유사한 상황을 나타내는 succeed는 'succeed in+ing형' 구문으로 사용된다.(확정사실 표현)

- He **succeeded in passing** an examination.

9.5.3 'go+ing형' 구문 과 'go+to부정사' 구문

9.5.3.1 비한정동사가 선행동사와 '같은시간의 일'을 표현할 때

→ **'ing형 구문'** 사용(확정사실 표현)

- Let's **go climbing** next weekend.

- He **went fishing**.

  * go walking/swimming, etc = take part in the activity of walking, swimming, etc → O.D.T ; you leave a place and take part in an activity → C.C

  * 이 구문은 '분사구문'이 아니고, 전치사가 생략되고 'v-ing'형이 남아 있는 형태

9.5.3.2 비한정동사가 선행동사보다 '순수 이후시간의 일'을 표현할 때

→ **'to부정사 구문'** 사용(추정사실 표현 : 수식어로 사용되는 경우)

- He has gone **to see** his sister.

- He went **to get** some fresh milk.

9.5.4 '자동사+전치사+명사(구)+to부정사' 구문

자동사 뒤에, 상황에 따른 다양한 전치사(구)가 사용될 수 있는 [VP2C] 문형과 일정한 전치사(구)가 사용되는 [VP3A] 문형이 이 구문으로 쓰일 수 있다. 이 구문에서 'to부정사 구문'은 '이후시간의 일'을 나타내는 '수식어'의 역할로 사용된다.

A. 비한정동사가 선행동사 보다 **'순수 이후시간의 일'**을 표현

→ **to부정사 구문** 사용(추정사실 표현)

9.5.4.1 [VP2C] 문형으로 쓰이는 경우

* [VP2C] 문형으로 쓰이는 동사들 중에서 to부정사가 뒤따라오는 경우 :

O.D.E에서 9.3 형태의 4형식구문으로 설명되기도 하지만, 합리적이지 않기 때문에 O.A.E나 L.D.E에 따라 이 구문에 포함시켰다.

- He gestured to them **to keep** quiet.

- He shouted to him **to shut** the gate.

- I shouted to him **to stop**.

- He signaled to the waiter **to bring** the menu.

- The general signaled to his officers **for the attack to begin**.

9.5.4.2 [VP3A] 문형으로 쓰이는 경우

- We are waiting for our new car **to be delivered**.
- I have arranged for a car **to meet** you at the airport.
- He pleaded with them **to release** his daughter.
- We've advertised for someone **to look after** the garden.

9.5.5 타동사의 '수식어'로 사용된 비한정동사 구문

9.5.5.1 비한정동사가 선행동사와 '같은시간(포함)이나 이전시간의 일'을 표현할 때

→ **'전치사+v-ing형'** 구문 사용(확정사실 표현)

- The girl was praised **for entertaining** company with music.
- He was criticized by the committee **for failing** to report the accident.

9.5.5.2 비한정동사가 선행동사보다 '순수 이후시간의 일'을 표현할 때

→ **'to부정사 구문'** 사용(추정사실 표현)

- He opened the door **to let** me in.
- I would give anything **to know** what happened.
- He opened his lips **as if to say** anything.

9.5.6 be to용법(본동사 be + to부정사)

9.5.6.1 비한정동사가 선행동사보다 **'순수 이후시간의 일'**을 표현할 때

→ **to부정사 구문** 사용(추정사실 표현)

be동사와 to부정사가 결합하여 '하나의 동사구'처럼 사용되는 형태로, 마치 진행형에 ing형을 수동태에 ed형을 부가하듯이, **'미래, 의무'**등의 의미를 나타내기 위해서, be동사에 **'추정사실'을 나타내는 to부정사**를 부가한 것으로 볼 수 있다.(인간이 통제할 수 있는 범위내의 일을 표현)

- You **are to stay** here, Tom.(상사 등으로 부터의 지시를 전달)

- There**'s to be** a rail strike on July 18th.(계획, 약속 등을 전달)

- If you **are to get** there on time, you should leave now.(if절에서는 의도, 목적을 표현)

- She's nowhere **to be found**.(가능성을 표현)

cf. have to는 직설법의 조동사구 : 환경에 의한 '객관적인 의무강요'를 나타 내므로, '추정사실'을 나타내는 to부정사와 결합될 수는 없다. → 2.4.2

9.6 명사의 '후위수식어' 또는 '동격어'로 사용되는 비한정동사 구문(형용사 절의 축약형 등)

9.6.1 형용사절이 주절과 '같은시간이나 이전시간의 일'을 나타내는 경우

→ **ing형 구문, ed형 구문** 사용(확정사실 표현)

* 비한정동사절은 '**말하는 사람의 판단**'이 작용할 수 있는 경우에만 사 용된다. 그러므로 **그렇지 않은 경우도 가능한 이 구문**의 경우 축약 이 불가능한 경우도 존재한다.

이 구문은 각각 다른 2가지 방식으로 비한정동사절이 만들어진다.

9.6.1.1 형용사절의 한정동사가 '단순형'일 때

9.6.1.1.1 '말하는 사람의 판단이 작용할 수 있는' 경우

어떤 객관적으로 존재하는(즉 실재하는) 사실을 표현하는 것이 아니라, '**일 반적인 사실**'을 표현하는 경우

→ **ing형 구문** 사용(확정사실 표현)

- Women **looking** after small children generally get paid about $1.50 an hour.

  ← Women who look after small children generally get paid about $1.50 an hour.

- Anybody **touching** that wire will get an electric shock.

← Anybody who touches that wire will get an electric shock.

단, 이 경우 being이 단독으로 사용되지는 않는다. 즉 축약되지 않는다.

- Anybody who **is** outside after ten o'clock will be arrested.

'영구적, 고정적 특징(permanent characteristic)'을 나타내는 '명사수식어'는 보통 그 명사의 앞에 사용되지만, 형용사절의 축약형처럼 수식어가 붙어 길어진 경우에는 후위수식어로 사용된다. → 9.14

- The **road joining** the two villages is very narrow.

  ← The road which joins the two villages is very narrow.

9.6.1.1.2 '말하는 사람의 판단이 작용할 수 없는' 경우

같은시간의 '실제로 존재하는 사실'을 나타내서, 말하는 사람의 '확실성 판단'이 작용할 수 없는 경우

→ '비한정동사절'로 전환될 수 없다.

- The woman who looks after my small brother gets paid $1.50 an hour.

- The boy who brings the milk has been ill.

- The man who threw the bomb was arrested.

9.6.1.2 형용사절의 한정동사구가 '진행형, 수동형 또는 완료형'인 경우

형용사절의 한정동사구가 **'단순축약'**에 의해 기계적으로 ing형이나 ed형으로 바뀔 수 있다.

→ ing형 구문, ed형 구문 사용(확정사실 표현)

- The man **talking** to Tom is from Korea.

  ← The man who is talking to Tom is from Korea.

- Did you see the girl **sitting** in the corner?

  ← Did you see the girl who was sitting in the corner?

- Did you see that boy **being questioned** by the police?

  ← Did you see that boy who was questioned by the police?

- Cars **parked** illegally will be removed.

    ← Cars which have been parked illegally will be removed.

- Most of the people **invited** to the reception were old friends.

    ← Most of the people who had been invited to the reception were old friends.

- Her husband is a man **descended** from a noble family.

    ← He husband is a man who has descended from a noble family.

그러나 이런 경우에도 '시간 차이'에 의한 혼란이 있을 경우에는 축약되지 않는다.

- Do you know the girl who was dancing with your brother?

9.6.2 형용사절이 주절보다 '순수 이후시간의 일'을 나타내는 경우

→ **to부정사 구문, ed형 구문** 사용(추정사실 표현)

- I have a friend **to help** me.

    ← I have a friend who will help me.

- Mary needs a friend **to play** with.

    ← Mary needs a friend with whom she can play.

- The person **to ask** is Jan.

    ← The person whom you should ask is Jan.

- I've got an essay **to write**.

    ← I've got an essay which I must write.

- He wishes **to be buried** in the grave dug under the wide and starry sky.

    ← He wishes to be buried in the grave which will be dug under the wide and starry sky.

- There is a lot **to be done**.

    ← There is a lot which must be done.

9.6.3 선행명사구의 특성에 의해 '시간 차이의 영향력이 무효화'된 경우

9.6.3.1 선행명사 앞에 '서수'나 '최상급' 또는 'the only 등' 명사를 한정 시키는 한정어가 붙어서, 결과적으로 '확정될 수 없는 사실'을 표현하게 되 는 경우

　- '같은시간이나 이전시간의 일'을 나타내는 경우

　→ **to부정사 구문** 사용(추정사실로서 표현)

- She was **the only one to survive** in the crash.

　← She was the only one who survived in the crash.

　　* 살아남은 것은 '객관적 사실' 그러나 유일한 생존자인지는 100% 의 확실성으로 말할 수 없다.(한정동사절은 두개의 한정동사에 의 해 두 개의 의미로 분리될 수 있다. 그러나 비한정동사절은 분리 될 수가 없다. 즉 in the crash의 수식대상이 다르다.)

- He is **the second man to be killed** in this way.

　← He is the second man who was killed in this way.

9.6.4 something, anything 등의 경우

something 등에 붙은 some, any, every, no 등은 본래 형용사에서 비롯된 말이므로, 다른 수식어가 붙을 때는 '중복회피'를 위해서 모두 후위수식어 로 사용된다. 이런 경우에는 '일반적 특징을 나타내는 비한정동사'도 후위 수식어로 사용된다.

9.6.4.1 비한정동사가 '같은시간의 일' 또는 '늘 일어나는 일'을 표현할 때

　→ **ing형 구문** 사용(확정사실 표현)

- Have you read **anything interesting** lately?

- **No man living** can write better than he.(일반적 특징)

9.6.4.2 비한정동사가 '순수 이후시간의 일'을 표현할 때

　→ **to부정사 구문** 사용(추정사실 표현)

- There's **nothing to do** - I'm bored. (=There are no entertainments.)

- There's **nothing to be done** - We'll have to buy another one.(=There's no way of putting it right.)

- You have **no time to waste[to be wasted]**.

- Have you **anything further to say**?

단, 명사한정어인 some, any 등과 함께 '중위한정어'로 사용될 수 있는, '관사, 지시어, 소유격'등이 사용될 때는 some, any 등의 앞에 사용될 수 있다.

- We know that **that 'something'** will be bad.

9.6.5 '파생어의 부가어'로 쓰인 비한정동사

9.6.5.1 to부정사가 뒤따르는 '동사'가 명사로 바뀐 경우(동격절이 축약된 형태)

9.6.5.1.1 비한정동사가 선행명사와 '같은시간의 일' 등을 표현하는 경우

→ '전치사+v-ing형' 구문 사용(확정사실 표현)

- There's no hope **of arriving**.

  ← There is so hope that (he) has arrived.

  cf. I hope to arrive.

- I have no intention **of returning**.

  ← I have no intention that I should return.

  cf. I do not intend to return.

- I understand her preference **for living** alone.

  ← I understand her preference that she lives alone.

  cf. She prefers to live alone.

9.6.5.1.2 비한정동사가 선행명사보다 '순수 이후시간의 일'을 표현하는 경우

→ **to부정사 구문** 사용(추정사실 표현)

- I have no wish **to change**.

  ← I have no wish that I will change.

  cf. I do not wish to change.

- I told her about my decision **to leave**.

  ← I told her about my decision that I would leave.

  cf. I told her that I had decided to leave.

- He made an attempt **to stand** up.

  ← He made an attempt that he would stand up.

  cf, He attempt to stand up.

- His refusal **to co-operate** ...

  ← His refusal that he would not co-operate ...

  cf. He refused to co-operate.

- Our decision **to wait** was wise.

  ← Our decision that we would wait was wise.

  cf. We decided to wait.

9.6.5.2 to부정사가 뒤따르는 '형용사'가 명사로 바뀐 경우(명사의 후위수식어)

9.6.5.2.1 비한정동사가 선행명사와 '같은시간의 일'을 표현하는 경우

- '객관적/공공적 판단에 의한 사실'로서 표현하는 경우

→ '전치사+V-ing형' 구문 사용(확정사실 표현)

- Some boys take great pleasure **in teasing** their little sisters.

  cf. I was very pleased to see you yesterday.

- We had difficulty **in finding** a parking place.

  cf. It was difficult to find a parking place.

- **'주관적/개인적 판단에 의한 사실'**로서 표현하는 경우

→ **'to부정사 구문'** 사용(추정사실 표현)

- You were a fool **to agree**.

cf. You were foolish **to agree**.

- Does he have the ability **to do** the work?

cf. Is he able **to do** the work?

9.7 2형식 동사의 보어(be동사의 보어 → 9.11)

* 이 구문에 사용된 동사들 중에서 유일하게 get만 [L+v-ing]라고 '연결 동사'로 L.D.E에 표기되어 있지만, 이들 동사들은 모두 변화를 나타내는 동사로 사용되고(a change in state; to pass into another state; reach the point or stage), ing형과 to부정사의 보충에 의해, 연결동사로서의 특성이 발현되므로, 이 책에서는 이 동사들을 모두 비한정동사를 보어로 하는 연결동사(2형식동사)로 구분하였다.

9.7.1 비한정동사를, 선행동사와 '같은시간이 포함된 이후시간의 일'로 연결시키는 경우

→ **ing형 구문** 사용(확정사실 표현)

- We soon **got talking**.

- Things haven't really **got going** yet.

(=Things are not yet at the stage of full activity.)

get[VP2E] : reach the stage where one is doing sth; If you get moving, going, working, etc, you begin moving, going, working, etc

9.7.2 비한정동사를, 선행동사보다 '순수 이후시간의 일'로 연결시키는 경우

→ **to부정사 구문** 사용(추정사실 표현)

- When you **get to know** him, you'll like him.

get[VP4A] : reach the stage where one knows, feels, etc; If you get to do sth, you gradually reach a stage in which you do it.

- He **came to realize** that he was mistaken.

  come[VP4A] : reach a point where one sees, understands, etc; to begin as a result of time or experience

- One **grows to like** what one is accustomed to.

- In time you'll **grow to like** him.

  grow[VP4A] : reach the point or stage where one is, likes, etc

9.7.3 선행동사의 특성에 의해 '시간 차이의 영향력이 무효화'된 경우

9.7.3.1 선행동사와 '같은시간이나 이전시간의 일'을 '주관적 판단에 의한 사실'로 연결시키는 경우

→ **to부정사 구문** 사용(추정사실 표현)

- I **seem to have lost** my keys.

  seem[VP4D][L] : appear

- The house **appeared to be deserted**.

  appear[VP4D][L] : seem

* 이 구문에 사용되는 seem과 appear은 that절 구문에 변형규칙이 적용되어, that절이 나타내는 '객관적이고 공적인 지식' 표현이 '화자의 주관적 판단에 의한 지식'으로 바뀌어 표현된 구문이다.

- This **seems to be** important.

  ← It seems that this is important.

- He **appears to have** many friends.

  ← It appears that he has many friends.

(이들 동사들은 '상황의 it'을 주절의 주어로 하는 that절 구문으로는 거의 사용되지 않고, 변형규칙이 적용되어 that절의 주어를 주절의 주어인 '상황의 it' 자리로 대치시키고, that절의 술부를 to부정사 구문으로 바꾼 [VP4D, E] 형태의 문형으로 주로 사용된다.)

* 상황의 it → blog 10.6.4

* look은 that절이 아니고 as if절이 변형된 형태이다.(It looks as if~ = It seems likely that~)

- She **looks to be** the best person for the job.
  ← It looks as if she is the best person for the job.
  look[VP4D][L] : to seem by experience or appearance

* 유사하게 사용되는 happen과 chance는 자동사로 쓰인 경우이다.

- I happened **to be** out when he called.
  happen[VP4E] : chance

- I chanced **to be** there.
  chance[VP4E] : happen by chance

9.8 형용사의 후위 수식어로 사용되는 비한정동사 구문(형용사 구문)

'형용사 구문'이란 '2형식 문장에서 보어로 사용된 형용사'를 '전치사+v-ing형'구문, to부정사 구문, that절 또는 의문명사절 등이 의미보충해 주는 구문을 말한다. → blog 10.6

9.8.1 비한정동사가 선행동사와 '같은시간이나 이전시간의 일'을 표현하는 경우

9.8.1.1 '객관적/공공적 판단에 의한 사실' 즉 'fact'로서 표현하는 경우

→ '**전치사+v-ing형' 구문** 사용(확정사실 표현)

* 보통 '형용사+전치사'가 고정적으로 쓰이는 '연어 표현'

9.8.1.2 '주관적/개인적 판단에 의한 사실' 즉 'idea'로서 표현하는 경우

→ **to부정사 구문** 사용(추정사실 표현) : 100%미만의 확실성

- I'm **surprised at his making** that mistake.
- We were **surprised to learn** that he was French.
- I didn't tell her because I was **afraid of upsetting** her.
- Some have been thought brave because they were **afraid to run**

away.

- I was **ashamed of having lied** to her.

- Their disgraceful behavior make me **ashamed to be** British?

- Unless you're early you can't be **sure of getting** a seat.

- If you get drunk, you're **sure to feel** rotten tomorrow.

- I'm **proud of having won**.

- I'm **proud to have won**.

- I'm **sorry for/about losing** my temper this morning.

- I'm **sorry to have woken** you up.

9.8.2 비한정동사가 선행동사보다 '순수 이후시간의 일'을 표현하는 경우

→ to부정사 구문 사용(추정사실 표현)

- Don't be afraid **to ask** for help.

- I'm not afraid **to tell** her the truth.

- I'm sorry **to tell** you that you failed the exam.

- I'm ashamed **to tell** you what this carpet cost.

- He is very keen **to see** his birthplace again.

- In the evening everybody is busy **to go** home.

- The repairs are certain **to cost** more than you think.

- I shall be interested **to see** how long it lasts.

- I'm interested **to find** out what she did with all that money.

'형용사 구문'에 사용되는 'v-ing형'도 근원적으로는 '전치사+ v-ing'형에서 전치사가 생략되고 만들어진 표현이다.

- He is busy handling piles of desk work.(handling<in handling)

- She in happy (in) expecting her arrival.

- They were busy (in) burning confidential papers.

- Sylvia is frantic getting everything ready for the wedding.

Ⅱ. 비한정동사인 목적어가 선행동사에 의한 '시간 차이의 특성'을 나타내지 못하는 경우

'같은 시간의 일'을 '같은 의미'로 표현할 때 'ing형 구문'과 'to부정사 구문'이 모두 가능하여, **선행동사의 영향력이 무효화된 경우** 등 단, 이들 동사들이 의미가 변하거나 비한정동사가 수식어로 사용될 때는 '이후시간의 일'을 표현할 수 있다. a.시작, 계속, 중단을 나타내는 동사(이후시간의 일은 9.9.4)와 b.'감정'을 나타내는 동사 또는 동사가 '의도에 대한 판단'을 나타내는 경우(이후시간의 일은 9.10.2)가 여기에 해당된다.

   A. **같은 시간의 일** 또는 **같은 시간이 포함된 이후시간의 일** 표현

   ☞ **객관적/공공적 판단에 의한 사실**을 표현하는 경우

   → **ing형 구문 사용**(확정사실 표현)

   ☞ **주관적/개인적 판단에 의한 사실**을 표현하는 경우

   → **to부정사 구문** 사용(추정사실 표현)

   * 확정사실 표현과 추정사실 표현의 구분은 **'100%의 확실성' 표현의 여부**이기 때문에 '객관적/주관적 판단'의 차이에 의해서도 구별될 수 있다.

9.9 '시작, 계속 또는 중단'을 나타내는 동사인 경우

(**연결된 시간축선 상에서의 특성**을 나타내는 시작, 계속, 중단을 나타내는 동사들은, 시간 차이에 의한 ing형 구문과 to부정사 구문의 구별이 적용될 수 없다.)

  ① '시작'과 '계속'을 나타내는 동사들은 **'동시가 포함된 사건'**이나 **'동시가 포함된 이후시간의 일'**을 나타내며, 말하는 사람의 '객관적/주관적 판단'에 따라 ing형 구문과 to부정사 구문이 구분되어 사용된다.

  ② **'중단 후 계속'**을 나타낼 때는 '이후시간의 일'을 나타내는 to부정사 또는 명사화된 ing형이 사용된다.

③ **'중단'**을 나타내는 동사들은, 지속되던 어떤 사건이 특정시점에서 끝나는 즉 **'동시와 연결된 중단'**을 나타내기 때문에 ing형 구문(객관적 판단에 의한 사실)만 표현 가능하다. 단, 중단 시점이 분명하지 않은 상황도 나타낼 수 있는 cease는 '중단 시점'에 대한 판단 등에 따라서 ing형 구문(명확한 중단시점)과 to부정사 구문(명확하지 않은 중단시점)이 모두 가능하다.

④ 이들 동사들이 **'이후시간의 일'**을 나타내는 to부정사를 의미보충어로 하는 경우는 **'동사의 의미가 변한 경우'** 또는 **'수식어'**로 사용되는 경우뿐이다.

9.9.1 시작동사

A. **같은시간이 포함된 이후시간의 일**을 표현하는 경우

- **객관적 판단에 의한 사실**('완성된 과정의 반복'을 표현하는 경우 등)

→ **ing형 구문** 사용(확정사실 표현)

- **주관적 판단에 의한 사실**('1회적 과정의 시작'을 표현하는 경우 등)

→ to부정사 구문 사용(추정사실 표현)

- When did you **begin learning** German?

- When did you **begin to learn** German?

- It **started raining**.

- It **started to rain**.

- Having said he would not make a long speech, he **commenced doing** exactly that.

- Having said he would not make a long speech, he **commenced to do** exactly that.

- She **started/began to understand**.

  * understand의 특성상 1회적 과정의 시작만 표현 가능

9.9.2 계속동사

A. **같은시간이 포함된 이후시간의 일**을 표현하는 경우(중단 없는 계속)

 - **객관적 판단에 의한 사실**

   → **ing형 구문** 사용(확정사실 표현)

 - **주관적 판단에 의한 사실**

   → **to부정사 구문** 사용(추정사실 표현)

  - How can we **continue working** with all that noise going on?

  - How can we **continue to work** with all that noise going on?

  - In spite of my effort to pacify it the baby **continued crying**.

  - In spite of my effort to pacify it the baby **continued to cry**.

  - He **continued writing** his diaries until he died.

  - He **went on talking** although I asked him to stop.

  - If you **go on drinking** like this, you'll make yourself ill.

B. 중단 후 계속을 나타내는 경우

  '중단 후 계속'을 표현할 때는 '중단'을 의미하는 부사어가 사용되거나 문맥에 의해 나타내진다.

 ① **'이후시간의 일'**을 표현 시 **to부정사**가 사용되는 경우

  - We **continue to rehearse** the chorus after the break.

  - Bring the soup to the boil and when it has cooled, **continue to cook** it in the oven.

  - He **continued to live** with his parents after his marriage.

    * 이 문장은 상황에 따라, '중단 없는 계속'을 '주관적'으로 판단한 경우도 가능

 ② **'이후시간의 일'**을 표현 시 **명사화된 ing형**이 사용되는 경우

  → 명사화된 ing형은 '시간 차이에 의한 구분'의 영향을 받지 않고, 명사처럼 자유롭게 사용될 수 있다. (명사한정어가 붙어 '구체화된 대

상'으로 쓰일 수 있는 ing형)

- We **continue rehearsing** the chorus after the break.

- Are you going to **continue gardening** after dinner?

- They **continued playing** tennis as soon as the rain stopped.

9.9.3 중단동사

A. **같은시간의 일**을 표현하는 경우

- **객관적 판단에 의한 사실**

  → **ing형 구문** 사용(확정사실 표현)

  - He never **stops talking**.

  - I've just **finished reading** that book.

  - Jack wants to **quit smoking**.

※ **동사 cease(예외적으로, '중단시점'에 따라 구분되는 경우)**

- **객관적 판단에 의한 사실**(명확한 중단 시점 등)

  → **ing형 구문** 사용(확정사실 표현)

- **주관적 판단에 의한 사실**(명확하지 않은 중단 시점 등)

  → **to부정사 구문** 사용(추정사실 표현)

  - The old man **ceased breathing**.

  - The old man **ceased to breathe**.

  - The factory has **ceased making** bicycles.

  - The company has **ceased trading** in this part of the world.

  - As of 1991, the Russian Communist Party effectively **ceased to exist**.

  - As from the end of the month, this regulation will **cease to have** effect.

  - The old German Empire **ceased to exist** in 1918.

9.9.4 '동사의 의미가 변화'되거나 '수식어'로 사용되어 '이후시간의 일'을 나타내는 경우

→ **to부정사 구문** 사용(추정사실 표현)

- That did not **begin to explain** why she had married him.

  begin[VP7A] : very difficult or impossible to do sth

- We **stopped to have** a rest.(수식어)

- He **went on to say** that.(수식어)

- After attacking the Government's economic policy, he **went on to describe** how the Labour Party would reduce unemployment.(수식어)

- After describing the planned improvements, she **went on to explain** how much they would cost.(수식어)

- I shall now **go on to deal** with our finances.(수식어)

  go on[I+to-v] : to continue talking in order to pass to a new subject; do sth after completing sth else

  * go on : 자동사 go가 부사불변화사 on과 결합하여 '자동사구'가 이루어진 경우로, 목적어 사용 불가

9.10 '감정'을 나타내는 동사 또는 동사가 '의도에 대한 판단'을 나타내는 경우

* '같은시간의 일'을 어휘상 '같은 의미'로 표현할 때 ing형 구문과 to부정사 구문을 모두 목적어로 할 수 있는 동사

9.10.1 비한정동사가 선행동사와 '같은시간의 일'을 표현하는 경우

- '객관적/공공적 판단에 의한 사실'을 표현하는 경우

  → **ing형 구문** 사용(확정사실 표현)

- '주관적/개인적 판단에 의한 사실'을 표현하는 경우

  → **to부정사 구문** 사용(추정사실 표현)

  - I **like watching** TV.

  - I **like to watch** TV.

- She **loves having** a lot of dogs and young men round her.

- She **loves to have** a lot of dogs and young men round her.

- She **hates being** late for work.

- She **hates to be** late for work.

- People **dread falling** ill.

- People **dread to fall** ill.

- I **prefer walking** alone.

- She **prefers to be** alone.

- She can't **endure seeing** animals cruelly treated.

- She can't **endure to see** animals cruelly treated.

    endure[VP6D]: bear; put up with

- The judge **forbore sending** her to prison on condition that she behaved better in future.

- The judge **forbore to send** her to prison on condition that she behaved better in future.

    forbear[VP6D]: be patient

9.10.2 '동사의 의미가 변화'되거나 '수식어'로 사용되어 '이후시간의 일'을 나타내는 경우

→ **to부정사 구문** 사용(추정사실 표현)

- I **like to visit** her as soon as possible.

- I don't **like to disturb** you.

    like[VP7A] : to be willing (to)

- I **hate to tell** you this, but I've just damaged your car.

    hate[VP7A] : to be sorry; regret

- I **dread to think** what will happen if she finds out.

    dread[VP7A] : to dislike doing sth that you know you have to do because you are frightened or worried about what may happen when you do it

- I **forbear to go** into details.

forbear[VP7A] : refrain from

Ⅲ. 비한정동사에 영향력을 미치는, 선행동사 등이 없는 경우

☞ **'객관적/공공적 판단에 의한 사실'**을 표현하는 경우

→ **ing형 구문** 사용(확정사실 표현)

☞ **'주관적/개인적 판단에 의한 사실'**을 표현하는 경우

→ **to부정사 구문** 사용(추정사실 표현)

★ '객관적 판단'과 주관적 판단'의 구별에 영향을 미치는 요소

- **객관적/공공적 판단**

ⓐ 존재하는 사실

ⓑ 일반적/반복적 사건

ⓒ 확정된 것으로 판단되는 사실

ⓓ fact로서의 표현

ⓔ 공공적인 판단에 의한 객관성을 나타내는 사실

- **주관적/개인적 판단**

ⓐ 존재하지 않는 사실

ⓑ 특정/1회적 사건

ⓒ 확정될 수 없는 사실

ⓓ idea로서의 표현

ⓔ 개인적인 판단에 의한 주관성을 나타내는 사실

9.11 비한정동사가 주어, be동사의 보어, 삽입구 등으로 사용되는 경우

9.11.1 '객관적 판단에 의한 사실'(일반적 사건이나 fact로서 표현하는 경우)

> → **ing형 구문, 전치사+v-ing형 구문** 사용(확정사실 표현)
>
> - **Reading** French is easier than speaking it.
>
> - **Jogging** isn't much fun.
>
> - One of my bad habits is **biting** my nails.
>
> - **Doing** nothing is **doing** ill.

9.11.2 '주관적 판단에 의한 사실'(특정사건이나 idea로서 표현하는 경우)

> → **to부정사 구문** 사용(추정사실 표현)
>
> - **To err** is human, **to forgive** divine.(old English)
>
> - It's easy **to make** mistakes.(modern English)
>
> - Your mistake was **to write** that letter.(guess)
>
> - I am, **to tell you the truth**, tired of this exercise.

※ be동사의 보어로 사용되는 ed형

상태수동태(statal passive)에서 ed형은 '어떤 행동의 결과로서 발생하는 상태'를 나타낸다. 이 경우 ed형은 **형용사인 주격보어**이다.

- The building is **demolished**.

- The theater is **closed**.

- I was **worried** about you all night.

- Her arm was already **broken** when I saw her.

그러나 이와 같은 문장들은 '동작수동태(actional passive)로 이해될 수도 있다. 즉 Her arm was broken은 Someone broke her arm의 의미일 수도 있고, Her arm was in a state of fracture의 의미일 수도 있다.

> * 상태수동태 : '동작을 끝낸 결과물'을 생산해 내는 동사는 'be+v-ed' 구문으로 쓰일 때, 과거분사형이 '동작'을 나타낼 때는 '수동태'이지만, '상태'를 나타낼 때는 '형용사'에 더 가깝다. 이와 같은 경우를 '상태수동태'라고 한다. 상태수동태로 쓰일 때는 그에 대응하는 형용사가 있을 때는, 그 형용사를 사용하기도 한다.
>
> - The factory is always **open(opened)** to visitors.

9.12 비한정동사가 5형식 동사의 목적어/진목적어로 사용되는 경우

* 9.12의 내용은 충분한 예문을 발견할 수가 없어서 아직 미완성 부분으로 남겨 놓아야 하지만, 발견된 부분이 비한정동사의 전체 표현 원리에 합당하기에, 발견된 일부분의 내용을 먼저 발표한 후 계속 연구하려 합니다.

5형식 동사는 **'목적어와 목적보어의 관계'를 밝히는 역할**로 쓰이는 동사이기 때문에, 이 구문의 목적어는 **선행동사의 영향을 받지 않는다.** 즉 2형식 동사의 주어 역할과 마찬가지로 '시간 차이에 의한 구별'이 아니라 '객관적/주관적 판단'에 의해 ing형과 to부정사가 구별되어 사용된다. 그러나 ⓑ의 경우에는 선행동사에 따라서 영향력 행사가 가능한 것으로 보임(동사 make의 경우 등)

5형식 동사에는 ⓐ목적어의 '신원'이나 '동일성'을 나타내는 목적보어를 의미 보충어로 하는 동사(identification)와 ⓑ목적어의 '특질/특성 짓기'를 나타내는 목적보어를 취하는 동사(characterization), 두 가지가 있다. → S.G 10.9

9.12.1 목적어의 신원이나 동일성을 표현하는 5형식 동사

주로 be동사가 사용된 that절의 축약형의 형태이므로, that절에서의 주어와 마찬가지로, ing형과 to부정사가 모두 5형식동사의 목적어(원래는 that 절의 주어)로 사용될 수 있다. 그러나 현대영어에서 to부정사는 보통 주어로 사용되지 않기 때문에, to부정사가 5형식 동사의 바로 뒤에 위치하지는 않는 것으로 보인다.

- **객관적 판단에 의한 사실**(일반적 사건이나 fact)로서 표현

→ **ing형 구문** 사용(확정사실 표현)

- You must find it exciting **working** here.(exciting은 형용사)
- You must find **working** here exciting.(exciting은 형용사 → 9.14.2.2)
- You must find it enjoyable **working** here.

- **주관적 판단에 의한 사실**(특정사건이나 idea)로서 표현

→ **to부정사 구문** 사용(추정사실 표현)

- I find it difficult **to talk** to you about anything serious.

- We found it easy **to memorize** the poems.

- He found it hard **to make** friends.

- He thought it better **to say** nothing

9.12.2 목적어의 특질이나 특징짓기를 표현하는 5형식 동사

그 특성상 9.7의 2형식 동사처럼 선행동사의 영향력을 의식하여, 선행 5형식동사의 바로 뒤에 사용되는 목적어는 '확정사실'을 나타내는 ing형만 가능하고, 진목적어로 사용될 때는 to부정사만 가능한 것으로 보인다. (아래는 S.G 18.24 의 예문)

- **객관적 판단에 의한 fact로서 표현**할 때(동사 바로 뒤에 위치)

  → **ing형 구문** 사용(확정사실 표현)

  - I made **settling the matter** my prime objective.

    * I made to settle the matter my prime objective.(비문: unacceptable)

- **주관적 판단에 의한 idea로서 표현**할 때(진목적어로 사용)

  → **to부정사 구문** 사용(추정사실 표현): 또는 이후시간의 일

  - I made it my objective **to settle the matter**.

    * I made it my prime objective settling the matter.(unacceptable)

9.13 비한정동사가 5형식 동사의 보어로 사용되는 경우

보어는 목적어의 속성이나 특질을 나타내는 역할로 쓰인다. 즉 선행동사의 시간적인 영향을 받는 것이 아니라, 목적어가 나타내는 동작에 대해 (말하는 사람의 판단에 따른) 그 속성이나 영향을 밝히는 역할로 사용된다. 이 구문은 많은 경우 목적어로 사용된 that절의 축약형 형태의 구문인 [VP25][VP25']이다. → blog 10.5 의 62, 63번 문형

  * to be가 생략되었을 때는, 같은 불완전타동사 구문인 [VP22, 23]문형으로 취급하기도 한다. → blog 10.5 의 60, 61번 문형

A. **목적어의 속성이나 특징**을 나타내는 목적보어

- **주관적 판단**에 의한 idea로서 표현

→ **to부정사 구문** 사용(추정사실 표현)

- She believed the evil rumor **to be** true.[VP25]

- I know him **to be** honest.[VP25]

- We believe it **to have been** a mistake.[VP25]

- Do you think it **to be** odd for me to live alone?[VP25]

- An official declared the place **to be** free of infection.

  declare[VP25] : say in order to show that one has no doubt.

- He will be considered **(to be)** a weak leader.[VP25']

- He is said **(to be)** the richest man in the world.[VP25']

- She was recognized **(to be)** the prettiest girl in the village.[VP25']

- He is thought **to have acted** foolishly.[VP25']

- I've known him **to run** ten miles before breakfast.[VP17E]

  그가 아침 식사 전에 10마일을 뛰는 것으로 (들어) 알고 있다.

- She's never been known **to be** late.[VP17E] → 9.4.1

  그녀는 결코 늦지 않는 것으로 알려져 있다.

  know[VP17E] : have heard, etc

- I understood him **to say** that he would co-operate.

  나는 그가 협력하겠다고 말한 것으로 알고 있었다.[VP17E]

- We understood them **to mean** that they would wait for us.[VP17E]

  우리는 그들이 우리를 기다리기로 계획했던 것으로 알고 있었다.

  understand[VP17E] : be aware from information received; to take or judge (as the meaning)

9.14 비한정동사가 명사의 전위수식어로 사용되는 경우

보통 같은 의미를 나타내는 형용사가 없을 때, 비한정동사가 명사의 전위 수식어로 사용된다.(형용사의 대용어) 이 경우 비한정동사는 명사의 **'일반 적인 특징(permanent characteristic)'**을 나타낸다.

9.14.1 '객관적 판단'에 의한 '명사의 일반적 특징'을 표현

→ **ing형 또는 ed형 구문** 사용(확정사실 표현)

- **ing형 구문** 사용 시(진행이나 능동의 의미를 표현)

a burning building, a running horse, falling leaves, a drowning man, a freezing wind, a boring journey, screaming children, a never-ending story, drowsy-looking students, a self-winding watch, English-speaking Canadians

- **ed형 구문** 사용 시(수동이나 완료의 의미를 표현)

fallen leaves, a broken watch, a drowned man, frozen food, a bored traveller, long-lived friendship, a well-dressed woman, a leather-covered chair

9.14.2 이 구문에서 주의 할 점

9.14.2.1 명사의 '일반적 특징'을 나타내지만, 수식어가 붙어 길어진 경우에는 '후위수식어'로 사용된다.

- Women **looking after small children** generally get paid about $1.50 an hour.

9.14.2.2 명사의 전위수식어로도 쓰일 수 있고, 보어로도 쓰일 수 있는 ing형, ed형은 '완전히 형용사로 전환된 경우'로 very, rather 등이 수식해 줄 수도 있고, 비교급으로도 사용될 수 있다.

- his **charming** wife; His wife looks very **charming**.
- the **tired** boy; The boy looks very **tired**.
- a frightened animal; The animal looks rather **frightened**.
- a **complicated** problem; The problem looks **more complicated** than this.

9.14.2.3 명사의 용도를 나타내는 '복합명사'로 쓰일 때도 있는데, 이 경우

에는 항상 복합 명사 중 첫 번째 낱말에 강세가 온다.

- a **sleeping** bag, a sleeping pill, a **swimming** costume, a **walking** stick, a **pain-killing** drug

9.14.2.4 상응하는 동사가 없을 때는, '명사에 ed'를 붙여서 전위수식어로 사용하기도 한다.

- a **kind-hearted** woman = a woman with kind heart
- a **one-eyed** monster = a monster with one eye

9.14.2.5 ing형, ed형의 의미

'vi-ing'+명사=능동, 진행의 의미

'vt-ing'+명사=능동, 진행의 의미

'vi-ed'+명사=완료의 의미,

'vt-ed'+명사=수동의 의미

9.15 비한정동사가 '부사의 수식어'로 사용되는 경우

형용사 구문에 사용되는 '부사'의 '정도'를 나타내거나, 동사 수식어로 쓰이는 부사를 '목적, 결과' 등의 의미로 보충해 주기 위해 사용되는 to부정사

9.15.1 '주관적/개인적 판단에 의한 사실'을 나타낼 때

→ **to부정사 구문** 사용(추정사실 표현)

- She is old **enough to travel** by herself.
- He is **too** engaged **to pay** attention to her.
- Would you be **so** kind **as to tell** me the time?
- Get up early **so as to have** plenty of time.
- She left work **early in order to be** at home when he arrived.
- I shut the door **quietly**, **so as not to wake** the baby.

9.16 문장부사인 '독립부정사'로 to부정사가 사용되는 경우

9.16.1 '주관적/개인적 판단에 의한 사실'을 나타낼 때

→ **to부정사 구문** 사용(추정사실 표현)

- **To be honest**, I just don't like him.

- He is rich, **to begin with**.

- **To tell you the truth**, I've never heard of him.

- **To make matters worse**, he lost his health.

9.17 비한정동사의 수동태 구문에 사용되는 to부정사

수동태 문장에서의 주어는, 한정동사가 나타내는 영향력의 주체가 될 수 없다. 즉 한정동사의 **영향력이 무효화된 경우**이다. 그러므로 수동태에서는 능동태에서와 마찬가지로, '진행 중인 상황'은 ing형으로, '이후시간의 일'은 to부정사로 표현한다. 그러나 능동태에 사용된 원형부정사는, '같은시간의 일'을 나타내지만, 그 증거가 남아있지 않은 '완결된 상황'에 대한 표현이므로, 수동태 표현에서는 **'추측으로서의 표현'**인 to부정사가 사용된다.

9.17.1 주관적/개인적 판단에 의한 idea로서 표현

→ **to부정사 구문** 사용(추정사실 표현)

- He was heard **to lock** the door.

  ← I heard him lock the door.

- I was made **to move** my car.

  ← He made me move my car.

9.18 다른 품사로 전용되어 쓰이는 ing형과 ed형

'확정사실'은 **100%의 확실성**을 나타내기 때문에 ing형과 ed형은 부사, 접속사, 전치사 등으로 전용되어 사용되거나 the와 함께 '명사'로 사용되기도 한다. 또한 ing형이 '...하기'라는 의미로 명사로 사용되기도 한다.

9.18.1 객관적/공공적 판단에 의한 fact로서 표현

→ ing형, ed형 사용

a. 부사로 사용되는 경우

- You were **damn(ed)** lucky the police didn't catch you.
- a **boiling** hot day, a **freezing** cold night, **scorching** hot, a shocking bad cold

b. 접속사로 사용되는 경우

- **Supposing** it rains, what shall you do?
- I will go, **provided/providing (that)** you go too.
- **Considering** he's only just started, he knows quite a lot about it.

c. 전치사로 사용되는 경우

- Police are anxious to hear any information **concerning** his whereabouts.
- She's very active **considering** her age.
- She said nothing **regarding** your request.

d. the와 함께 복수 명사(또는 단수 명사)로 사용되는 경우

- The battle field was covered with **the dying**.
- **The unexpected** always happens.

e. 명사로 사용되는 경우

- She goes to college twice a week to learn **typing**.

  typing ⓝ [U] : (skill at) using a typewriter or word processor; writing produced on a typewriter or word processor

- Mr Garland teaches **skiing** in the winter.

  skiing ⓝ [U] : activity or sport of moving on skis

9.19 '100%의 확실성'과 '100% 미만의 확실성'의 구별을 찾아낸 과정 및 근거

a. 영어 문장은 기본적으로 fact를 표현하는 문장과 idea를 표현하는 문장으로 구분될 수 있다. 그러므로 ing형 구문과 to부정사 구문을 구분할 때도 fact와 idea 또는 factual contexts 와 non-factual contexts 의 구분은 유용한 도구였다.

b. 하지만 이와 같은 기술들이 확실한 구분법으로 제시된 것이 아니었고, 특히 '형용사구문'의 문장인 I'm glad to see you.에서 to부정사가 사용된 이유나, 감정/의도 등을 나타내는 동사들의 구문인 She hates being/to be late for work.에서 ing형과 to부정사 구문이, 같이 쓰일 수 있는 이유를 설명하기에는 부족한 구분법이었다.

c. 그래서 좀 더 상위의 구분 개념이 필요하던 중, **조건문 구분시의 확정조건, 추정조건, 가정조건의 개념**을 ing형 구문과 to부정사 구문의 구별에 적용해 본 결과, '100%의 확실성' 개념이 포함된 이들 구분이, 이와 같은 구문의 구별에 있어서의 문제점을 해결해 줄 수 있는 좀 더 근본적인 구별법이라는 것을 알게 되었다. 결국 이들은 모두 **'방향성'**에 근거를 둔 표현, 즉 **'말하는 사람의 판단'이 작용하는 구문**이었다.

d. 또한 '확정조건문'에서와 마찬가지로, '확정사실' 표현 시 사용되는 ing형 구문도 '100%의 확실성'을 나타낼 때만 사용되고, 그렇지 않은 경우(0~99%의 확실성)에는 모두 to부정사 구문으로 표현됨을 많은 예문의 비교를 통해 알 수 있었고, 여기에 직설법 표현(시간과 시제를 일치시켜서 표현)과 가정법 표현(선시제를 이용하여 표현)의 개념을 추가하여 만들어진, 확정사실표현(100%의 확실성), 추정사실표현(50~99%의 확실성) 그리고 가정사실표현(0~49%의 확실성)의 구분이 ing형 구문과 to부정사 구문을 올바로 이해하고 구분해 낼 수 있는 출발점임을 알게 되었다.

* 가정사실은 추정사실의 일부분으로 볼 수 있고, 모두 to부정사 구문으로 표현되므로, 특히 필요한 경우가 아닐 때는, to부정사 구문은 모두 '추정사실표현'으로 표기하였다.

e. **100%와 0~99%의 개념이 추출된 근거** 및 참고서적의 내용

e.1 영어문장은 **fact, hypothesis** 그리고 **neutrality**로 구분될 수 있다.

→ C.G.E 283 : Fact, hypothesis and neutrality

e.2 이 경우 **fact**는 '객관적 사실' 즉 **'100의 확실성'**을 나타내며 ing형으로 표현된다.

e.3 **hypothesis**는 '선시제'로 표현된다. 즉 **'0~49%의 확실성'**을 나타낸다.

→ C.G.E 208 : the hypothetical meaning is signaled by the use of hypothetical past tense.

e.4 그러므로 **neutrality**는 **'50~99%의 확실성'**을 나타낸다.

e.5 그리고 to부정사로 표현되는 **non-fact(=idea)**는 **hypothesis**와 **neutrality**를 합친 **'0~99%의 확실성'**을 나타낸다.

e.6 확정사실 : C.G.E 284

A FACT (or factual meaning) is usually expressed by an '-ing' clause.

e.7 추정사실 : C.G.E 288

In addition to fact and hypotheses, there is a third type of situation, in which the speaker assumes neither the truth nor the falsehood of a statement. We will call this situation NEUTRALITY. * 이 경우에는 neutrality가 '1~99%의 확실성'을 나타내지만, '선시제'가 사용되는 부분은 hypothesis에 해당되기 때문에, 결국 neutrality는 '50~99%의 확실성'

e.8 가정사실 : C.G.E 284

A HYPOTHESIS (or hypothetical meaning) is usually expressed by the past tense in dependent clauses and by 'would + infinitive' in main clauses. * C.G.E 208 : The speaker assumes the falsehood or unlikelihood of what he is talking about in a hypothetical condition.

→ falsehood(0%) + unlikelihood(1~49%) = hypothesis(0~49%)

9.20 방향성

a. 조건문에서의 방향성은 '실현되는 쪽으로의 판단'인지 '실현되지 않는 쪽으로의 판단'인지의 구분에 의해 결정된다. 즉 그 조건의 내용을 '실현되는 쪽으로 판단'한 상태에서 조건문을 표현할 때는, 그 문장을 '시간과 시제를 일치'시켜서 직설법의 조건문(=실현조건문)으로 표현하고, '실현 안 되는 쪽으로 판단'한 상태에서 조건문을 표현할 때는, 그 문장을 '선시제'를 이용하여 가정법조건문(=비실현조건문)으로 표현한다.

b. 비한정동사 표현에서의 방향성은 '100%의 확실성'과 '100% 미만의 확실성'의 구분에 의해 결정된다. 즉 그 내용을 **'100%의 확실성 쪽으로 판단'한 상태**에서 비한정동사를 표현할 때는, 그 문장을 '확정사실 표현'인 'ing형 구문'으로 표현하고, **'100% 미만의 확실성 쪽으로 판단'한 상태**에서 비한정동사를 표현할 때는, '추정사실표현'인 'to부정사 구문'으로 표현한다.

 * 비한정동사들 중 나머지 형태인, 원형부정사는 '확정사실'을 나타내는 'ing형'의 보완재로 사용되고, ed형은 ing형과 to부정사 그리고 원형부정사 구문을 수동태로 표현할 때의 형태이다.

9.21 ing형 구문과 to부정사 구문 사용의 규칙

S.Y rule3 : ing형 구문 사용의 규칙

'사람의 판단'에 의한, '100%의 확실성'을 표현할 때 또는 '100%의 확실성으로서 표현'할 때는, '확정사실'을 나타내는 'ing형 구문'을 사용하여 표현한다.

S.Y rule4 : to부정사 구문 사용의 규칙

'사람의 판단'에 의한, '100% 미만의 확실성'을 표현할 때 또는 '100% 미만의 확실성으로서 표현'할 때는, '추정사실'을 나타내는 to부정사 구문을 사용하여 표현한다.

찾아보기

이 책과 상호 보완 관계인 저의 blog 주소는 다음과 같습니다.
https://blog.naver.com/sey56